알아두면 잘난 척하기 딱 좋은

기이하고 괴이한

세계 풍속사

알아두면 잘난 척하기 딱 좋은
기이하고 괴이한
세계 풍속사

초판 1쇄 인쇄 2024년 4월 05일
초판 1쇄 발행 2024년 4월 10일

지은이 이상화
펴낸이 이춘원
펴낸곳 노마드
기획 강영길
편집 유연식
디자인 블루
마케팅 강영길

주소 경기도 고양시 일산동구 무궁화로120번길 40-14 (정발산동)
전화 (031) 911-8017
팩스 (031) 911-8018
이메일 bookvillagekr@hanmail.net
등록일 2005년 4월 20일
등록번호 제2005-29호

ISBN 979-11-86288-71-9 (03900)

알아두면 잘난 척하기 딱 좋은
기이하고 괴이한
세계 풍속사

이 상 화 지음

nomad
노마드

인류는 공통 조상의 후손이다. 약 20만 년 전, 아프리카에서 기원한 호모사피엔스(현생인류) 같은 어머니의 자손이다. 다만 이들이 아프리카에서 벗어나 세계 전역으로 진출하면서 무리가 머문 지역의 기후와 서식 환경(자연환경, 생활환경), 먹거리 등의 차이에 따라 피부 색깔이나 생김새가 제각기 달라졌을 뿐이다.

어느 지역에 정착한 인류의 무리는 혈연으로 씨족사회를, 그런 씨족사회가 모여 부족사회를 형성하고 같은 언어를 사용하며 동질성을 지닌 하나의 특정한 민족이 됐다. 당연히 그들은 비슷한 생활양식을 영위하면서 비슷한 사고방식과 가치관을 형성하고 그에 따라 삶과 죽음, 혼인과 성(性) 등에 독특한 풍속을 만들어냈다.

또한 초자연에 대한 인식으로 신앙(미신, 샤머니즘, 종교) 등을 탄생시키며 민족이나 부족에 따라 저마다 독특한 풍속을 만들었다. 공통 조상의 후손들이면서도 서로 다른 문화를 형성했다. 조상숭배, 신(神)을 섬기는 등의 비슷한 문화와 풍속도 많지만 민족에 따라 자기들만의 엽기적이고 기이한 풍속도 적지 않다. 더욱이 인류가 처음으로 지배층과 피지배 계층으로 나누어진 고대에는 지배층을 형성한 남성 우월 사회에서는 여성들을 향한 폄하가 심각해서 엽기적인 성 풍속도 더 생겨났다.

황제나 왕 등, 지배자의 명령이나 율법, 법령 등에도 민족만의 가치관이 스며 있으며 당대 시대 풍조가 담기고 문화, 풍습 등이 깃든 경우가 많다. 특히 오지(깊은 오지, 고산지대), 소수민족, 고립된 종족, 아프리카 원주민 등 다른 문화를 접해보지 못한 부족들에게 그들만의 독특한 풍습이 많다.

줄여 말하면 풍속은 어떤 개인의 행위가 아니라 민족이나 종족, 국가 등 동질성과 정체성을 지닌 집단의 독특하고 특징적인 습속이다. 따라서 〈풍속의 역사〉를 쓴 에두아르트 푹스는 풍속이란 그들의 도덕(moral)과 뗄 수 없는 관계가 있다고 했다. 동질성을 지닌 집단에서 보편화된 사고방식이나 생활 방식이 그들만의 풍속이 된다.

도덕이나 윤리는 인간과 사회의 상식적인 질서이며 인간다운 행위를 말하지만, 그 관념은 시대에 따라 다르고 민족마다 차이가 있다. 도덕보다 앞서는 것은 사회의 환경이며 삶을 위한 생존 방식이다.

그리하여 민족, 종족, 부족 들은 생존에 적응하기 위해서 저마다 다른 풍속을 만들어낼 수 있다. 때로는 상식이나 상상을 넘어서는 행각, 인간의 행동이나 보편적인 도덕관념으로는 이해하기 어려운 풍속이 생기는 까닭이 그 때문이다.

이 책은 세계 각 지역의 그러한 독특하고 괴상하고 기이한 풍속들을 간추려 이색적인 풍속, 특이한 성 풍속, 정체성이 담긴 다양한 축제, 자신들의 삶이 담긴 관혼상제, 전통 의상으로 나누었다.

민족들 사이에 소통이 없었던 고대에서 중세에 이르는 시기에 충격적이고 엽기적인 풍속이나 풍습이 훨씬 더 많다. 그러나 그것들이 대부분 사라졌기 때문에 되도록 오늘날에도 전통성이 이어지는 풍속들을 소개하려고 노력했다. 아울러 인간의 원초적인 우주관, 자연관, 가치관 등과 그 역사적 배경까지 살펴보려고 했다. 그들은 왜 그러한 독특하고 기이한 풍속과 풍습을 갖게 됐을까? 그 배경과 계기는 상당한 의미가 있다.

어느 민족의 풍속이든 그것은 인류 문화의 원형이다. 시대와 환경 그리고 종교의 변화에 따라 영원히 사라지기도 하고, 다른 민족의 그것들과 융합하며 새로운 풍속이 탄생한다. 그것은 생존에 적응하려는 진화이다.

  그러한 인류의 삶을 살펴보는 것은 인문, 교양을 함양시키는 데 큰 도움이 될 것으로 확신한다. 호기심과 흥미를 자아낼 세계의 풍속사를 기획한 도서 출판 '노마드'의 제작진에 깊이 감사드린다.

글쓴이 이 상 화

차례

Part 3

기이하고 놀라운 성 문화

Part 8

세계의 전통 의상 나들이

Part 1

이색적인 세계 문화
풍속 박물관

남자의 폭력이
사랑의 잣대,
아마존 야노마미족

가혹하게 남자에게 폭행당하는 여자는
폭행하는 남자가 자기를 철저하게 보호하고
열정적으로 사랑한다고 받아들이며 기뻐한다.

남아메리카 야노마미(Yanomami)족은 아마존 브라질과 베네수엘라 지역에 흩어져 사는 규모가 작지 않은 원시 부족이다. 현재 약 3만 5천 명으로 추산되며 브라질 지역과 베네수엘라 지역에 절반씩 나뉘어 수십 명 또는 수백 명 정도가 한 집단을 이루고 산다. 그들은 현생인류가 신대륙(아메리카)으로 이동하는 과정에서 가장 먼저 이 지역에 진출한 종족으로 알려져 있다.

아마존 열대우림 깊숙이 자리 잡은 이들은 20세기에 이르기까지 외부와 접촉이 거의 없었다. 하지만 20세기 중엽부터 이 지역이 개발되기 시작하면서 외부 세계에 노출됐으며 개발업자들과 치열하게 맞서 많은 희생자가 발생했다. 야노마미족은 대단히 용맹하고 투쟁심이 강해 항상 다른 부족들과 전쟁을 계속하며 살아온 부족이다. 따라서 그들은 외부 세계의 개발업자들이 자기들의 영토에 침입하는 것에 당당히 맞서 싸우면서 많은 희생자를 발생했다.

인류학자들은 아메리카 대륙을 침략하던 서양인들과 과감하게 맞서 싸운 원주민들 가운데 물러서지 않았던 부족으로 브라질의 야노마미족, 북아메리카의 나바호족과 블랙풋족, 칠레의 마푸체족, 파라과이의 과라니족, 니카라과의 미스키토족 등을 손꼽는다.

근래에 아마존 지역이 집중적으로 개발되면서 야노마미족과 개발업자들의 무력 충돌이 잦아지자 브라질 정부 개입으로 야노마미족 대다수가 원주민 보호구역에 거주하였으나 아직도 열대우림에 많이 남아 그들의 옛 전통과 관습을 유지하고 있다. 그들 가운데는 외부 세계와는 전혀 접촉하지 않고 원시생활을 하는 부족들도 있다.

야노마미족의 아마존 거주 지역은 20세기 중반부터 본격적으로 개발되었다. 넓은 도로가 건설되고 울창한 산림에서 나무를 마구 자르는 임업자들, 건설업자들과 야노마미족이 충돌했다. 더욱이 이 지역에서 금광이 발굴되면서 수많은 광산업자까지 밀려들었다. 폭력과 전투가 일상생활인 야노마미족은 자기들의 영토가 마구 파헤쳐지는 것을 그냥 놔두지 않고 개발업자들을 공격해서 치열한 전투를 벌였다. 최신 무기를 소지한 개발업자들도 기습만 당하지 않고 야노마미족의 마을을 공격해서 청년 4~5명을 사살했다.

그러자 야노마미족은 분노해서 개발업자들을 공격하여 사상자를 발생시켰다. 그들 또한 보복으로 다시 야노마미족 마을을 대대적으로 습격, 노인 등 12명을 죽이고 마을을 불태웠다. 그야말로 전쟁 아닌 전쟁이 터지자 브라질, 베네수엘라 정부가 나설 수밖에 없었다. 또한 아마존 원주민보호단체들과 환경보호단체들까지 개입해 분쟁을 조정하는 과정에 '야노마미족 보호구역'까지 생겼다.

야노마미족의 폭력성은 널리 알려져 있다. 남아메리카를 식민지화하려는 서양 세력과 아마존 개발업자들과도 끊임없이 싸웠고, 다른 부족들은 물론 심지어 같은 야노마미족끼리도 싸웠다. 그들은 전투를 벌여 상대편을 가차 없이 죽이는 과정에서 자기 쪽의 많은 남자까지 희생시켰다. 그만큼 그들의 폭력성은 이미 오랜 역사를 지녔다.

여러 인류학자가 야노마미족의 폭력성을 두고 선천적으로 내재한 그들의 본성이냐, 침략자들에 대한 강력한 반응이냐 하는 문제를 놓고 논쟁을 벌여왔다. 물론 결론은 없다. 양쪽의 주장이 팽팽하다. 하지만 야노마미족의 폭력성이 먹거리 부족 등에서 오는 척박한 환경의 결과라는 것에는 대부분 동의한다.

야노마미족의 일상생활은 폭력과 관련이 있다. 성인 남자들은 모두 전사(戰士)들로서 항상 전투태세를 갖추고 있다. 자연스럽게 그들의 사회는 남성 우월 사회로 폄하된 여성들이 남성들에게 순종하게 되면서 '일부다처'의 풍습을 따른다. 다른 부족과 전투를 벌이면서 남자들은 어린이까지 모두 죽이고 여자들을 강간 폭행하고 납치해서 야노마미족의 구성원으로 만든다.

폭력성이 강한 남자가 우대받으며 여러 명의 여자를 차지하고 여러 명의 아이를 낳는다. 항상 전투태세를 갖추며 적개심과 분노에 가득 찬 남자들은 그런 상태를 유지하려고 자기 부족 여자들을 수시로 폭행한다.

주먹질이나 발길질뿐만 아니라, 몽둥이나 각종 둔기 그리고 마체테 등으로 마구 두들겨패는 폭행을 저지른다. '마체테(Machete)'는 숲에 사는 주민들이 나뭇가지를 자르거나 포획한 동물을 절단하는 등, 다목적으로 사용하는 쇠붙이로 된 정글용 칼이다.

야노마미족 남성들의 여성 폭력은 남성의 우위와 용맹성을 상징한다.

아마존의 야노마미족 아마존 열대우림 지역에서 가장 큰 규모를 형성하고 있는 부족으로, 3만 2천여 명 정도가 베네수엘라와 브라질 접경 지역의 250여 개 마을에 거주한다. 외부인들과 별다른 접촉 없이 살아왔으며, 자기들만의 언어와 관습을 지키고 있다.

그래서 아내에게 무조건 복종을 강요하며, 자기가 사랑하는 여자일수록 더욱 심하게 매질한다. 여자가 상처를 입고 몸을 가누지 못할 정도로 맞으면 그만큼 그 여자를 사랑하는 것으로 여긴다. 가혹하게 남자에게 폭행당하는 여자는 폭행하는 남자가 자기를 철저하게 보호하고 열정적으로 사랑한다고 받아들이며 기뻐한다. 매 맞는 여자들은 괴로워하는 것이 아니라 오히려 행복해한다. 아무리 매를 많이 맞아도 다른 부족에게 강간 당하거나 납치당하지 않는다는 데에 만족해한다.

야노마미족 사회에서 여성들은 남성들에게 맹종하며 전투원인 전사들에게 헌신한다. 남자를 향한 그녀들의 헌신은 먹거리에서도 잘 나타난다. 그들은 사냥과 약간의 식물 재배로 먹거리를 해결하며 작물 가운데 '카사바'가 있다.

카사바(cassava)는 고구마처럼 생긴 열대지방의 덩이뿌리 식용작물로 원시 부족들의 주식이다. 그런데 카사바에는 독성이 있어서 손질이 필요하다. 야노마미족 여성들은 카사바의 독성을 제거한 후 그것을 씹는다. 남자들을 위해 자기의 침으로 쓴맛까지 제거하고 요리해서 먹게 한다는 것이다.

그렇게 해도 야노마미족 남자들의 사망률은 매우 높다. 다른 부족, 때로는 같은 야노마미족끼리도 지속적인 부족 전쟁을 벌이면서 많이 죽기 때문이다. 그들은 적대(敵對) 부족을 침략해서 어린이들까지 죽이기 때문에 복수와 보복을 반복한 결과 직접 전투에 참여하는 남자들이 많이 죽는다. 남자들이 여러 명의 여자를 아내로 두는 일부다처나 여자들이 수적으로 적은 남자들에게 맹종하는 것도 그 까닭인지 모른다.

이들의 폭력성은 선천적으로 내재한 본성이지만, 그들을 침략한 서양인들로 폭력성이 더 강화되었다는 것이 인류학자들의 공통된 견해다. 아무튼 남자들의 사망률이 높아 야노마미족 인구는 갈수록 줄어들며, 폭력성을 피하려고 다른 지역으로 이주하는 부족민들이 인구 감소를 더욱 부채질한다고 한다.

죽은 가족의
시신을 먹는
엽기적인 식인 부족

가족 가운데 누가 죽으면 시신을 장작불로 태우고
남은 뼛조각들을 수습해서 곱게 빻아 가루로 만들어
바나나를 넣고 죽을 끓여 가족들과 친척들이 모여서 함께 먹는다.

사람이 사람을 먹는 엽기적인 식인(食人)은 동서양을 막론하고 어느 문화권에서나 오래전부터 존재했기에 새삼스럽지 않다. 인육을 먹는 식인종(食人種)도 있다. 우리의 먼 조상인 원시인류는 먹거리 부족에 시달리며 먹거리를 찾아 끊임없이 이동 생활을 했다.

십여 명, 많아야 20~30명의 혈육 집단이 드넓은 아프리카 초원에서 뿔뿔이 무리 지어 이동하는 과정에서 누가 죽으면 망설임 없이 시신을 함께 먹었다. 이러한 원시인류의 전통적인 식인 습성은 오래도록 이어지며 어느 인종, 어느 민족에게서나 별다른 거부감 없이 받아들여졌다. 물론 식인이 보편적인 행태라고 볼 수는 없다. 다만 인육을 먹는 몇 가지 이유가 있다.

첫째, 원시인류처럼 먹거리 부족 때문이었다. 인간이나 동물에게 먹거리는 생존을 위한 필수 조건이지만 항상 먹거리가 부족했기에 인육까지 먹는 현상이 벌어졌다. 근세에 이르러서도 조난한 선박이나 탐험대가 고립됐을 때 식량 부족으로 죽은 동료의 인육을 먹었던 사례도 있다.

둘째, 신앙, 즉 종교적인 이유다. 기독교가 전파된 유럽, 이슬람의 아랍, 힌두교 그리고 불교와 유교의 아시아는 예외였지만, 특히 중남미의 아스테카, 마야, 잉카 문명권에서는 전통적인 그들만의 종교의식이 생활을 지배했다. 자신들의 신에게 제물을 바치는 의식으로 인신 공양했는데, 주로 어린이, 성인 여성들을 제물로 신에게 바쳤다.

사제는 제물이 된 인간을 죽여 심장을 꺼내 신에게 바쳤으며 시신을 높은 제단에서 밑으로 던져버렸다. 그리고 의식이 끝나면 제물이 된 인간의 시신을 많은 사람이 자연스럽게 나눠 먹었다.

셋째, 공포감 조성이었다. 아프리카나 아마존 등, 문명과 격리된 채 깊은 오지에 사는 소수 부족은 생존을 위해 끊임없이 주변의 다른 부족들과 전투를 벌였다. 그럴 때 전투 중 사망한 적대 부족의 일원이나 포로를 죽여 그 시신을 부족민들이 자랑스럽게 함께 나눠 먹었다. 자기 부족의 용맹성을 과시하고 적대 부족에게 공포감을 주려는 것이다.

그런데 이러한 이유 이외에도 식인 풍습이 있었다. 문명과 등진 아프리카나 아마존의 소수 원시 부족이다. 예컨대 아마존 정글에 사는 소수 부족을 비롯해 남아메리카의 일부 원시 부족들의 식인은 조금 색다르다. 베네수엘라의 어느 원시 부족은 죽은 가족의 시신을 먹는다. 식인 자체도 혐오감을 주지만 가족의 시신을 먹는다는 것이 충격적이다. 이것을 인류학자들은 '족내 식인 풍습'이라고 한다. 이런 엽기적인 풍습이 그들에게는 오히려 죽은 자의 영혼을 위로하고 살아 있는 가족들과 일체감과 동질감을 준다고 믿는다.

그들은 가족 가운데 누가 죽으면 장작불로 시신을 태우고 남은 뼛조각들을 수습해서 곱게 빻아 가루로 만들어 바나나를 넣고 죽을 끓여 가족들과 친척들이 모여서 함께 먹는다. 그런가 하면 파라과이의 어느 부족은 가족 가운데 누가 죽으면 유족들이 죽은 자의 시신을 여러 토막으로 잘라 불에 굽는다. 그런 후 유족들을 제외한 부족 전체가 불에 구운 인육을 나눠 먹는다고 한다. 그럼으로써 죽은 자와 산 자들이 혼연일체가 된다고 생각한다.

중남미의 잉카, 마야, 아스테카 문명권에서는 다른 부족들과 전쟁을 벌일 때마다 적군의 포로를 많이 잡으려고 필사적으로 노력했다. 왜냐하면 포로를 많이 잡아야 그들을 처형해서 인육을 많이 먹을 수 있었기 때문이다. 그들은 인육을 먹는 것을 수치스럽게 여기지 않았다. 인육을 먹는 것이나 동물의 고기를 먹는 것이나 아무런 차이가 없다고 생각했다. 더욱이 아메리카 대륙에는 풍부한 고기를 제공할 수 있는 대형동물이 없어서 고기가 풍부한 인육을 좋아했다는 것이다.

인류는 모두 같은 조상의 후손들이면서도 종족이나 민족, 부족에 따라 문화적 차이가 대단히 크다. 인육을 즐겨 먹는 부족들에게는 인육 풍습이 그들의 전통적인 문화이며 오랜 풍습이었다. 물론 문명화된 오늘날, 인육을 먹는 것은 어디에서나 금지됐다. 그러함에도 여전히 인육을 먹는 오지의 소수 부족이 있다. 문명사회에서도 살인을 하고 시신을 토막 내서 먹는 정신 상태가 온전하지 못한 흉악범들이 있다. 그들에겐 윤리와 도덕이나 인륜 따위는 없다.

얼굴에 침을 뱉어
우정을 표시하는
아프리카 마사이족

사막과 같은 초목 지대에서 부족한 것이 물이다.
사람과 가축은 물을 마셔야 하는데 물이 무척 귀하다.
얼굴에 침을 뱉는 것은 상대방에게 귀한 물을 주는 표시이다.

마 사이(Masai)족은 전 세계에 널리 알려진 아프리카의 한 종족이다.
세계에서 평균 신장이 가장 크고 날씬하며 높이 뛰어오르기를 잘
하고 사자를 맨손으로 때려잡으며 붉은 옷을 입는다는 용맹스러운 전사
들로, 멀리 걷는 편안한 걸음걸이로 한때 '마사이족처럼 걷기'를 유행시킨
부족이다. 수많은 해외 매스컴들의 현지 탐사 프로그램을 통해 세계적으
로 널리 알려졌으며, 원시 부족 유목민이지만 끊임없이 외부 세계와 접촉
해서 딱히 원시 부족이라고 단정적으로 말하기 어렵다.

아프리카 동부 케냐와 탄자니아 등지의 드넓고 황량한 초목 지대에 흩
어져 사는 마사이족은 유목민이어서 가축들을 이끌고 일 년 내내 풀을
찾아 이동한다. 이들이 생명처럼 소중히 여기는 가축은 소다. 마사이족만

가질 수 있는 독점적 가축인 소는 최고의 재산이다. 결혼할 때 신랑이 신부에게 주는 지참금으로 소를 줄 만큼 귀한 재산이어서 다른 부족이 사육하는 소를 약탈하기도 하는데, 마사이족은 다른 부족과의 전투에서 패하는 경우가 드물다고 한다. 이들의 주식도 대부분 육류와 우유 등이며 유목민이어선지 식물을 재배하거나 먹지 않는다.

마사이족 전체 인구는 약 200만 명이라지만, 파생된 부족들이 많아서 정확한 인구수는 알 수 없다. 이들은 몇십 명 또는 몇백 명이 씨족사회를 이루고 유목 생활을 한다. 하루에 평균 40~50km씩 걷는데 허리에 전혀 무리가 없는 그들만의 걸음걸이로 유명하다. 원래는 맨발로 걷는데 지금은 샌들류의 신발을 신는다. 효과적이고 능률적인 이들의 걸음걸이가 널리 알려져 한때 '마사이족처럼 걷기'가 유행하면서 마사이 워킹화 등이 큰 인기를 끌었다. 물론 그 워킹화는 서양의 신발제조업체가 만들었다.

마사이족의 씨족사회는 나이에 따라 계급이 정해진다. 대개 10년을 기준으로 20대, 30대, 40대로 그룹을 나누며 연장자 집단일수록 지위가 높다. 동년배 그룹은 서로 친구처럼 지내며 함께 전투에 나선다. 특히 혈기 왕성한 20대 그룹을 '모란(Moran)'이라고 하는데, 투쟁력이 뛰어나 앞장서 싸우는 전사들이다. 이들은 사자를 맨손으로 때려잡을 정도로 용감한데, 성인식에서도 사자를 풀어놓고 그 꼬리를 잡을 만큼 뛰어나며 당당하게 성인으로 자라난다. 서양이나 아랍의 노예상들이 흑인들을 노예로 마구 납치할 때, 노예가 되는 것을 죽음보다 싫어했던 마사이족 청년들은 과감하게 맞서 싸웠다. 그리고 싸울 때마다 승리를 거두어 마사이족에게는 노예가 없다고 한다. 그 때문에 노예상들도 마사이족은 피했다.

또한 이들은 전투에서 승리하거나 씨족사회에 기쁜 일이 있을 때, 마을의 공터에 모여 '아두무 춤(Adumu dance)'을 춘다. 똑바로 서서 뛰어오르는 점핑 댄스다. 무릎을 전혀 구부리지 않고 50cm까지 뛰어오르는, 운동선수들도 해내기 힘든 동작이라고 한다. 이 점핑 댄스에서 다른 사람보다 높이 뛰어오를수록 주목받으며 여성들에게 인기가 높다고 한다.

마사이족 씨족사회의 결속력과 유대감은 대단하다. 10세를 기준으로 친구처럼 지내는 연령 그룹이 더욱 그러하다. 특히 마사이족의 전사들인 20대 그룹은 서로 인사할 때 상대방의 얼굴에 침을 뱉는 특이한 풍습이 있다고 한다. 왜 그러한 풍습이 생겨났을까?

가장 큰 원인은 물 부족이라고 한다. 사막이나 다름없는 초목 지대에서 부족한 것이 물이다. 사람이나 가축은 물을 마셔야 하는데 물이 무척 귀하다. 얼굴에 침을 뱉는 것은 상대방에게 그처럼 귀한 물을 주는 상징적 표시라는 것이다. 그럼으로써 또래 사이에 돈독한 우정을 과시한다. 다른 부족이나 외부인과 인사할 때는 침을 뱉지 않고 악수한다. 현대인들이 인사할 때 얼굴에 침을 뱉는다는 것은 노골적으로 상대방을 모욕하는 행동이다. 침을 함부로 아무 데나 뱉지 않는 것이 예의다. 그런데 마사이족은 얼굴에 침을 뱉으며 반가워한다니, 그들의 물 부족 현상이 얼마나 심각한지 짐작할 수 있다.

마사이족 여자들은 특이하게도 서서 소변을 보는 오랜 관습이 있다고 한다. 여자가 서서 소변을 보려면 매우 불편할 텐데 이런 관습이 이어져 오는 것 역시 물 부족 때문일지 모른다. 여자가 서서 소변을 보는 것은 쪼그리고 앉아서 소변 물줄기를 감추는 것이 아니라 드러냄으로써 물에 대한 시각적 효과를 어느 정도 충족시킨다.

마사이족 사회는 남성 중심의 가부장 사회이며 일부다처제다. 남녀 모두 할례를 해야 성인이 되는데 여자들도 여성 할례를 하고 나면 얼마든지 성적 자유를 허용한다. 그들 남녀는 비교적 자유롭게 성관계를 갖는다. 용맹스러운 전사인 청년들은 성인식을 마친 여성이나 과부 등과 자유롭게 성관계를 할 수 있다. 그렇다고 성관계를 가진 남녀가 반드시 결혼해야 하는 것은 아니다. 젊은 남자는 결혼하려면 여자의 부모에게 지참금으로 여러 마리의 소를 줘야 하고 전사로서 임무를 끝내야만 결혼할 수 있다고 한다. 아직 가진 것이 없는 청년에겐 여러 가지로 결혼이 부담스럽다.

그 때문에 일부다처제에서 자기 재산을 보유하고 있으며 전사의 의무도 끝난 중년들이 혼인을 하는 데 유리하다. 그들끼리는 자기 아내를 빌려주는 풍습도 있을 만큼 마사이족에게는 성 개방 풍조가 있는 것 같다. 그런 영향으로 에이즈가 문제가 되었다.

아쉽게도 마사이족은 평균수명이 짧다고 한다. 남자는 42세, 여자는 44세 정도로 40세를 겨우 넘긴다. 육류 위주의 섭취로 채소류는 거의 먹지 않기 때문에 영양분을 골고루 섭취하지 못한 탓이라고 한다. 더구나 이들이 외부 세계와 접촉이 잦아지면서 무기가 크게 바뀌고 있다. 창이나 활, 칼 등의 재래 무기에서 비록 구식이지만, 총기류를 휴대하며 자신들의 가축을 지키거나 다른 부족을 공격하기 때문에 사상자가 많이 늘어난다. 그것도 마사이족의 평균수명을 단축하는 요인의 하나가 될 수 있다.

폴리네시아
원시 부족의
기하학적인 문신

자기 부족만의 독특한 문신으로
정체성을 알리고 다른 부족과 구별하며
부족 내에서의 신분과 지위를 나타낸다.

문 신(文身)은 동서양을 가릴 것 없이 전 세계적으로 성행하고 있다.
현대인들이 문신하는 이유는 다양하다. 꽃이나 나비와 같은 깜찍
한 여성들의 문신이 있기도 하지만 남성들의 지나친 문신은 혐오감을 준
다. 조직폭력배들은 거의 온몸을 문신으로 뒤덮어 위협감, 공포감을 주
고 자신을 과시한다. 외국 격투기 선수들을 보면 대부분이 크고 뚜렷한
문신을 하고 있다.

그러나 실용적으로 자기 흉터를 문신으로 가리기도 하고, 눈썹 문신
처럼 미용을 위한 문신도 있다. 배를 타는 선원들은 조난하고 숨졌을 때
신원 확인용으로 자기만의 문신을 했다고 한다. 또 응급치료를 위해 자
기 혈액형을 문신하기도 했다. 하지만 현대인들의 문신은 자기 가치관이

나 신념을 나타내고 개성을 돋보이게 하는 문구나 그림이 대부분이다.

독일의 프로 축구 '바이에른 뮌헨' 팀에서 활약하는 김민재 선수는 가슴에 Carpe Diem이라는 문구가 크고 선명하게 새겨져 있다. '카르페 디엠'은 "현재(오늘)에 충실하자!"는 뜻이다. 그럴 뿐만 아니라 십자가를 든 예수상이 거의 등 전체를 덮고 있다. 직접 보지는 못했지만, 그의 몸에는 "꿈꾸는 것을 멈추지 마라. 시간은 당신을 기다리지 않을 것"이라는 문구가 새겨져 있다고 한다. 하지만 그는 문신한 것을 후회하며 다시는 문신을 하지 않을 것이라고 공개적으로 자신의 심정을 밝혔다.

오늘날 문신은 젊은이들의 보편적인 문화로 대중화됐지만 이미 5천~6천여 년 전에도 문신이 있었다. 유럽의 알프스 계곡에서 5,300년 전에 살았던 '외치'라는 사냥꾼이 얼음에 냉동된 채 발견됐는데, 왼쪽 어깨에 화살촉이 박혀 있고 다양한 상처와 문신도 발견했다고 한다. 이처럼 오랜 역사를 지닌 문신은 옷을 입지 않는 아프리카나 남태평양의 폴리네시아 부족들에게서 크게 성행했다. 옷을 두껍게 입어 피부 노출을 막는 추운 지방 사람들은 문신할 필요나 의미도 없다. 나체 상태로 살아가는 열대지방 부족들에게 문신은 '영원히 입은 옷'이기도 했다.

그들이 문신하는 이유는 다양하다. 자기 부족만의 독특한 문신으로 정체성을 알리고 다른 부족과 구별하며 부족 내에서의 신분과 지위를 나타낸다. 또한 개인적으로 문신을 통해 자신의 업적을 나타내는가 하면, 용맹성을 나타내 다른 부족들에게 공포감과 위협감을 주려는 것이 가장 큰 목적이었다. 그들에게는 문신이 미적 잣대가 되어 얼굴과 온몸에 문신이 많을수록 미남, 미녀로서 부족들에게 큰 인기를 얻었다.

문신으로 가장 유명한 종족은 남태평양의 폴리네시아인들이다. 무려 1천여 개의 크고 작은 섬들로 이루어진 남태평양에는 여러 부족이 살고 있지만 대다수를 차지하는 종족이 폴리네시아인이다. 검은 피부에 곱슬머리, 육중하고 건장한 신체를 가진 폴리네시아인들은 일찍부터 문신을 생활화해서 역사시대 이후 문신의 발상지와도 같은 평가를 받고 있다.

문신을 영어로 Tattoo라고 하는데 남태평양 타히티(Tahiti)에서 '무엇인가 표시하다'라는 뜻인 그들의 언어 Tatau에서 유래했다는 것을 보면 폴리네시아가 문신의 본고장임을 잘 알 수 있다. 따라서 독창적이며 독특한 그들의 문신을 가리켜 트라이벌 타투(tribal tattoo)라고 한다. '트라이벌'은 별다른 뜻이 아니라 '종족의~' '부족의~'와 같은 의미다. '트라이벌 타투'는 폴리네시아인들의 문신을 뜻하는 고유명사와도 같다. 문신이 서양에 전해진 것도 서양 탐험가들이 이 지역을 탐사하면서 전파한 것이라고 한다.

남태평양 망망대해의 외딴섬에 살았던 폴리네시아인들은 그들이 믿는 신에게 안녕을 빌며 가호가 있기를 기원하는 마음을 나타내고자 자신들의 몸에 표시한 것이 트라이벌 타투의 유래이다. 말하자면 문신의 시작은 원시 신앙적 이유였다. 자기 부족을 나타내는 독특한 문신을 하였으며 그와 함께 부족의 용맹성과 부족 내에서 자기 신분이나 지위를 나타냈다. 폴리네시아인들은 팔다리가 길어서 문신이 잘 어울렸다. 트라이벌 타투는 한쪽 어깨에서 팔까지 이어지는데 미적으로 매력이 있을 뿐 아니라 간결하면서 날카로운 검은 선들이 조화를 이룬다. 더욱 놀라운 것은 정교하면서도 기하학적인 문양들이다. 어떻게 그런 문양을 창안했는지 신비롭기 그지없다. 오늘날 전문적인 디자이너들도 고안하기 힘들 것 같은 독창적인 트리이벌 타투의 문양은 틀림없는 인류의 문화유산이다.

뉴질랜드의 마오리족도 얼굴까지 문신을 한다. 그들도 타히티섬에서 건너온 폴리네시아인이기 때문에 선조들의 옛 전통에 따라 자기 부족에 대한 표시와 용맹성, 지위 등을 나타내기 위해 문신을 했을 것이다. 특히 마오리족의 얼굴 문신을 그들의 언어로 타 모코(Tā moko)라고 하는데 그것은 다른 부족을 위협하는 장식성과 자기 부족의 계보, 사회적 지위, 업적 등 다양한 정보를 담았다고 한다.

타 모코를 한 마오리 족장 마오리족의 문신인 타 모코는 얼굴 전체에 무늬를 새기는 것으로 마오리족의 소속과 신분을 나타내는 용도로 사용됐다. 동물 뼈로 만든 바늘로 피부를 찔러 다양한 곡선을 그린 뒤 천연색소 등을 상처 난 피부에 채워 넣는 방식으로 진행한다. 뉴질랜드 국립문신박물관은 '타 모코(Tā moko)'로 불리는 마오리족의 문신 문화를 보존하고 알리기 위해 타 모코에 관한 다양한 자료와 함께 실제 타 모코 문신을 실행하는 것을 관람객에게 보여준다.

문신은 신체의 노출이 많은 열대나 아열대지방에서 성행했다. 그곳은 숲과 나무를 비롯한 온갖 식물들이 많아서 문신에 사용되는 염료(색소)들의 대부분을 식물에서 추출한다. 하지만 문신은 중국, 일본, 우리나라 등 동양에서도 유행했다. 특히 고대 중국에서는 죄를 지은 자들의 얼굴에 '수(囚)'자 등을 문신해서 범죄자라는 사실을 널리 알렸다. 이것을 '낙인(烙印)'이라고 했다. 오늘날에도 낙인은 씻기 어려운 부끄럽고 욕된 평판을 이르는 말로 쓰인다. 그러나 동양에서는 유교 사상이 자리를 잡으면서 문신을 조상에게 물려받은 피부를 훼손하고 불쾌감을 주는 그릇된 행위로 여기면서 차츰 사라졌다.

문신은 실질적으로 건강에도 좋지 않다. 우리 피부는 땀을 배출시켜 체온을 조절하는 중요한 기능을 하는데 피부 속에 독성 물질을 주입하는 것은 감염의 위험이 크다.

문신에는 여러 종류가 있다. 헤나(henna)나 스티커는 일시적이다. 시간이 흐르면 저절로 흐려지고 사라진다. 하지만 바늘로 찔러 피부(진피) 속에 색소를 주입하는 문신은 좀처럼 지워지지 않는다. 그러한 문신을 제거하려면 레이저 시술 등을 이용해야 하며 긴 시간 동안 큰 고통이 뒤따른다.

실제로 있었던 일이다. 어느 여자가 남자를 사귀면서 진정으로 사랑해서 결혼까지 약속했다. 여자는 자기 아랫배에 '○○○사랑해'라는 문신을 새겨 넣어 그들의 사랑을 뜨겁게 했다. 어떤 이유로 두 사람은 헤어지게 됐다. 여자는 자기 아랫배의 문신 때문에 다른 남자와 사귈 수도 없었다. 즉흥적 객기로 문신을 했다가 평생 후회할 수도 있다.

요즘의 문신은 자기과시가 가장 큰 목적이다. 점점 문신 범위가 늘어나 얼굴, 팔다리, 목, 가슴, 등과 온몸에 문신한다. 자기는 만족할지 모르나 다른 사람들에게 불쾌감과 혐오감을 줄 수도 있다.

문신에 대한 일반인들의 인식도 좋지 않다. 대인 관계나 면접시험 등에서 불이익을 당할 수도 있다. 따라서 문신을 법적으로 금지하는 나라들도 늘어나고 있다. 그런 영향인지 요즘 문신은 보디페인팅(body painting)과 같이 예술의 한 장르로써 발전적 모색을 하고 있다.

미얀마 문족 여성의
거미줄 같은
얼굴 문신

문족의 여자들은 문신이 너무 고통스러워서
한 번에 하지 못하고 여러 번에 걸쳐 마치
거미줄을 친 것처럼 얼굴 전체를 거의 문신한다.

동 남아시아 대부분 지역이 아열대기후여서 숲이 우거진 정글 지대
와 고원지대가 많다. 또한 그곳 깊숙이 서로 격리된 채 살아가는
소수민족들이 많다. 미얀마만 하더라도 무려 160여 개의 소수민족이 거
주하며 그들이 사용하는 고유어도 100개가 넘는다고 한다.

미얀마는 거듭되는 쿠데타로 군부가 정권을 잡은 정국이 불안정한 나
라다. 경제적으로도 아직까지는 뒤처져 있어 개발도상국 수준에서 벗어
나지 못하고 있다. 그런 상황에서 문명과 격리돼 살아가는 소수민족들의
삶은 더 빈곤하다. 미얀마 북서부, 방글라데시와 인도 북부와 국경을 맞
댄 친(Chin)주 지역의 해발 3천 미터가 넘는 고원 삼림지대에는 수많은 소
수민족이 살지만 그들의 생활도 궁핍하기는 마찬가지다. 이 지역에는 특

히 친(Chin)족이라는 종족이 많이 살고 있는데, 그들로부터 분리됐거나 그들의 일족으로 보이는 '문(Mun)족'도 있다.

이들은 원래 미얀마 내륙지역에서 살았지만 제2차 세계대전 때 일본군에게 쫓겨 이 고원 삼림지대로 들어와 정착하게 됐다고 한다. 소규모 단위로 여러 촌락을 이루고 살아가는 이들은 산을 일궈 화전(火田)을 만들어 양과 염소 따위의 가축을 사육하며 가난하게 살아가고 있다. 그런데 문족 여성들은 거미줄을 친 듯이 독특한 얼굴 문신을 하는 풍습으로 널리 알려져 있다.

문족의 여자들은 15세를 전후해서 얼굴과 목에 문신하기 시작해 결혼하기 전까지 몇 차례에 걸쳐서 문신한다고 한다. 문신이 고통스러워서 한 번에 하지 못하고 여러 번에 걸쳐 마치 거미줄을 친 것처럼 얼굴 전체를 거의 문신한다. 또한 문족의 기혼 여성들은 대개 파이프를 물고 담배를 피운다. 담배는 여성 전용물이라고 한다. 담배 피우는 남자가 없는 것은 아니지만 매우 드물다. 남자들은 팔목에 스프링처럼 여러 둘레로 된 팔찌를 끼고 고산 산림지대에서 생활하면서 들짐승의 공격을 받을 때 팔찌 낀 팔로 방어하기 위한 목적이라고 한다.

그럼 문족 여자들은 왜 흉측해보이는 얼굴 문신을 하고 평생 살아가는 걸까? 몇 가지 이유를 찾아볼 수 있다.

여자가 15세 정도가 되면 성숙하다. 충분히 어른 몫을 하며 더없이 고된 집안일을 도와야 한다. 각박한 그들의 삶에는 당연히 고통이 뒤따르고 고통을 견뎌내는 훈련으로 고통스러운 얼굴 문신을 했을 것이다. 문신의 고통을 견뎌내면 힘든 삶도 얼마든지 견뎌낼 수 있다고 생각한 것이다. 그 때문에 여자들이 담배를 피운다. 담배를 피운다는 것은 고단함을 잊어버리는 잠깐의 휴식으로 고달픈 육신을 안정시키는 수단이다.

그러다 보니 어느덧 여자의 얼굴 문신은 문족의 풍습이 됐고, 문족의 정체성이자 상징이 되었다. 오히려 여자들이 얼굴 문신을 안 하면 이상해 보였고, 문족의 젊은 남자들에게도 얼굴 문신이 미적 기준이 되어 얼굴 문신한 여성들과 결혼하면서 풍습으로 굳어졌을 것이다. 흉측한 얼굴은 주변의 수많은 다른 종족의 남자들에게 비호감을 갖게 해 겁탈이나 납치를 예방할 수 있었을 것이다. 말하자면 문족 여자들의 얼굴 문신은 그들의 생존 방식이자 생존 무기였다.

미얀마는 더운 나라여서 여성들은 대부분 얼굴에 흰색의 '타나카'를 바른다. 타나카(Thanaka)는 타나카라는 나무를 곱게 갈아 만든 가루다. 이것을 얼굴에 바르면 강렬한 자외선을 차단할 수 있고 피부를 탄력 있게 해준다고 한다. 타나카가 하나의 삶의 지혜이듯이, 문족의 얼굴 문신도 그들의 삶의 지혜다. 하지만 요즘은 외부 세계와 접촉이 늘어나면서 문족의 젊은 여성들 사이에서 흉측하고 바람직하지 못한 얼굴 문신이 차츰 사라지고 있다고 한다.

입술에 접시를 끼는
에티오피아
무르시족 여성들

무르시족 여성들은 15세쯤 되면 아랫입술에 구멍을 뚫는다.
경험이 많은 늙은 여성이나 어머니가 날카로운 동물 뼈 등을
이용해서 아랫입술을 뚫고 나뭇조각을 끼워 넣는다.

아프리카의 에티오피아 일대는 인류의 발상지이다. 지금도 많은 원
시 부족이 에티오피아 곳곳에 흩어져 살고 있다. 특히 남부에 있
는 오모(Omo) 계곡은 오모강이 흐르고 비옥해서 일찍부터 여러 원시 부
족의 보금자리였다. 그 원시 부족 가운데 무르시(Mursi)족이 있다. 약 1만
여 명의 부족이 소규모 부족 단위로 살아간다고 한다. 이 부족은 20세기
후반에야 알려졌는데 외부 세계의 관심을 끈 것은 그들만의 독특하고 특
이한 풍습 때문이다.

　무르시족 여성들은 대개 15세쯤 되면 아랫입술에 구멍을 뚫는다. 무
척 통증이 심해서 경험이 많은 늙은 여성이나 어머니가 날카로운 동물 뼈
등을 이용해 아랫입술을 뚫고 나뭇조각을 끼워 넣는다. 처음에는 불편해

서 고통받지만, 상처가 아물고 굳어지면 조금씩 더 굵은 나뭇조각을 끼워 구멍의 면적을 넓힌다.

그런 다음, 그곳에 진흙으로 만든 조그만 둥근 접시를 끼운다. 이것을 영어로는 립 플레이트(lip plate) 또는 마우스 플레이트(mouth plate)라고 한다. 그리하여 입술 구멍이 커질수록 점점 더 큰 접시를 끼운다. 지금까지 확인된 가장 큰 입술 접시는 둘레가 약 60cm라고 하니까 그 괴이한 얼굴 모습이 어떤지 짐작이 갈 것이다.

흥미로운 것은 여성의 입술 접시가 클수록 매력적인 미녀로 남성들에게 인기가 높다고 한다. 남성들의 인기가 높아야 결혼할 때 소나 양 등, 가축으로 대신하는 많은 결혼 지참금을 받을 수 있다. 그러면 무르시족에게 이런 전통적인 괴이한 풍습이 왜 생겨났을까?

오모 계곡에서 주로 농경 생활을 하는 그들은 토지가 수분을 머금고 있어야 기름지므로 땅에 대한 민간신앙이 많다. 따라서 수분이 들어있는 진흙에 애착심을 갖는다. 남성들은 온몸에 진흙을 발라 악령을 쫓아내고 풍작을 기원한다. 여성들은 아랫입술을 뚫고 진흙으로 된 접시를 끼워 넣어 진흙을 입에 넣는 것으로 악귀를 쫓는다는 것이다. 다시 말하자면 그들의 원시 신앙적 차원에서 여성들의 입술에 접시를 끼워 넣었다는 것이다.

또한 오모 계곡에는 수많은 원시 부족들이 살고 있어서 부족들 사이에 충돌이 심했다. 끊임없이 부족들 사이에 벌어지는 전투 중에 여성들은 겁탈당하는 수모를 겪었다. 무르시족 여성들은 다른 부족에게 납치당하지 않으려고 못생긴 얼굴을 만들었다. 그 방법의 하나로 아랫입술에 흙 접시를 끼우면 얼굴이 흉측해보여 납치를 피할 수 있었다고 하니 실제로 큰 효과를 봤다. 그런데 역설적으로 무르시족 남성들에게는 큰 접시를 낀 여성일수록 매력 있는 여성, 미인으로 돋보이게 됐다.

그처럼 미의 관점은 민족이나 종족마다 다르고 환경에 따라 다르다. 무르시족 여성들이 아랫입술에 크게는 지름이 20cm이나 되는 흙 접시를 끼고 있으니 얼마나 불편하겠는가? 실제로 말할 때 제대로 발음하기도 힘들고 음식물 섭취에도 불편을 느꼈다고 한다.

그러나 한 가지 다행인 것은 흙 접시를 일시적으로 빼냈다 끼웠다 하는 것이 가능했다. 요즘은 아랫입술을 뚫고 접시 끼워 넣는 것을 강요하지는 않는다고 하며 이런 전통적인 풍습을 지키지 않는 여성들이 늘어나고 있다고 한다.

여자의 젖가슴을
다림질하는
카메룬의 부족들

어머니는 쇠붙이나 돌을 불에 뜨겁게 달궈
여자아이의 젖가슴을 다림질하듯 문지른다.
그 고통으로 화상을 입어 가슴이 망가진다.

아프리카 중서부, 대서양 연안의 카메룬은 열대지방의 고온다습한
나라다. 독일·영국·프랑스 등, 서구 열강의 지배를 받아 도시들은
비교적 서구화됐지만, 이 나라를 이루는 구성원은 100~200개에 이르는
종족 집단이다. 이들을 원시 부족이라고 말하기는 어렵지만, 오늘날에도
옛 전통과 풍속들을 그대로 유지하고 있어서 현대화와는 거리가 있는 각
종 부족으로 구성된 나라다.

서로 혈통이 다른 수많은 부족이 엉켜 살기 때문인지, 카메룬은 성범
죄가 많기로 유명했다. 2015년 유엔 UNICEF(국제아동보호기금)의 조사에
따르면 카메룬은 여성의 성폭행 피해가 가장 많은 나라로 뽑힐 만큼, 주
로 20세 미만 어린 여성들이 일상적으로 성폭력에 희생돼 사회문제를 일

으키며 불안정한 치안과 사회 풍조로 부족수는 많지만, 그들만의 독특하고 풍습을 갖고 있다. 그것은 여자의 젖가슴을 다림질하는 끔찍한 전통적 풍습으로 널리 알려져 있다. 여자의 가슴을 다림질한다니 그게 무슨 말인지 선뜻 이해할 수 없을 것이다.

어느 곳에서나 여성들은 10대에 들어서 사춘기가 될 무렵이면 젖가슴이 발달한다. 카메룬 여러 부족은 소녀의 발육 상태가 성숙해지면 성폭행당하지 않을까 걱정한다. 여자의 젖가슴이 커질수록 성숙한 여성으로 보여 성폭행당할 가능성이 커진다.

그런 불안과 걱정으로 어머니는 딸의 가슴 발육을 억제해 서슴없이 성범죄를 저지르는 남성들이 자기 딸아이에게 성적으로 관심을 두지 않도록 대비한다. 그런 방법이 바로 여자아이의 젖가슴을 다림질하는 일이다.

어머니(또는 할머니)는 쇠붙이나 돌을 불에 뜨겁게 달궈 봉긋하게 솟은 여자아이의 젖가슴을 다림질하듯 문지른다. 그 고통이 말할 수 없이 크지만, 여자아이들은 그러한 전통적 관습을 잘 알고 있어서 체념하고 고통을 견딘다. 멀쩡한 생살을 인두로 지지다니 끔찍한 고문이나 다름없다. 여자아이는 화상을 입어 가슴이 망가지고, 염증과 심각한 상처를 입어 갖가지 후유증으로 고통을 겪어야 한다. 그뿐 아니라 여자아이가 성장해서 결혼하더라도 아기에게 모유를 먹이기가 무척 어렵다. 분명한 것은 그러한 젖가슴 다림질로 남자들의 성적 관심이 사라져 성폭행을 피할 수 있다는 것이다. 성폭행으로 인한 임신이나 조혼을 피할 수 있어서 이 엽기적인 오랜 풍습이 사라지지 않는 것이다.

통계에 따르면 카메룬의 대다수 부족 중에서 계층이나 교육 수준과 관계없이 여자아이 네 명 가운데 한 명이 이 끔찍한 젖가슴 다림질을 당한다고 한다. 말하자면 분명한 여성 인권침해다. 이 사실은 2006년 독일의 한 구호단체가 국제사회에 고발하면서 외부 세계에 알려졌다. 아프리카는 무려 2천여 부족들이 사는 대륙이다. 그 많은 부족 가운데는 여전히 문명과 동떨어진 생활을 하는 원시적인 부족들이 많으며 부족들 사이에 끊임없이 분쟁이 일어난다. 무더운 기후여서 온몸을 노출하며 나체나 다름없이 생활한다.

그래서 서로 다른 부족들 사이에는 여자 약탈과 성폭행이 많다. 부족이 200여 개나 되는 카메룬도 예외일 수 없다. 더욱이 카메룬은 치안이 불안해서 성폭행이 일상화되다시피 한 나라다. 독재자들이 수십 년씩 권력을 독점해 부패가 심하고, 군대에 들어가면 53세에 정년이 될 때까지 전역할 수도 없다. 평균수명도 몹시 짧아 겨우 51세다. 무엇보다 국가가 안정되고 정상적으로 발전하지 않으면 여성에 대한 성폭행이 줄어들기 힘들고, 여자아이의 젖가슴 다림질도 쉽게 사라지지 않을 것 같다.

목을 길게
늘이는
미얀마 빠다웅족

빠다웅족의 여자들은 5세 때부터
굵은 전깃줄 굵기의 놋쇠 링으로 목을 감는다.
나이를 먹어가면서 링의 길이가 점점 길어진다.

동 남아시아의 대부분 나라들이 그렇듯이 미얀마에도 수많은 부족
이 살고 있다. 대략 100여 개에 달하는 제각기 다른 언어들을 사
용하는 135개의 부족 중 대표적인 카렌족이 있다. 이들은 약 800만 명이
나 되고 미얀마에 약 700만, 태국에 약 100만 명이 산다. 미얀마에서는
두 번째로 규모가 큰 종족으로 카렌족자치구까지 있다.

'카렌(Karen)족'은 단일한 종족이 아니라 여러 종족이 합쳐진 종족 집단
이다. 원래 티베트에서 기원해 미얀마, 태국 등지로 이주한 종족들로 티
베트 불교를 믿고 대부분 변형된 티베트어를 사용한다. 이들 카렌족 안에
도 여러 종족이 있어서 4개의 집단으로 분류하기도 하지만 백(白)색 카렌
과 적(赤)색 카렌의 두 집단으로 나누는 것이 보편적이다.

미얀마에서는 일찍부터 여러 가지 이유로 정부와 큰 마찰을 빚어왔다. 우선 카렌족과 미얀마 대다수를 차지하는 버마족(Burmese's People)은 다른 종족이며 국명이 미얀마로 바뀌기 전 옛 버마 시절, 카렌족은 일절 미얀마 정부의 통제를 받지 않아 미얀마 정부군과 카렌 독립군 사이에 여러 차례 내전이 벌어졌다. 카렌족은 대다수가 불교를 믿지만 일부는 기독교를 믿는다. 그런데 불교보다 훨씬 소수의 기독교가 카렌족의 기득권을 차지하고 있어서 종교적으로 큰 갈등과 분쟁을 겪고 있다.

　이런 배경의 미얀마 중앙 고산지대에 인레(Inle)라는 거대한 산정호수가 있다. 이 일대의 산간 지역에 많은 카렌족들 중 '빠다웅(Padaung)'족이 있다. 카렌족에 속한 이들에게는 오래전부터 전해오는 특이한 전통적인 풍습이 있다. 우리가 각종 매체를 통해 가끔 볼 수 있었던 목이 긴 여인들이다. 그녀들은 목에 놋쇠(청동)로 된 링을 감고 있어서 목이 길게 보이는 것이다. 서양에서는 그녀들을 목이 기린처럼 길다고 해서 기린족(long neck tribe)이라고 부른다.

　빠다웅족의 여자들은 5세 때부터 굵은 전깃줄 굵기의 놋쇠 링으로 목을 감기 시작한다. 나이를 먹어가면서 링의 길이가 점점 길어져 나이 많은 여인들은 링을 감은 목의 길이가 얼핏 30cm가 넘어 보인다. 여인들의 모습이 기린처럼 목이 길어 괴상하고 불편해보인다. 하지만 링을 많이 감아 목이 길어 보여도 실질적으로는 목의 길이가 늘어나는 것은 아니라고 한다. 놋쇠로 된 링의 무게 때문에 빗장뼈가 점점 주저앉아서 건강에는 해롭다는 것이다.

　목을 감은 링은 평생 빼지 않는 것이 원칙인데 필요에 따라서 링을 잠시 뺄 수도 있다고 한다. 목에 링을 감는 것은 물론이고, 팔목이나 발목에도 감은 여인들이 많다. 어이가 없는 것은 링을 많이 감아 목이 길수록 빠다웅족 남자들에게는 매력적으로 보인다는 것이다. 하지만 남자들에게 미녀로 보이게 하려고 목에 링을 감는 것만은 아니다. 밀림 지대에 사는 그들은 맹수들에게 자주 물려 죽거나 큰 상처를 입었다. 맹수들은 상대의 목을 물어 숨통을 끊는다. 빠다웅족의 여인들은 목을 보호하기 위해 놋쇠로 된 링을 감기 시작했고 팔목이나 발목도 자주 물려서 그곳에도 링을 감았다는 것이다.

미녀가 되기 위해 링을 감은 것이 아니라, 추하게 보이기 위해 감았다는 견해도 있다. 고산지대에는 수많은 부족이 살아가며 끊임없이 충돌하면서 다른 부족의 여인들을 납치했는데 빠다웅족 여인들도 다른 부족에게 추하게 보여 납치당하지 않으려고 목에 링을 감았다는 것이다. 말하자면 링은 그녀들의 자기 보호용이었다.

카렌족은 미얀마에 살지만 태국에도 약 100만 명이 살고 있다. 주로 태국 북부 치앙마이에 많이 사는 이들 가운데도 어떤 부족의 여인들은 목에 링을 감는다고 한다. 링을 감은 긴 목의 카렌족(빠다웅족) 여인들의 기괴한 모습들은 세계적으로 알려져 많은 외국 관광객들이 찾는다. 그러자 카렌족은 관광객들을 상대로 자기들이 만든 수공예품을 팔고, 목이 긴 자신들을 관광 상품화하고 있다. 그녀들의 모습을 사진 찍거나 그녀들과 함께 찍어도 금전적 사례를 해야 한다. 그리하여 외부에 노출된 그녀들은 더 이상 산림지대 깊숙이 고립돼 농사나 사냥으로 살아가는 부족이 아니다. 이제는 관광업에 종사하는 것이 대부분 주업이 됐을 정도이다.

중국 소수민족
이족(彝族)의
여자 가슴 만지기

여성들은 유방을 노출해 돌아다니고,
남자들은 아는 여자, 모르는 여자를 가리지 않고
다가가서 그녀의 유방을 거리낌 없이 만진다.

중국에는 잘 알려지지 않은 부족들도 많아서 정확한 소수민족의 숫자는 알 수 없으나 소수민족들의 인구로 볼 때 980만 명이 훨씬 넘는 소수민족인 '이족(彝族)'이 있다. 이들 대부분은 중국 서남부의 윈난성, 쓰촨성에 살고 있으며 '아산이족자치현(峨山彝族自治縣)'과 '이족민속촌'도 있다.

이족의 조상은 중국 서북부에 살던 티베트족, 라싸족, 고대의 강족으로, 이들이 시기를 두고 강줄기를 따라 차츰 남하해서 윈난성, 쓰촨성에 정착하면서 현지의 토착민들과 융합해 새로운 민족 공동체를 구성하였다. 그들에게는 고유의 언어와 문자도 있는데, 중국의 표의문자가 아니라 표음문자여서 중요한 문화적 가치를 지녔다. 이들은 처음에는 '이족(夷族)'

으로 불렀다. 토착민들은 그들이 북쪽에서 남하해 와서 북방 오랑캐들로 여겨 오랑캐를 뜻하는 '이(夷)'자를 붙여 그렇게 불렀던 것 같다. 하지만 이족 스스로는 '누오수(Nuosu)'라고 불렀으며, 오랑캐라는 호칭을 싫어해서 발음이 같은 '이(彝)'자로 바꿔 오늘날의 '이족(彝族)'이 됐다고 한다.

이족은 조상을 숭배해서 제사를 지낸다. 토테미즘의 원시 신앙을 숭상해오면서 중요한 일은 모두 점을 쳐서 해결하는 전통을 유지해오고 있다. 또 술을 좋아해서 차(茶) 없이는 살아도 술이 없으면 생활을 할 수 없을 정도라고 한다. 이들 이족을 돋보이게 하는 것은 그들의 전통 의상이다. 여러 민족의 전통 의상을 얘기할 때 중국 소수민족들의 전통 의상을 결코 빼놓을 수 없다.

많은 소수민족이 저마다의 고유 의상이 있는데 하나같이 원색적이고 화려하며, 그들 거주 지역의 기후나 생활환경에 맞게 실용적이다. 그렇다 쳐도 어느 소수민족이든 이족의 전통 의상을 따라갈 수 없다. 이족은 무려 100여 가지의 서로 다른 전통 의상이 있다. 특히 이족 여성들의 전통 의상은 화려하고 다양한 색채와 형태를 갖추고 있으며 모자 역시 종류가 다양하고 모양도 각양각색이다.

이족에게는 오래전부터 전해오는 독특한 풍습이 있다. 다른 민족에게서는 찾아볼 수 없는 이족만의 독특한 풍습은 여성의 가슴을 만지는 것이다. 여성의 가슴을 만지는 것은 성추행이다. 그러나 이족 여성들은 당당하게 자기 가슴을 노출하고 남성들에게 만지게 한다. 물론 아무 때나 여성의 가슴을 만지는 것은 아니다. 그들에게 '막내절(摸奶節)'이라는 명절 같은 기념일이 있다. 음력으로 7월 14일부터 16일까지 사흘 동안인데 이 기간에만 여성의 가슴 만지기를 허용한다.

그것도 어린아이부터 노인까지 남자들이 은근슬쩍 여성의 가슴을 만지는 것이 아니다. 미혼의 젊은 여성들까지 자기 한쪽 가슴을 밖으로 드러내 남자들에게 당당하게 만지게 한다. 아예 한쪽 가슴이 노출되도록 제작한 여성용 의상도 있다고 한다. 여성들은 부끄러움 없이 유방을 노출해 돌아다니고, 남자들은 아는 여자, 모르는 여자를 가리지 않고 다가가서 유방을 부담 없이 만진다. 그래도 아무런 처벌도 받지 않고 합법적이라고 한다. 이족에게는 어쩌다가 이러한 특이하고 유별난 전통 풍습이 생겼을까?

흉노나 돌궐 등 중국의 북방 민족들은 영토를 넓히고 세력을 확장하려고 끊임없이 전쟁을 벌였다. 그들에게는 생존을 위한 전쟁이었다. 그들은 자신들과 비교해서 한결 여유롭고 안정적인 중국(漢族)을 쉴 새 없이 침략했다. 중국이 만리장성을 쌓게 된 것도 북방 오랑캐들의 침략을 막기 위해서였다.

6세기경의 중국 수나라 때도 마찬가지였다. 여러 북방 민족들이 수시로 수나라를 침공했고 이족의 선조인 강족도 전쟁에 참여했다. 큰 전쟁에서 많은 군인과 양민들이 죽었다. 그들의 후손인 이족은 그때 죽은 군인들과 양민들의 영혼이 저승에 가지 않고 이승에서 떠돌고 있다고 생각했다. 죽은 자들은 결혼도 못해보고 죽은 것이 억울하고 한이 맺혀 현세의 여성들을 데려가 아내로 삼는다는 미신적 속설이 나돌았다. 특히 전쟁에서 죽은 젊은이들이 성적 욕구를 풀어보지 못한 미련 때문에 그런 행동을 한다고 믿었다.

이족 여성들이 남성들에게 한쪽 유방을 만지도록 해주면 죽은 자들의 영혼을 속일 수 있다고 믿어 그런 풍습이 생겨났다는 것이다. 이족이 섬기는 천신에게 제사를 지낼 때 처녀를 제물로 바쳤던 제례 의식에서 기원했다는 견해도 있다. 어찌 되었든 이족 여성들도 막내절에는 남성들이 자기들의 가슴을 만지는 것에 화내기는커녕 당연하게 생각한다. 오히려 남성이 가슴을 만지면 여자나 남자나 모두 재수가 좋다고 생각한다는 것이다.

이족의 역사는 불우하고 안정적이지 못했다. 그들 세계에는 매우 복잡한 노예제도도 있었다. 노예를 거느리는 귀족들은 '흑이(黑彝)', 일반 백성들은 '백이(白彝)'로 구분했기 때문에 노예들의 반란도 많았다. 다시 말하면 한이 많은 소수민족이다. 쌓이고 쌓인 한을 달래기 위해 그처럼 화려하고 눈부신 전통 의상들을 만들어냈으며 죽은 자들의 한을 풀어주려고 그들만의 유별난 '여자 가슴 만지기' 풍습이 생겼던 것이다.

중국 소수민족 후이족과 위구르족의 혼란스러운 풍속

중국의 소수민족이 된 이슬람교도인
후이족과 위구르족은 강력한 중국의 힘에 밀려
이슬람교도로서 자신들의 전통을 점점 잃어간다.

중국의 소수민족 가운데 가장 큰 집단은 '좡족(壯族)'으로 약 1,956만 명에 이른다. 1,000만 명 이상인 소수민족 좡족은 신장(新疆)의 위구르족, 닝샤(寧夏) 후이(回)족, 구이저우(貴州)와 윈난(雲南)의 먀오(苗)족, 랴오닝(遼寧)과 허베이(河北)의 만주(滿州)족 등이 있다.

이들 소수민족 중 후이족과 위구르족의 특징은 이들이 이슬람교도라는 것이다. 중국에는 이들 이외에 카자흐족, 키르기스족, 타타르족, 우즈베크족 등 10개의 소수민족이 이슬람교를 신봉하는 무슬림이다. 하지만 대부분 종족 수가 적어서 후이족과 위구르족이 대표적인 이슬람교도라고 할 수 있다. 이들을 합치면 약 2,000만 명에 가까워 소수민족이라고 지칭하기도 어렵다. 두 소수민족 모두 자기만의 자치구가 있다.

현재 중국의 행정구역은 4개 등급으로 나뉘며 우리의 도(道)에 해당하는 성(省)이 가장 크다. 이 성과 맞먹는 행정구역이 광역시, 자치구 등이다. 소수민족의 자치구는 네이멍구자치구, 닝샤후이족자치구, 신장웨이우얼자치구, 티베트인 시짱자치구, 광시쫭족(廣西壯族)자치구 등 5개밖에 없다. 연변조선족자치주는 자치주로 자치구보다 한 단계 아래다. 그것만 봐도 후이족과 위구르족의 수적 위세를 알 수 있다.

현재의 중국은 시장경제의 구조를 갖췄지만 이념과 체제는 사회주의를 고수하는 국가라서 종교에 관해서는 부정적이다. 공식적으로 '국가 무신론'을 내세우고, 사회주의 국가 건설에 장애가 된다며 국가에서 종교를 통제하고 있다. 그런데 후이족과 위구르족은 당당하게 이슬람교도임을 내세우고 있으니 그들의 삶이 힘겨울 수밖에 없다.

후이족과 위구르족은 같은 이슬람교도지만 집단으로 거주하는 지역이 서로 멀리 떨어져 있고 중국에 유입된 배경도 전혀 다르다. 후이족의 '닝샤후이족자치구'는 중국의 최북방 내몽골 옆에 있으며, 위구르족의 '신장웨이우얼자치구'는 중국의 가장 서북쪽 중앙아시아 국가들과 가까운 곳에 있다. 이 지역은 원래 중국의 영토가 아니었는데 중국이 점령하면서 '새로운 영토'라는 뜻의 신장이라는 이름을 붙였다.

후이족은 두 갈래의 경로를 통해 중국에 유입됐다. 한 갈래는 중동의 무슬림들이 중국과 해상무역을 하면서 광둥성, 푸젠성 등에 드나들다가 그곳에 정착한 부류로 남방 후이족이다. 또 한 갈래는 중앙아시아, 유럽 등에서 간쑤성, 산시성(陝西省) 등, 중국 북부 시방에 유입돼 정착한 부류로서 북방 후이족이다. 특징으로는 남방 후이족은 주로 상인들이고 북방 후이족은 유목민이 대부분이었다. 바꿔 말하면 후이족은 어떤 특정한 종족 집단이 아니라 이슬람교도라는 공통점을 지닌 종교적 집단이다.

북방의 유목민 후이족은 추운 겨울이면 따뜻한 중동 지역으로 돌아 갔다가 중국 날씨가 더워지면 다시 돌아왔다. 그래서 이들에게 '돌아올 회(回) 자'를 붙여 후이(回族)족이 됐다고 한다. 그런가 하면 이들이 중국의 회홀(回哣) 지방에 많이 살아 회족으로 부르게 됐다는 견해도 있다. 후이 족은 종족 집단이 아니라 종교적으로 결집한 집단이므로 정체성이나 결 속력이 약할 수밖에 없어서 이들은 쉽게 중국의 한족으로 동화됐다. 이 들과 결혼해서 한족이 이슬람교도들을 '한회(漢回)'라고 불렀다.

중국 서북쪽 맨 끝의 위구르족은 후이족과는 사뭇 다르다. 위구르족 은 일찍부터 그곳에 살았던 집단으로 넓은 영토를 차지하고 있었다. 위구 르족 자치구의 면적만 하더라도 중국 국토의 6분의 1이나 된다. 위구르족 들은 이곳에 그들의 왕국을 세우고 일찍이 샤머니즘을 신봉하다가 8세기 에는 페르시아에서 기원한 마니교를 받아들였다. 그러다가 중앙아시아로 부터 이슬람교가 전파되면서 10세기에는 모든 위구르족이 신봉하는 국교 가 됐다. 종파는 수니파였다.

중국은 위구르 지역을 호시탐탐 노리며 여러 번 원정군을 보냈다. 당 나라 시대 위구르를 '회홀(回鶻)' 또는 '회홀족'이라고 부르면서 광활한 지 역을 그들의 영토를 만들려고 큰 노력을 했다. 하지만 위구르족들은 그 들과 맞서 싸웠는데 이러한 그들의 항쟁은 현대 중국에 이르기까지 계 속되다가 마침내 중국에 점령당해 중국의 행정구역으로 '신장웨이우얼 자치구'가 되었다.

위구르족은 그들의 조상이 북방 민족이었던 '돌궐족'과 매우 깊은 관련이 있다. 위구르족의 언어도 알타이계 돌궐어로, 돌궐은 튀르크이며 오스만제국, 지금의 튀르키예와 같은 계열의 민족이다. 중국의 한족과는 아무런 연관도 없는데 중국에 침략당해 자신들의 영토를 빼앗겼을 뿐이다.

그들은 단일민족이기 때문에 민족의 정체성과 결속력이 대단히 강하다. '위구르'는 단결, 단합을 뜻하는데 그들은 지금도 중국을 상대로 독립 투쟁을 이어오고 있다. 세계에서 가장 탄압받는 민족으로 중동의 쿠르드족(Kurd), 미얀마의 로힝야족(Rohingya)과 함께 위구르족을 손꼽는다. 위구르의 독립 투쟁과 그들에 대한 중국의 탄압은 해외 언론들에서 자주 언급되고 있다. 중국은 위구르족을 동화하려고 신장웨이우얼자치구에 수많은 한족을 이주하게 했다. 현재 이곳 인구의 절반 이상이 한족이며 중국어 이외의 다른 언어는 일절 사용하지 못하도록 하고 있다.

우리가 주목하는 것은 이슬람교도인 후이족과 위구르족의 풍속과 생활 풍습이다. 그들이 이슬람의 풍속과 중국의 풍속 그리고 사회주의국가인 중국의 종교 통제와 아직 전통이 이어지는 도교, 유교, 불교 등 중국의 정통 종교들과 공존해야 하는 혼란스러운 상황에서 어떤 풍속과 풍습을 지켜나가는지 큰 관심이 아닐 수 없다.

우선 중국은 그들에 대한 유화정책으로 집단거주 지역을 자치구로 설정하고 자치권을 부여해서 부분적으로 종교의 자유를 허용한다. 자치구에서 위구르족의 모든 분쟁은 이슬람의 성직자(이맘)들이 그들의 율법인 '샤리아(Shariah)'를 통해 조정한다. 샤리아는 코란에 의한 이슬람의 관습법인데 샤리아로 분쟁이 조정되지 않을 경우는 중국의 현행법에 따른다. 하지만 강압적으로 모두 중국어를 사용하면서 가장 먼저 부딪친 문제는 무슬림들의 이름이었다. 그들의 이름은 이슬람식으로 지어져 있었다. 예컨대 '무함마드 알리'라면 이것을 한자로 바꾸는 것이 문제였다. 그냥 발음대로 한자를 쓰면 이름의 길이가 길어지고 별 의미가 없었다.

일반적인 중국식 세 글자로 바꾸는 무슬림들이 많았는데, 되도록 이슬람에 맞게 지으려 했다. 그 때문에 그들의 성씨에는 마(馬) 씨, 목(木) 씨, 목(穆) 씨가 많았다. 모두 이슬람의 창시자 무함마드를 중국어 발음으로 음차하다 보니 그런 성씨를 가졌다. 그 가운데서도 특히 무함마드의 첫 자를 음차한 마(馬) 씨가 가장 많다고 한다.

이슬람의 종교 의식인 기도와 예배 그리고 전통 의상이나 음식에도 많은 변화가 있다. 이슬람교도는 하루에 다섯 번 메카를 향해 기도를 올리지만 일주일에 한 번, 그들의 사원인 청진사(淸眞寺)에 가서 기도하고 예배를 보는 것으로 완화됐다. 청진사의 외관은 불교의 사찰과 같지만, 내부는 이슬람식으로 꾸민 일종의 모스크다.

이슬람교도로서 의상을 제대로 갖춰 입으려면 토브(thobe)라는 흰색의 통옷을 입고, 머리에 직접 쓰는 속 모자 격인 타키야(taqiyah)와 그 위에 걸치는 긴 천 슈막(shemagh), 슈막 위에 걸쳐 고정하는 검은 띠 이깔(iqal)로 머리 복장을 마친다. 그런데 이러한 것들을 생략하고 챙이 없는 흰 모자 '회회모(回回帽)'만 쓰고 대부분 일반인과 같은 평상복을 입었다. 모자를 안 쓰면 예배를 볼 수 없기 때문이다. 여성들은 머리를 가리는 '히잡(hijab)'만 쓰면 됐다.

음식은 이슬람 율법에 따라 술과 담배를 금지했다. 하지만 '아라크(arak)'라는 대추야자로 만든 술과 물담배는 피운다. 이슬람교도로서 돼지

고기는 먹지 않고 소고기, 양고기, 닭고기 등은 먹는데 이슬람 계율에 따라 완전히 피를 빼고 먹는다. 또한 기본적으로 할랄푸드(halal food)만 먹는다. '할랄'은 '허용된 것' 또는 그들의 유일신인 '알라의 이름으로 처리된 것'이라는 뜻이다.

중국인들은 야생동물은 먹지만 중국의 이슬람교도들은 야생동물은 먹지 않는다. 이들도 조상을 숭배하고 제사를 지내는가 하면 설을 명절로 즐긴다. 어쩔 수 없이 중국 한족과 더불어 생활하면서 이슬람의 전통이 많이 완화되고 도교, 유교, 불교를 바탕으로 한 한족의 습속과 많이 융합되었다. 가장 중요한 풍습인 결혼 풍습과 장례 풍습은 이슬람의 전통을 따른다.

후이족이나 위구르족도 과거 한때는 이슬람식의 일부다처를 허용했고 여성들의 발을 인위적으로 압박해 작게 만드는 전족 풍습이 있었다. 또한 혼례는 이슬람교도끼리만 하려는 자기들의 전통을 지키려고 하자, 명나라 시절에는 무슬림끼리의 결혼을 강제적으로 금지하고 반드시 한족과 결혼하도록 했다. 어떡하든 그들을 한족으로 동화시키기 위한 수단이었다. 물론 지금은 그런 제약은 없어졌다.

이슬람교도의 결혼에는 나이 제한이 없다. 젊은이들에게 결혼 적령기가 있지만 이슬람교도들은 이것을 무시한다. 이슬람 창시자 무함마드가 50세 때 겨우 6세 된 여자아이와 결혼했기 때문이다. 무함마드는 여자아이가 9세 됐을 때 합방하고 성관계를 했다고 한다. 따라서 이슬람교도들은 결혼연령이나 신랑과 신부의 나이 차이는 전혀 고려할 대상이 아니다. 그들에게는 남자아이에게 조기 할례하는 풍습이 있었는데, 남자아이가 할례를 빨리하는 것도 성생활을 하기 위한 것이다. 중동 지역의 조혼과 일부다처 습관이 낳은 그들의 풍속이다.

조혼 풍습으로 8세 아이가 첫날밤을 치른 뒤 사망하거나 12세 여자 아이가 출산하다가 아기와 함께 숨지기도 했다. 50세가 넘은 남자에게 어린 나이의 소녀가 3번째, 4번째 부인이 되다 보니 그런 끔찍한 사례들이 나타났다.

철저하게 남성 위주의 이슬람은 여성들을 노골적으로 차별, 억압한다. 결혼식도 예외가 아니어서 어디까지나 남성 위주로 이루어졌다. 이슬람교도에게 결혼식은 개인적인 행사가 아니라 그들 공동체 전체의 행사였고, 마을 전체 주민이 모두 모여 철저하게 남성 위주의 결혼을 진행했다.

결혼식 날짜가 되면 신랑과 신부, 두 집에서 각자 결혼 축하연을 연다. 신랑 집은 그쪽의 남자들만, 신붓집은 신부 쪽의 남자들만 모여 연회를 베푼다. 여자들은 한쪽 구석에 숨어 있듯이 모였을 뿐이다. 신붓집에서 신부는 얼굴을 가리고 구석방에 틀어박혀 있다. 간혹 신부 측 여자들 몇 명이 곁에 있을 뿐이다. 남자들만의 축하연이 끝날 즈음, 신랑은 많은 남자와 함께 신부의 집으로 향한다. 얼굴을 가린 신부가 모습을 드러내고, 간단한 절차의 몇 가지 예식 과정을 거친 다음 신랑이 신부를 자기 집으로 데려오면 그것으로 결혼식은 끝난다.

이슬람은 장례식도 복잡하지 않다. 그들은 죽은 자가 이승보다 훨씬 편한 사후세계로 여행을 떠난다고 생각하여 죽은 자를 빨리 보내기 위해 24시간 안에 매장한다. 만 하루를 넘기지 않기 때문에 화려한 관도 없다. 흰 천에 시신을 싸서 남자들이 들것에 메고 장지로 향하거나 관이 있더라도 아주 얇은 형식적인 관이다. 시신을 매장할 때는 머리가 반드시 메카

를 향하도록 오른쪽에 눕힌다. 그래야만 부활한다고 믿는다. 그러한 절차
로 장례식은 대부분 하루 만에 끝난다. 하지만 이슬람 중요 성직자의 장
례식은 그와 다르다.

'이슬람(Islam)'의 말뜻은 '복종'이다. 이슬람교를 우리말로 풀이하면 복

후이족 후이족은 닝샤후이족자치구, 간쑤성, 칭하이성 등 중
국 전국에 1,000만 명가량이 거주한다. 이들이 믿는 종교는 중
앙아시아의 전통과 수니파가 합쳐진 하나피 학파에 속하는데,
시아파와 달리 온건하며 이슬람교를 생활 속에서 실천하며 다른
민족과의 갈등이 없다. 또 한족과 결혼하고 융화돼 살아가기 때
문에 한족과 구별하기가 쉽지 않다. 할랄식품 생산, 아랍어 학
교·후이족 전통 식당·택시 등을 운영하며 생계를 유지한다.

종교라고 할까? 이슬람교도들은 유일신 알라에게 절대복종해야 하고 경전인 '코란'의 율법에 복종해야 한다. 이슬람교도는 그들이 싸우는 전쟁을 '지하드(Jihad)'라고 한다. 지하드는 상대 국가나 다른 민족과 싸운다기보다 그들의 신을 위해 싸우는 성전(聖戰)을 말한다. 그 때문에 이슬람교도는 매우 투쟁적이다. 하지만 중국의 소수민족이 된 이슬람교도인 후이족과 위구르족은 강력한 중국의 힘에 밀려 이슬람교도로서 자신들의 전통을 점점 잃어간다. 그들의 신 '알라'나 율법에 복종하기보다 중국의 통치와 동화정책에 억눌려 중국의 전통 풍습과 뒤섞여서 혼란스러운 풍속으로 변하고 있다.

현재 중국의 지도자는 시진핑(習近平)이다. 그는 신장웨이우얼자치구에 있는 모스크 20곳을 불법으로 증축했다는 구실로 허물어버렸다. 이것은 위구르족을 굴복시키기 위한 중국의 강압 정책임을 말해준다. 별다른 결집력이 없는 후이족은 상당수가 한족에게 동화됐으나 위구르족은 후이족과는 다르다. 분명한 종족 집단으로 정체성과 결속력이 강하기 때문에, 어쩔 수 없이 중국의 전통 풍습을 받아들이면서도 그에 맞서 끊임없이 독립전쟁을 펼치고 있다. 중국이 어떻게 대처할지 지켜볼 일이다.

전족(纏足), 중국 여성의 족쇄

전족이란 여자의 양쪽 발을 어렸을 때 인위적으로 강력하게 압박해 발 크기가 더 이상 성장하지 못하도록 통제한다.

수백만 년 동안 이동 생활을 하던 인류가 농사를 짓고 가축을 사육하면서 정착 생활을 시작한 이래 남성 우월 사회, 가부장 사회가 됐다고 해도 틀리지 않다. 이 시기에 여성은 '아이를 낳는 기계' '남자들의 쾌락을 위한 도구'에 불과했다. 남성들이 미녀를 선호하게 되면서 미인의 조건을 따지기 시작했다. 처음에는 이목구비가 돋보이는 얼굴 생김새가 미인의 조건이 되더니 차츰 길고 검고 짙은 머리칼, 가느다란 목덜미, 희고 탄력 있는 피부가 추가되고 아름다운 가슴, 가는 허리, 풍만한 엉덩이, 가늘고 긴 손가락 등이 포함됐지만 발(足)은 해당 사항이 없었는데, 그러다가 발이 포함되며 중국에서 '미인의 10대 조건'이 등장했다.

10대 조건에서 발은 '연보소말(蓮步小襪)'이라고 표현했다. 즉 연보란 전족한 작은 발을 말하고, 소말은 그 작은 발을 싸고 있는 작은 양말과 같은 것을 말한다. 결론적으로 여성의 발은 전족해서 작아야 미인이라는 것이다.

'전족(纏足)'이란 무엇인가? 지금은 사라졌지만 중국에서 1천 년 넘게 여성들을 억압해온 고약하고 그릇된 풍습이었다. 전족이란 여자의 양쪽 발을 어렸을 때 인위적으로 강력하게 압박해 발 크기가 더 이상 성장하지 못하도록 통제하는 것이다. 여자아이의 발가락을 강압적으로 꺾어 발바닥에 붙인 뒤, 양쪽 발을 각각 질긴 천으로 꽁꽁 싸맴으로써 더 이상 발이 자라나지 못하게 하는 것이 전족이다. 어린아이 때 전족을 하면 성인이 돼서도 어렸을 때 발 크기가 그대로 유지된다. 말하자면 '발의 장애인'을 만드는 것이나 다름없다.

좀 더 구체적으로 설명하자면, 여자아이가 4~5세가 되면 엄지발가락을 제외한 나머지 발가락들을 강제로 발바닥 쪽으로 꺾어 펴지지 못하도록 천으로 꽁꽁 묶는다. 그러자면 발가락뼈를 부러뜨려야 하니 발의 장애인이 될 수밖에 없었다. 이는 심한 고통을 겪을 만큼 더없이 가혹한 아동 학대였으며 성인이 돼서도 제대로 걷지 못하는 영구적인 발 장애인이 되었다.

더욱이 발가락뼈를 부러뜨리고 강압적으로 발의 성장을 억제하는 과정에서 통증은 말할 것도 없고, 곪아서 악취가 심하고 살이 괴사하고 패혈증 같은 가혹한 고통을 겪고 나서 3년쯤 지나야 전족이 완성된다고 한다. 이상적인 전족은 발 크기가 3촌(寸)이었다고 한다. 3촌이라면 겨우 9cm가 조금 넘는 크기다. 아무리 발의 성장을 막아도 9cm가 되기는 힘들다. 작아야 약 10~14cm였다. 발이 커지지 못하게 압박함으로써 발등이 높아진다. 그에 맞는 전족 신발도 있다.

중국 여성들이 겪었던 최악의 풍습은 그 역사가 길다. 자료에 의하면, 당나라 시대에 시작되었지만 활성화되지 못하다가 송나라에 이르러 보편화됐다고 한다. 대략 11세기부터 20세기 초중반까지 무려 1천여 년의 역사를 지닌다.

처음에는 귀족, 상류층의 여성, 궁중 여인, 기녀(妓女)에서 시작되다가 차츰 한족 여성들 사이에서 성행했는데, 이런 악습의 등장 배경에는 여러 견해가 있다. 다양한 민족이 존재한 중국에서 한족 여성들이 오랑캐라고 부르던 북방 민족 여성들과의 차별화를 위해, 그들이 흉내를 낼 수 없는 작은 발을 만들려는 우월감에서 전족했다는 견해가 있다. 또한 당시 서방과의 교류가 빈번해지면서 발끝으로 우아한 춤을 추는 것(발레)을 모방하다가 아예 발 자체를 작게 하려는 의도에서 비롯됐다고도 한다.

남성 우월 사회에서 '미인의 10대 조건'에 전족이 들어갈 정도로 귀족이나 상류층 남성들이 여자의 작은 발을 선호하면서 크게 성행하게 됐다는 견해가 설득력을 가진다.

중국의 수많은 북방 민족들은 유목민, 기마 부족들이어서 무척 거칠고 비교적 몸집이 크다. 그에 비해 중국이 토종 혈통이라고 말하는 한족 여성은 얼굴과 피부가 희고 팔다리가 가늘고 길며 보편적으로 여성스럽다. 거기다가 여자아이는 정말 귀엽다. 조그만 발을 보면 예쁘고 귀엽다. 그런데 성숙한 여성이 여자아이의 발을 갖고 있다면?

그래서인지 당나라 때부터 황제를 비롯한 귀족, 부자, 상류층의 남자들이 작은 발을 가진 성숙한 여성들을 선호하며 곁에 두고 여인의 발을 쓰다듬기를 즐겼다고 한다. 귀족이나 상류층 여성들은 작은 발을 가지려고 노력했다. 또 궁녀나 기녀들도 신분 상승을 위해 앞다투어 작은 발을 가지려고 피나는 노력을 했다. 강남 지역이 개발되면서 성 풍속은 난숙해졌고 '작은 발' 수요는 넘쳐났다.

한편 여성들의 도주를 막기 위해 전족이 탄생했다는 주장도 있다. 고대로부터 중국은 가부장 사회였지만 비교적 여성들을 존중했다. 결혼 생활이 원만하지 못하거나 시부모의 학대가 심하면 도망치는 여성들이 많았다. 부모들끼리 정혼했지만 장차 배우자가 될 남자가 마음에 들지 않아도 도망쳤다. 일단 여자가 도주하면 드넓은 중국 땅에서 찾기가 매우 어려웠다. 그 때문에 여자들이 멀리 도망치지 못하도록 발 크기의 성장을 막아 어린아이의 발을 갖게 했다는 주장도 일리가 있다.

전족을 하면 뛰어가거나 멀리 가기 어려워서 귀족이나 상류층 여성뿐 아니라 차츰 일반 여성들도 전족을 했다는 것이다. 그런가 하면 여성들이 집 안에 틀어박혀 옷감을 짜내기 위해 걸을 수 없게 하려고 전족을 했다는 주장도 있다. 대체로 전족은 남성들을 위한 행태였다는 것이 지배적인 견해라고 본다.

여자아이의 발 크기가 겨우 10cm 남짓하다면 아직 초등학교 입학도 안 한 어린이 정도인데 한껏 성숙한 여성, 몸매가 탐스러운 성인 여성의 발 크기가 그렇게 작다면 정상적으로 걸을 수가 없다. 그야말로 어린아이처럼 천천히 뒤뚱뒤뚱 걷게 되니 엉덩이가 더욱 발달한다. 여성의 큰 엉덩이는 출산에 유리할 뿐만 아니라 남성의 성적 욕구를 자극한다. 남성들로서는 전족의 여성을 선호할 수밖에 없는 성적인 욕구 때문에 중국에서 1천 년 이상 지속될 수 있었는지도 모른다.

전족이 본격적으로 성행한 송나라 시대의 초기에는 억지로 전족을 만

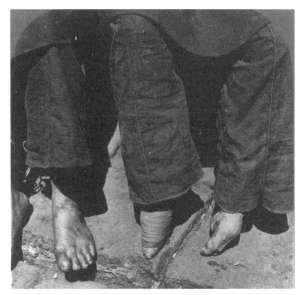

전족 전족이 강력하게 금지된 것은 1930년대 후반이었다. 당시 중화민국 국민정부는 여자아이에게 전족을 금지시켰다. 사진은 정상적인 발(왼쪽)을 가진 여성과 구부러진 발을 가진 여성을 비교(1902년)한 것이다.

들었다기보다 선천적으로 발이 작은 여성들이 남성들에게 인기였다고 한다. 송나라 후기에 이르러서는 귀족 여성들부터 앞다퉈 인위적인 작은 발로 만들려고 노력하면서 전족이 등장하게 됐다는 것이다. 그래서 여성들이 어려서부터 심한 고통을 겪자 전족을 반대하는 신하들이나 귀족들이 자기 가문의 여성들부터 전족을 못 하게 막기도 했다. 이미 어려서 전족을 만들었다면 다시 자연적인 발의 성장 상태로 돌릴 수도 없었다. 더구나 원나라에 이르러서는 남성들 사이에서 '삼촌금연(三寸金蓮)'이 미녀의 조건으로 회자할 정도였다. 삼촌금연이란 여자의 발 크기가 대략 9cm가 넘지 않고 금빛 연꽃처럼 아름다워야 한다는 것이다.

명나라가 건국했을 때 처음에는 전족을 금지시키자 오히려 귀족이나 상류층 여성들 사이에서 전족이 한층 더 유행되는 역효과를 불러왔을 정도였다. 전족의 여성이면 귀족, 상류층이 분명해서 일반 여성이나 하류층 여성들도 신분 상승 효과를 노리고 전족을 강행했을지도 모른다. 이어서 청나라가 들어서자 국가에서 남성들의 변발령과 함께 여성의 전족을 금지했다.

청나라를 세운 만주족은 기마민족으로 여성들도 말을 탔기에 전족을 할 수 없었다. 남자들은 어쩔 수 없이 변발했으나 한족 여성들은 자기가 한족이란 사실을 나타내려고 전족에 열성이었으니 국가정책은 실패로 돌아갔다. 심지어 미인 선발 대회까지 열렸는데 심사 기준의 절대 요소 가운데 하나가 전족이었다. 남자들이 전족을 선호하면서 전족이 아닌 여성은 좋은 남자와 결혼하기도 힘들었다.

전족이 강력하게 금지된 것은 1930년대 후반이었다. 당시 중화민국 국민정부는 이미 전족을 한 여성들은 어쩔 수 없더라도 여자아이에게 전족을 못 하도록 철저하게 금지했다. 여기에는 야만적이고 비인륜적이며 노골적인 아동 학대와 여성 인권을 짓밟는 악습은 반드시 사라져야 한다는 서양 선교사들의 주장과 정부의 강력한 조치에 많은 사람이 동조했다.

여성들이 예쁘게 보이려는 것은 본능이다. 특히 남자들에게 잘 보이려는 여성의 심리를 비난할 수는 없다. 이러한 여성 심리를 악용해서 오늘날처럼 여성의 용모와 신체를 상품화하거나 자신들의 욕구를 노골적으로 내세우는 것은 봉건적 가부장 시대에서 비롯된 남성들의 횡포라고 본다.

6.25 전쟁 무렵에도 우리나라에 많은 중국인이 살았다. 노인들의 얘기

를 들어보면 그때까지만 해도 우리나라에 거주하는 나이 많은 중국인 여성들에게서 전족을 쉽게 볼 수 있었다고 한다. 이제는 구시대의 유물이 됐지만, 전족은 다시는 있어서는 안 될 야만적인 악습이었다.

오체투지,
티베트인들의
특이한 고행

티베트 외진 구석에서 라싸까지 걸어서 가려면
몇 달 또는 몇 년이 걸린다. 그것도 그냥 걷는 것이
아니라, 오체투지의 고행을 하면서 걷는다.

세계 어디서도 볼 수 없는 티베트인들만의 특이한 고행(苦行) '오체투지(五體投地)'는 국내외 여러 매스컴에서 실제 모습을 담은 영상을 통해 널리 알려졌다. 그런데도 굳이 소개하는 것은 세계의 이색 풍속을 다루면서 '오체투지'를 결코 빼놓을 수 없기 때문이다. 티베트는 중국의 서남부에 있는 드넓은 영토를 가진 고원지대다. 면적이 우리 남한의 약 12배나 되고, 평균 해발고도가 4,000m가 넘는다. 거의 사막이나 다름없는 황량한 고산지대여서 날씨는 무척 춥다.

그 지역에 사는 민족은 티베트인 또는 티베트족이라고 부르는 집단이다. 현생인류가 아프리카에서 이동한 이래, 이 지역에서는 종족들이 서로 섞이지 않아 독자적인 모습을 갖추고 있지만 동남아인이나 우리 한국인과 생김새가 비슷하다. 또한 이 지역에는 그들의 왕국이 이어져 왔으나 중국에 정복당해 지금은 행정구역상 중국의 '시짱자치구(西藏自治區)'로 돼 있다.

티베트인들의 전통 신앙은 티베트 불교로 그들의 수행 방법은 다양하다. 이를테면 108배나 세 걸음 걷고 한 번 절하는 3보 1배 등은 잘 알려져 있고, '오체투지'는 티베트에서만 볼 수 있는 독특한 그들의 수행이자 고행의 방식이다.

신앙이 삶을 지배할 정도로 투철한 신앙심을 가진 티베트인들은 평생한 번이라도 그들의 성지인 라싸를 순례하는 것이 숙원이다. 그들은 혼자서 또는 두세 명이나 가족이 머나먼 순례의 길을 떠난다. 티베트 외진 구석에서 라싸까지 걸어서 가려면 몇 달 또는 몇 년이 걸린다. 그것도 그냥 걷는 것이 아니라 오체투지의 고행을 하면서 걷는다. 워낙 오랜 시일이 걸려서 손수레에 식량, 옷, 취사도구, 야외에서의 취침 도구 등을 싣고 손수레를 끄는 사람과 함께 먼 길을 떠난다.

오체투지는 절차와 순서가 있다. 합장을 하고 열 걸음쯤 걷다가 몸을 구부리고 무릎을 꿇는다. 그다음 양손을 앞으로 내밀며 온몸을 땅바닥에 던져 두 팔이 닿게 하고 이마까지 땅에 닿게 한다. 5체란 이마, 양팔, 양발을 말한다. 5체가 모두 땅바닥에 닿으면 양손을 조금 들어 기도하는 자세를 취했다가 시작했던 순서와 반대로 윗몸을 일으키고 일어선다. 그리고 다시 열 걸음쯤 걷다가 오체투지를 되풀이한다. 머나먼 라싸까지 그렇게 간다.

티베트의 황량한 길은 자갈밭 같다. 워낙 먼 길을 걸으니까 발이 퉁퉁 붓고 여기저기 상처가 생긴다. 수없이 반복하는 오체투지여서 손에는 딱딱이 같은 나무나 심지어 슬리퍼 같은 것을 끼고, 무릎에는 자동차 타이어 조각 같은 것을 댄다. 또 땅에 온몸을 던지기 때문에 가죽으로 만든 앞치마 같은 것을 입는다.

그렇더라도 얼굴은 시커멓게 타고, 옷은 심하게 해져 마치 노숙인 같다. 신발(운동화)을 여러 켤레 준비해서 오체투지를 하며 수개월 또는 수년 동안 걷는다는 것은 그들의 놀라운 신앙심과 간절한 기도가 없으면 불가능하다. 두터운 신앙심이 없는 사람은 오체투지를 단 하루도 해내기 어렵다. 그리하여 마침내 라싸에 도착하면 오체투지를 하는 수많은 사람과 만나고, 마지막 목적지인 티베트 불교의 총본산인 조캉 사원(Jokhang Monastery, 大昭寺)을 향한다. 그곳에서 간절한 기원과 함께 마지막 오체투지를 한다.

그들이 찾아가는 곳이 또 있다. 바로 '포탈라궁'이다. 7세기 티베트 왕국 시대에 축조한 어마어마한 대형 건축물은 티베트 왕의 궁전이었으며 그 뒤에는 티베트 불교 지도자 달라이라마들이 이곳에서 집무하면서 티베트 불교의 상징으로 유네스코 세계유산으로도 등재돼 있다. 포탈라궁 앞에서도 많은 사람이 오체투지를 한다.

정말 놀라운 신앙의 힘이다. 오체투지가 끝나면 다시 고향으로 돌아간다. 몇 개월 또는 몇 년 동안 걸어서 왔는데 또다시 걸어서 돌아가는 것이다. 도대체 얼마나 긴 세월을 성지순례에 바치는 것인가? 생계 수단은 어찌 되는 것일까? 그 긴 세월 동안 고향의 가족들에게는 아무런 변화가 없을까?

이들에게도 휴대 전화기가 있다. 태양열로 충전하는 휴대 전화기라고 한다. 성지순례의 고행 중에도 휴대 전화기로 가족들과 소통한다고 한다.

신앙이 삶의 전부인 듯한 티베트인들이 잘살았으면 좋겠는데, 안타깝게도 그들은 좀처럼 가난에서 벗어나지 못하고 있다.

중국의 자치구가 된 이래 지금은 항공편도 있고 고속도로도 있고 기차도 있다. 특히 중국이 건설한 칭짱 열차(靑藏火車)는 세계적으로 유명하다. 티베트가 고원지대로 굴곡이 심한 산등성이들이 많아서 이 열차는 높은 교각들이 세워진 긴 구간의 철로를 달려 마치 하늘을 나는 듯하다. 중국의 베이징, 상하이 등 다섯 곳에서 라싸까지 운행하는 데 시속 130km로 베이징에서 라싸까지는 40시간, 상하이에서 라싸까지는 46시간이 걸린다.

세계의 다채로운
문화 풍속 체험

명예 살인,
반드시 사라져야 할
최악의 관습

간통은 말할 것도 없고 연애, 혼전 성관계,
이슬람 외의 이교도를 사귀거나 결혼할 때는
가족들에게 가차 없이 명예 살인을 당한다.

오늘날 반드시 사라져야 할 전통적인 악습이자 잘못된 풍속 가운데 하나가 '명예 살인'이다. 후진적 악습이 가장 성행하는 지역은 파키스탄 등을 비롯한 서남아시아의 이슬람 국가들로 특히 이슬람에 맹종하는 원리주의자들이 자행한다. 이슬람 교리에 명예 살인을 권장하는 대목은 없다. 실제로 많은 이슬람 국가들에서는 일어나지 않고 극히 일부 국가들의 일일 뿐이다. 그들은 이슬람의 문제라기보다 절대적인 가부장제에 문제가 있다고 지적하며, 종교적 행위라기보다 토착 문화적 행위라고 말한다. 하지만 어느 것이 진실이든 명예 살인은 주로 이슬람 국가에서 이루어진다.

명예 살인(名譽殺人, honor killing)은 절대적 권위를 가지는 가장의 가부장제, 특히 과격한 이슬람 가문의 여성이 부정한 행동을 했다고 여겨질 때 가족과 친척들이 여성을 처형하는 전통적인 관습이다. 이슬람에서는 여성들을 노골적으로 차별한다. 여성들의 행동에는 엄격한 제한이 있지만, 그녀들의 부정한 행동은 남성들이 판단한다. 부모의 허락 없이 외부의 남자를 만나거나 말을 주고받아도 부정한 행동이다.

간통은 말할 것도 없고 연애, 혼전 성관계, 이슬람 외의 이교도를 사귀거나 결혼하려고 할 때는 가족들에게 가차 없이 명예 살인을 당한다. 동성애자는 말할 것도 없이 억울하게 성폭행당했어도 명예 살인한다. 명예 살인당하는 것은 성폭행당한 여성이 스스로 저항하지 않았다는 이유다. 연약한 여성이 힘센 남자에게 어떻게 저항할 수 있을까? 더구나 여러 명의 남자에게 집단 성폭행을 당하거나 흉기로 위협당하면 도저히 저항할 수 없는데도 여성에 대한 정상참작은 전혀 없다. 파키스탄은 부정한 행동을 한 여성은 스스로 죽거나 그렇지 않으면 명예 살인을 당하는 것이 불문율이다.

해마다 공식적으로 5,000명 이상의 여성들이 명예 살인을 당한다고 한다. 하지만 공개되지 않은 명예 살인이 훨씬 더 많아서 희생되는 여성이 얼마나 되는지 정확하게 파악하기 어렵다. 특히 파키스탄, 아프가니스탄, 인도 등의 서남아시아 국가에서 심각하게 행해지는데 그 이유는 간단하다. 가문의 명예를 더럽혔다며 여성의 부친이나 친척 남자들이 목을 졸라 죽이거나 총살하는 것은 놀라운 일이 아니다. 가족, 친척 때로는 이웃 남자들까지 가세해서 공개적으로 생매장하거나 교수형에 처한다. 투석, 즉 일제히 돌을 던져 때려죽이기도 하고, 불에 태워 죽인 후 여성의 신체를 절단하기도 한다. 그야말로 잔혹하기 그지없다. 동물도 그처럼 잔혹하게 죽이지는 않는다.

　이슬람에서는 결혼 전 순결을 매우 중요시한다. 결혼했지만 신부가 숫처녀가 아니라는 사실이 밝혀지면 기혼 여성도 명예 살인을 당한다. 오래전이지만 사우디아라비아 칼리드 국왕의 조카 손녀 미샤 공주는 베이루트에 유학하다가 카할레드 세르라는 평범한 집안 청년과 사랑하게 됐다. 이 사실이 사우디에 알려져 공주가 간통 혐의로 명예 살인당할 위기에 놓였지만 영국으로 망명해서 위기를 모면했다.

　영국에서는 인도적 차원에서 그녀의 망명을 허용했다. 그러나 공주와 청년 카할레드가 베이루트를 방문한다는 정보를 입수한 사우디 왕가에서는 요원들을 보내 그들을 사우디로 압송했다. 왕가에서는 공주를 살리기 위해 "카할레드가 너를 유혹했다고 거짓으로 자백해라."라며 설득했지만 공주는 이를 거부하고 총살형을 당했다고 한다.

　영국인 기자가 이를 목격했고, 안토니 토머스 감독은 〈공주의 죽음〉이라는 다큐드라마로 제작했는데, 이를 본 칼리드 국왕은 영국 대사를 강제 추방하고 무역을 취소하는 등 노골적으로 불만을 드러내며 사우디아라비아와 영국 사이에 외교 분쟁까지 일어났다.

　이라크에서는 22세의 여성이 아버지와 친척들에게 명예 살인당했다. 그녀는 가족과 함께 튀르키예로 여행을 갔다가 혼자 떨어져 돌아오지 않고 그곳에 정착해서 유튜브 동영상 제작자로 활약하며 시리아 남성과 결혼할 예정이었다. 그런데 이라크 축구 국가 대표팀의 경기를 응원하기 위해 잠시 귀국했다가 가족들에게 붙잡혀 명예 살인을 당한 것이다. 딸을 살해한 그녀의 아버지는 가문의 수치를 씻으려고 딸을 죽였다고 당당하게 주장했다. 그러자 이라크 여성 단체, 인권 단체들이 반발하고 나서서 집단 시위를 벌였다. 그녀가 이라크로 돌아오지 않고 튀르키예에 정착한 것은 집안에서 남자 형제들로부터 지속해서 성폭행당했기 때문이라고 주장했다.

파키스탄에서는 온 가족이 합세해서 18세 된 딸을 명예 살인했다. 가족들은 그녀를 정략결혼시키려고 했지만 그녀는 이탈리아로 도망쳤다. 그러나 아버지가 이탈리아까지 뒤쫓았고 친척들과 합세해서 그녀를 죽이고는 파키스탄으로 피신했지만 붙잡혀 이탈리아로 소환됐다.

파키스탄의 '무크타르'라는 여성의 경우는 널리 알려졌다. 문제의 발단은 그녀가 아니라 그녀의 남동생이 유부녀와 불륜을 저질렀다. 이 사실을 알게 된 유부녀의 남편이 가족들과 함께 쳐들어와서 도망친 남동생의 행방을 추궁하다가 그들이 무크타르를 윤간한 것이다. 당시 불문율에 따르면 무크타르는 집단 성폭행을 당했으니까 자살하거나 명예 살인을 당해야 했다. 하지만 무크타르는 끝까지 버티며 여성 인권 회복을 위한 사회 활동가로 맹활약을 펼치고 있다.

이집트에서도 2013년 세 모녀가 간통했다는 이유로 친인척 남성 10여 명에게 명예 살인당한 사례가 있다. 그 밖에도 파키스탄의 어느 여성 모델이 이슬람 율법 학자들의 위선을 조롱했다는 이유로 오빠에게 명예 살인당했으며, 부모의 반대에도 자기가 사랑하는 남자와 결혼하여 임신까지 한 20대 여성이 가족들에게 명예 살인당했다고 한다. 사우디아라비아에서는 '틱톡'에 자기 얼굴을 공개한 여성이 오빠에게 명예 살인당했다고 한다.

이러한 명예 살인들은 언론에 널리 보도돼 잘 알려진 사건들이지만 제대로 알려지지 않은 사례들이 훨씬 더 많다. 몰래 촬영한 동영상을 통해 목격한 참혹한 장면 중에서 가련한 젊은 여성을 마당의 한가운데 무릎 꿇리고 수많은 남자가 그녀를 향해 마구 큰 돌멩이를 던져 때려죽이는 충격적인 장면도 있었다.

현대사회에서 왜 이런 비인간적인 작태가 버젓이 자행될까? 전통적인 악습도 문제지만 명예 살인을 주동한 남자나 직접 참가한 남자들이 법적 처벌을 받기는 하지만, 고작해야 겨우 6개월 정도의 가벼운 형을 받다 보니 명예 살인이 끊이지 않는다.

명예 살인에 대한 국제사회의 비난이 갈수록 높아지자 이슬람 국가들이나 명예 살인이 성행하는 나라들이 법률을 개정하고 처벌을 강화하려 하지만 큰 효과를 거두지 못하고 여전히 악습이 자행되고 있다. 해당 국가의 여론조사에서도 명예 살인이 필요하다는 의견이 절반 가까이 된다고 하니까 그들이 얼마나 보수적인지 잘 알 수 있다. 명예 살인은 분명한 여성 인권침해다. 또한 약자인 여성을 일방적으로 살해하고 불법적으로 잔인한 형벌을 가하는 린치는 사법권에 대한 도전이다. 그것은 우발적 살인이 아니라 명백한 계획 살인이다.

명예 살인을 통해 우리는 인간이 얼마나 야만적이며 동물적 잔혹성을 가졌는지 잘 알 수 있다. 명예 살인이 아니더라도 수없이 벌어지는 국내외의 살인 사건들을 통해 다시 한 번 인간의 잔혹성을 절감한다.

대를 이어
복수하는
알바니아의 카눈

대를 이어 복수함으로써 어느 쪽이
복수를 포기하거나 자기 삶을 포기해야
할 정도로 만드는 악습이 '카눈'이다.

유 럽의 알바니아는 세계의 화약고라는 발칸반도의 서북부에 있는
작은 나라다. 북쪽으로는 코소보, 몬테네그로, 동남쪽으로는 그
리스, 동쪽으로는 북마케도니아 등과 국경을 맞대고 있으며 인구는 3백
만 명이 안 되고 국토 면적도 우리나라의 경상남북도를 합한 크기쯤 되며
유럽에서 가장 빈곤한 국가에 속한다.

반면에 매우 긴 역사를 지니고 있다. 일찍이 로마제국과 오스만제국의
지배를 받았으며 제2차 세계대전 후에는 구소련의 지배를 받는 폐쇄적인
공산국가였으나 소련이 해체된 뒤 개방적인 자주 독립국이 됐지만, 여전
히 빈곤에서 벗어나지 못하고 있다. 알바니아는 북부와 남부가 민족이 다
르다. 북부는 게그(Gheg)인이고 남부는 토스크(Tosks)인이다. 그 때문에 성

향이나 풍속에 차이가 있다. 북부의 게그인에게는 전통적인 악습이 있다. 그것은 복수를 허용하는 카눈(Kanun)이라는 관습법이다.

고대 형벌의 율법은 '동태 복수법(同態復讐法)'이다. 말하자면 '눈에는 눈, 이에는 이'가 그것이다. 즉 상대방에게 눈이 찔려 실명했으면 그와 똑같이 상대방의 눈을 찔러 실명시키고, 폭행으로 이빨이 부러졌다면 상대방의 치아를 부러뜨린다. 피해자 가족으로서 가해자 가족을 살해하기도 하며, 또 내 아내가 누군가에게 겁탈당했다면 그 남자의 부인을 겁탈해버린다. 이러한 동태 복수법이나 동종 복수법은 인류의 가장 오래된 법전인 바빌로니아의 '함무라비법전'에도 명시돼 있고, 기독교 구약성서의 모세율법에도 명시돼 있다.

알바니아의 '카눈'이 이 율법에서 비롯됐는지는 몰라도, 누군가에게 살해당하는 등 큰 피해를 보거나 수치를 당하면 반드시 복수하는 풍습이다. 다만 동태 복수가 아니라 '피의 복수'다. 상대방을 죽인다. 그러면 상대방의 형제나 후손들이 또 복수한다. 이렇게 대를 이어 복수함으로써 어느 쪽이 복수를 포기하거나 자기 삶을 포기해야 할 정도로 만드는 악습이 '카눈'이다. 복수를 포기하는 일은 거의 없다. 복수를 포기하는 것은 가문의 수치이며 포기한 사람은 평생 겁쟁이로 조롱당한다. 카눈은 가문의 수치를 씻어내기 위해 살인하는 것으로 앞서 설명한 '명예 살인'과 혼동할 때도 있지만 카눈과 명예 살인은 엄연히 다르다. 카눈은 가문 외부의 인물에 대한 복수이고, 명예 살인은 가문 내부의 살인이다.

실제로 이런 일이 있었다고 한다.

아주 친한 친구 사이인 A와 B가 만나 대화하다가 의견 차이로 시비가 붙고 다툼이 벌어져 A가 B를 밀치는 바람에 넘어졌다. 그러자 B의 형제들이 몰려와 자신들의 형을 수치스럽게 했다며 A를 총으로 쏴 죽였다. 이런 와중에 사태를 진압하려고 경찰관이 달려와 B의 형제들을 제압하려고 하자 B의 형제들은 경찰관까지 총으로 쏘아죽였다. 그러자 이번에는 피살된 경찰관의 아들이 달려와 B와 B의 형제들을 몰살시켰다는 것이다. 이제 A와 B 그리고 경찰관의 가족들은 원수가 돼서 서로 죽이고 죽는 처절한 복수를 대를 이어 계속할 것이다. 멈추고 싶어도 멈출 수 없는 것이 '카눈'이다. 결국 원수지간에 가문이 절멸하기 전까지 복수는 이어질 것이며, 그야말로 피의 보복, 악순환이 계속된다.

이런 일도 있다고 한다. 가령 우리 집에 손님이 찾아왔는데 그 손님이 밖에서 수치스러운 일을 당했다면 우리 집의 주인(가장)이 대신 복수를 해야 한다. 그러다 보면 알바니아 북부에 사는 사람들이 거의 모두 복수로 얽히고설킨 원수지간이 되는 것은 아닌지 궁금하다.

간혹 원수지간에 서로 화해하는 예도 있다. 화해하려면 양쪽 가문이 서로 합의해야 하고 두 가문의 남자들이 손가락을 칼로 찔러 피를 내서 술잔에 섞어 함께 나눠 마셔야 화해가 성립된다. 그다음부터 두 가문의 남자들은 친구로서 화목하게 지낸다고 한다. 이러한 피의 복수는 알바니아에만 있는 것이 아니라 유럽의 여러 나라에도 있었으며, 특히 이탈리아는 '벤데타(Vendetta)'라는 복수를 위한 철저한 관습법이 있었다고 한다.

벤데타는 이탈리아어로 '복수'를 뜻하는데, 일반적인 복수는 시간이 지나면 희미해지고 나중에 마음이 바뀌어서 용서할 수도 있는 자유가 있지만, 벤데타는 목숨 바쳐서 꼭 해내야 할 보복으로 볼 수 있다. 이런 벤데타가 바로 마피아들 사이에 경쟁 세력과 피의 보복을 계속하는 근본이 됐다고 한다.

중국의 사극이나 무협 영화를 보면 주제가 거의 복수다. 억울하게 죽임을 당한 부모에 대한 복수, 스승에 대한 복수, 자신을 파멸시킨 인물에 대한 복수 등 복수의 종류도 무궁무진하다. 중국에도 그처럼 복수가 하

알바니아 평민의 의복
알바니아의 전통 의상은 주로 가죽, 모직, 리넨, 마 펄프, 그리고 실크 등 알바니아 전통 농경사회에서 자주 쓰이는 재료로 만들어졌다. 오늘날, 알바니아의 전통 직물들은 정교한 전통 무늬로 장식된다.
(퍼시 앤더슨, 1906)

나의 관습이 된 것 같다. 우리나라는 복수가 거의 없다. 우리나라를 처음 방문했던 외국인들의 견문록을 보면 한국인들은 의식(ceremony)을 좋아해서 국가적인 큰 이슈가 있을 때마다 대규모 시위를 하며 '타도하자!' '몰아내자!' '폐지하라!' 등을 외치지만 그런 의식이 끝나면 그만이라는 것이다. 아무리 철천지원수라도 한 달만 지나면 복수심이 약해지고 흐지부지되어서 우리나라 동화 중에 복수는 찾아볼 수 없고 권선징악과 은혜보답이 대부분이다.

그런데 최근 들어 상황이 좀 달라진 것 같다. 우리 사회에 눈에 띄게 복수가 많아졌다. 최근 자신의 분노를 조절하지 못하고 끊임없이 이른바 '묻지 마 범죄'를 자행하는 것은 자신이 적응하지 못하는 사회에 대한 복수라고 할 수 있다. 젊은 남녀가 교제하다가 어떤 이유로 여자가 헤어지려고 할 때, 이른바 '애정 범죄'를 저지르는 것도 보복이며 복수다. 아무리 그럴 만한 이유가 있더라도 복수나 보복은 결코 미화될 수 없다.

고대 그리스의
보편화된
나체 풍습

고대 그리스에서도 벌거벗고 돌아다녀도
이상하지 않았다. 남자들은 그들만 출입하는
체육관에서 옷 입지 않고 알몸으로 운동했다.

인류학자들은 인류가 옷을 입기 시작한 것은 약 7만 년 전이라고 한
다. 물론 그 시기에 천(옷감)을 만들 줄 몰랐고 옷이라고 해봤자 나
뭇잎이나 마른 풀 따위 또는 짐승의 가죽으로 배꼽 아래 부위를 가렸을
뿐이다. 실질적으로 인류가 옷을 입은 것은 추위를 막기 위해서였다. 약
7만 년 전, 당시는 빙하기여서 몹시 추웠고 현생인류가 약 6만 년 전, 발
상지인 아프리카를 떠나 여러 대륙으로 이동할 때 가장 무서운 적이 강추
위였다. 북쪽으로 갈수록 추위는 더욱 강력했다.

그들은 사냥으로 획득한 대형동물의 털과 가죽을 이용해서 두꺼운
겉옷을 만든 덕분에 인류는 혹독한 기후에서 살아남았다. 하지만 빙하
기가 끝나고 날씨가 온화해지면서 벌거벗고 살았던 원초적 본능 탓인지,

인류가 문명을 이룩한 고대에 들어와 유럽 등에서 다시 벌거벗고 생활하는 풍습이 생겨났다.

BC 8세기경 이탈리아반도의 중서부에 에트루리아(Etruria)라는 민족이 있었다. 르네상스의 발상지인 역사 도시 피렌체 등을 포함한 유명한 토스카나 지역이다. 에트루리아는 대단히 번성한 민족으로 상당한 문명과 문화를 지니고 있어 BC 4세기경 고대 로마에 흡수돼 찬란한 로마 문명의 토대가 됐다. 이들은 다른 민족이나 국가들과는 달리, 여성들의 인격을 존중하고 많은 자유를 허용했기에 에트루리아 여성들은 자기가 원하는 남성과 얼마든지 육체적인 쾌락을 즐겼으며 어디서나 벌거벗고 다녔다고 한다. 벌거벗은 여성들은 남성들과 어울려 운동도 하고, 자기 집에 오는 어떤 남성과도 꺼리지 않고 접대했다. 벌거벗고 마주 앉아 식사도 하고 술도 마시며 나체로 행동하는 것을 부끄럽지 않게 여겼다.

노예 소녀들조차 벌거벗고 생활하며 주인 남자의 옷을 벗겨주고 입혀주는 풍속에서 자연히 성행위도 자유로웠다. 에트루리아 법에서는 "남자들은 모든 여자를 공유한다."라고 돼 있었다니 '성(性)의 천국'이었다. 여성들의 자유로운 성행위는 전혀 부끄럽지 않은 관습이었고 성을 찬양하고 다른 사람이 보는 앞에서도 거리낌 없이 성행위를 가졌다. 나이 든 여성들은 소년이나 젊은 청년들에게 적극적으로 접근해 성관계했다. 그러자 오히려 남성들 사이에서는 동성애가 성행했다고 하고 여성들은 자기가 낳은 아이의 아버지가 누군지 알려고 하지도 않았으며 공동으로 양육했다고 한다.

이처럼 여성들이 벌거벗고 생활하는 풍습은 고대 로마 시대에도 그 잔재가 남아 있었다. 고대 로마의 여성들은 속살이 비치는 아주 얇고 투명한 비단으로 된 겉옷을 입고 속옷은 입지 않았다. 그 때문에 여성의 음부까지 훤하게 보여, 고대 로마에서는 결혼하는 신부가 신랑에게 보여줄 것이 아무것도 없었다는 투정 섞인 넋두리까지 있었다.

고대 그리스에서도 벌거벗고 돌아다니는 것이 이상하지 않았다. 남자들은 그들만 출입할 수 있는 체육관에서 옷을 입지 않고 알몸으로 운동했다. 체육관은 영어로 김나지움(Gymnasium)인데 '벌거벗은'이라는 뜻의 짐노스(Gymnos)라는 그리스어에서 유래됐다.

고대 그리스의 마라톤에서 비롯된 근대 올림픽은 1896년 14개국이 참가한 가운데 그리스의 아테네에서 처음으로 열렸지만 고대 그리스에서도 전국체육대회 비슷한 대규모 체육 행사를 자주 열었다.

이 체육대회에는 남성들만 참가했고, 관중들은 옷을 입었지만 선수들은 모두 나체로 경기했는데 뜻하지 않은 사태가 있었다. 어느 대회에서 중년 여성이 아들의 경기를 보려고 남장하고 코치석에 앉아 관람했다. 그런데 아들이 우승하자 중년 여성이 감격해 뛰어나가며 옷이 벗겨져 여성이라는 사실이 들통났지만 처벌은 받지 않았다. 그녀의 아버지, 남자 형제들, 아들이 모두 체육대회에서 우승을 차지했기에 그에 대한 경의로 처벌하지 않았다고 한다. 하지만 그 뒤부터 모든 코치도 옷을 완전히 벗어야 했다.

고대 유럽에서는 나체 풍습이 보편화되었는데 여성들이 벌거벗고 생활하는 일상에서 체모가 문제가 됐다. 특히 여성들의 음모 노출이 자극적이어서 제모의 풍습이 유행했다. 제모는 남녀를 가리지 않았다. 여자들은 음부, 남자들은 가슴, 팔다리, 성기 주변 등의 모든 체모를 없앴다. 제모 풍습은 고대 로마, 고대 그리스를 비롯한 유럽 대부분에서 유행했는데 체모에 고약을 발라 굳어지면 털을 뽑는 방식이어서 많은 고통이 뒤따랐다. 그리하여 고대 유럽에는 털을 제거하는 전문직까지 있었다고 한다.

역사는 되풀이된다고 한다. 근세 르네상스는 인간의 존중이 핵심이었다고 할 수 있다. 그래서 아름다운 여성의 나체상이나 그림들이 크게 주목받았다. 현대에 이르러 여성의 미모와 아름답고 건강한 육체가 남성들에게 상품화되면서 일반 여성들도 차츰 신체 노출을 통해 자신을 돋보이려는 풍조가 성행했다. 여성 신체의 주요 부위만 가리는 비키니가 보편화되고, 팬티도 끈팬티가 유행하는 등 점차 노출이 과감해졌다.

최근 서양에서는 여성들이 팬티만 입고 거리를 활보하거나, 브래지어를 벗어버리자는 캠페인까지 펼쳐지고 있다고 한다. 그러다가 고대 유럽 사회처럼 다시 벌거벗고 생활하는 시대가 올지도 모른다.

오랜 역사를
지닌 일본의
남녀 혼욕

지금도 수많은 온천장 여관에 들어가면 뒷마당이나
건물 뒤의 계곡이 온천인 곳이 많다. 온천장 여관은
가족이나 연인이 거리낌 없이 혼욕을 할 수 있다.

오래전의 일이다. 일본의 갖가지 풍물을 취재하던 나는 오사카 근처의 어느 대형 관광 온천을 방문했다. 마침 총지배인이 재일교포여서 면담이 수월했다. 그런데 순간적으로 깜짝 놀랐다. 사무실 벽면에 여러 개의 모니터가 설치돼 있었는데 목욕탕 내부 곳곳을 보여주고 있었다. 여탕 내부도 목욕하는 여성들의 알몸을 그대로 보여주고 있었고 남탕도 마찬가지였다. 더욱 놀란 것은 여탕으로 서슴없이 남자 청소원이 들어가더니 긴 자루의 걸레로 바닥을 닦는 것이었다. 목욕하는 알몸의 여성들은 아랑곳하지 않고 목욕을 계속하거나 바닥에 다리를 빌리고 누워 있었다. 남탕도 다르지 않았다. 남탕에는 여자 청소원이 들어가더니 알몸의 남자들 틈에서 태연하게 물에 젖은 수건 따위를 치우는 것이었다. 나는 의아해서 사무실을 둘러봤더니 남녀 사무원들은 대수롭지 않은 표정으로 가끔 모니터를 바라볼 뿐이었다.

취재를 끝내고 일본 친구의 승용차로 이동하면서 그 얘기를 하자 일본 친구는 이 근처에 남녀 혼탕이 있는데 가보지 않겠냐고 묻는 것이었다. 나는 큰 호기심이 일어 동의했다. 승용차로 이동해서 남녀 혼탕에 도착했다. 무척 오래돼 보이는 낡은 일본 전통 가옥이었다. 탈의실에는 아무도 없었다. 일본 친구와 나는 옷을 벗고 탕 안으로 들어갔다. 우리의 대중탕과 비슷했는데 규모는 훨씬 작았다. 아직 한낮이어서 그런지 그곳에서 7~8명이 목욕하고 있었는데 할머니 두 명과 나머지는 모두 할아버지들이어서 실망이 컸다. 오히려 일본 친구와 내가 그들의 눈요기가 된 것 같았다.

일본의 성 개방 풍조는 역사가 있다. 도요토미 히데요시가 일본을 통일하기 전, 전국시대에는 남자들이 많이 죽어 도요토미는 인구 증가책으로 여성들에게 남자의 성적 요구를 받아들여야 한다는 시행령을 내렸다고 한다. 여성들은 그들의 겉옷 기모노 안에 속옷을 입지 않은 알몸인 채로 기모노 등에는 '오비(帶)'라는 베개처럼 생긴 장식물이 있어서 맨땅 위에 누워도 크게 불편하지 않다. 남자 역시 겉옷 안에는 '훈도시'가 전부였다. 훈도시는 겨우 성기만을 가린 기저귀 비슷하다. 여자는 겉옷 기모노만 제치면 곧바로 알몸이 드러나고 남자는 훈도시를 조금만 옆으로 밀면 성기가 노출돼 어느 곳에서나 성관계가 쉽다.

그러한 전통 때문인지 일본인들은 남녀 모두 성기 노출을 별로 수치스러워하지 않는 것 같다. 일본의 남녀 혼탕도 그러한 풍조에서 생겨났을지 모른다. 이처럼 남녀가 함께 목욕하는 것을 혼욕, 그러한 목욕탕을 혼탕이라고 한다.

일본은 자연재해가 많은 나라다. 태평양에서 발달한 태풍의 길목에 있고 화산의 활동이 활발한 지역이어서 지진이 자주 일어난다. 화산활동 때문에 천연 온천, 자연 온천이 무척 많다. 말하자면 계곡 등에 있는 노천 온천, 야외 온천들이 많아 예로부터 남자, 여자, 어린이를 가리지 않고 마을 주민이 자연스럽게 온천을 이용하는 야외 혼욕이 보편화됐다. 물론 최소한의 의상으로 몸의 주요 부위들은 가렸다. 그러자 계곡에서 흘러내리는 온천 옆에 온천장 여관을 짓고, 편의 시설 등을 설치해 유료(여관 이용, 음식 비용 등)로 온천욕을 하는 곳이 늘어났다. 지금도 수많은 온천장 여관에 들어가면 뒷마당이나 건물 뒤의 계곡이 온천인 곳이 많다. 대다수의 온천장 여관에서는 가족이나 연인이 거리낌 없이 혼욕하는 시설을 갖추고 있으며, 여관을 이용하는 임의의 남녀가 혼욕하는 혼탕을 여관의 뒷마당이나 내부에 잘 꾸며놓은 곳이 적지 않다.

남녀가 함께 목욕하는 혼탕의 역사는 무척 길다. 일본뿐 아니라 오히려 서양의 역사가 더 길다. 역사적으로 고대 로마를 지적할 수 있다. 고대 로마의 전성기에는 사치 풍조가 만연했다. 별로 할 일이 없는 귀족들은 온갖 사치와 향락을 즐기는 것이 하루의 일과였다. 당시 로마에서는 목욕 문화가 크게 활성화돼 있었는데 빈부의 차이 없이 목욕탕에서 종일 보내는 사람들이 많았다.

그러자 로마의 황제들도 앞다투어 대형 목욕탕을 세워 자신의 업적으로 내세웠다. 그 가운데서도 손꼽히는 것이 칼리굴라 황제가 세운 대형 목욕탕이었는데, 한꺼번에 약 2,300명이 들어갈 수 있었다니 얼마나 큰 목욕탕인지 짐작이 갈 것이다. 호화롭게 꾸며진 대형 목욕탕은 누구나 입욕료만 내면 들어갈 수 있어서 로마 시민들의 휴식처가 됐다. 목욕탕을 개장할 당시에는 남탕과 여탕이 낮은 칸막이로 구분돼 있었는데 나중에는 남녀가 함께 목욕할 수 있는 혼탕으로 바뀌어 그 당시 로마의 풍속이 됐다.

귀족들은 이곳에서 종일 목욕을 즐겼다. 목욕뿐 아니라 여체를 감상하고, 여성들의 미모와 몸매를 품평하는 것이 더 큰 즐거움이었다. 귀족 부인들도 목욕탕을 찾아 하녀까지 대동해서 마사지를 받았다. 또한 수많은 여성의 나체를 감상하다가 흥분한 남성들을 위해 성행위를 할 수 있는 별실까지 마련했다. 여성들도 마찬가지였는데, 숱한 남성들의 건장한 육체를 마음껏 감상하다가 마음에 드는 남성을 유혹해서 많은 사람 앞에서 버젓이 성행위를 했다.

부강하고 거대한 제국이었던 고대 로마가 멸망한 이유는 여러 가지가 있지만 지나친 사치와 향락, 성 개방 풍조를 원인의 하나로 지목하는 역사가들도 적지 않다. 서양에서의 혼욕은 고대뿐 아니라 중세에도 여전히 이어졌으며, 특히 독일에서는 보편적인 현상이었다. 결혼식이나 각종 연회도 목욕탕을 이용했다는 것이다. 참석자들이 남녀를 가리지 않고 알몸으로 대화하고 여흥을 즐겼다고 한다. 19세기 후반, 독일의 통일을 주도한 독일 북부의 프로이센 지역에서는 마을 축제가 끝나면 남녀노소가 옷을 벗고 목욕하며 회포를 풀었다고 한다.

지금도 프로이센 지역에서는 이러한 혼욕 문화가 관습화돼서 혼탕들이 많다. 현지인들은 혼욕이 일상적이어서 남녀가 아무렇지도 않게 목욕에만 충실한다. 그들은 외국 관광객, 특히 동양인들이 혼탕에 들어오는 것을 꺼린다는 것이다. 그들은 목욕보다 남녀의 알몸을 훔쳐보느라고 여념이 없기 때문이라는 것이다. 그러나 한편으론 생활의 일부가 된 자연스러운 혼욕이 아니라 성매매를 목적으로 하는 혼탕들도 많다.

일본의 혼탕이 한창 보편화됐을 때는 젊은 남녀의 맞선도 혼탕에서 보는 경우가 많았는데, 남녀가 서로 알몸을 보면서 신체에 이상이 없는가를 살펴봤다고 한다. 하지만 19세기, 서양 국가들이 일본으로 밀려와 집요하게 개항을 요구하자 일본은 그들의 요구를 수용했다. 그때 미국 해군 함대가 입항해서 일본의 풍물을 살피다가 혼탕을 알았다. 특히 해군 함대를 이끈 페리 제독이 남녀가 혼욕하는 모습을 보고 일본인들은 음탕하였다고 지적한 것이 문제가 됐다. 그러자 메이지 시대(1868~1912)에는 개방과 함께 교류가 잦아진 서양인들에게 일본의 좋지 않은 인상을 주지 않기 위해 전역에서 혼욕을 금지하는 법령을 내렸다고 한다.

몹시 강력한 금지령은 아니었으며 대개 혼욕의 나이를 제한하는 경우가 대부분이었다. 이를테면 8세 이상은 혼욕을 금지한다는 식이었다. 관습이 된 혼욕을 완전히 금지할 수는 없어서 기존의 혼탕들은 그대로 유지하고 신규 개업을 금지함으로써 차츰 줄어들었다고 한다. 기존의 혼탕들 가운데는 남녀의 퇴폐 행위, 음란 행위를 묵인하는 곳이 많아서 문제가 되고 있다. 일본은 포르노에 있어서는 세계 최고의 국가로, 혼탕이나 마사지 업소에서의 성행위를 묘사한 것들이 많아서 혼탕의 호기심과 환상을 더욱 부추긴다는 것이다.

남녀가 알몸을 드러내는 것을 그다지 수치스러워하지 않는 탓인지, 대중적인 혼탕 이외에 가족탕, 전세탕 등의 이름으로 혼욕하는 목욕탕들이

독일의 혼욕 사우나 독일의 혼욕 사우나는 고대 로마 시대의 혼탕 문화에서 기인하였으며 의식
행위에서 비롯된 측면이 영향을 주었다. 중세 시대를 거치며 다양한 양상으로 변모하다가 근대 이후
독일에서는 나체주의(FKK) 운동에 부응하여 혼욕 사우나가 많이 발달하게 되었다. 독일의 혼욕 사
우나는 기본적으로 건강과 휴식의 공간으로 여겨진다. 그림은 하인리히 질레(Heinrich Zille)의 〈야외
공공 수영장이 나타났을 때〉 제목의 엽서, 1919년

많다. 일본에서 가족끼리의 혼욕은 흔한 일이어서 성인 여성인 누나와 고등학생인 남동생이 함께 목욕하는 것이 조금도 이상하지 않다. 일본에서 남녀 혼욕이나 혼탕은 쉽게 사라지지 않을 것 같고 지금은 혼탕이 오랜 전통을 지닌 문화재 취급을 받고 있다고 한다. 남탕과 여탕이 분리된 요즘도 앞서 설명했듯이 남탕에 여성 청소원이 거침없이 드나들고 세신사(때밀이)들도 대부분 핫팬츠 등 가벼운 옷차림의 여성들이다.

우리나라도 남녀 혼욕이 고려 시대에는 보편적이었다. 물론 그 시대에는 공중목욕탕이나 대중목욕탕은 개념조차 없었고 집 안에서 나무로 만든 큰 물통에서 목욕하거나 야외의 강가나 냇물, 계곡 등지에서 목욕했다. 여러 사서에 따르면, 남녀가 옷을 벗고 서슴없이 함께 목욕했으나 유교 숭상의 조선 시대에 들어와 남녀칠세부동석(男女七歲不同席)이 철저히 지켜지면서 혼욕이 완전히 사라졌다고 한다.

화장실이 없었다는
베르사유의
화려한 궁전

개인적인 전용 변기를 휴대하지 못하고
갑자기 궁전에 가게 된 귀족들은
드넓은 궁전의 정원에서 용변을 해결했다.

대부분 중세에 축조된 유럽의 궁전들은 웅장하고 화려하기 이를 데 없다. 보통 수백 개의 각종 용도의 방들이 있으며 실내 가구들은 말할 것도 없고, 천정부터 바닥까지 휘황찬란하다. 대부분 황제나 왕들이 기념물로 건축했기에 임금의 권위와 국력을 자랑하듯 웅대하게 최선의 장식을 했다.

내가 프랑스 파리에 갔을 때, 루이 14세 때 축조됐다는 베르사유궁전을 살펴볼 기회가 있었는데 웅장하고 정교하며 찬란한 실내의 모습에 넋이 나갈 정도였다. 그런데 관람을 마쳤을 때 가이드가 물었다.

"궁전의 화려함에 대해서는 더 이상 설명할 것이 없습니다. 그런데 베르사유를 지었을 때 없는 것이 없을 것 같은 궁전 내부에 무엇인가 한 가지 빠진 것이 있었답니다. 무엇인지 아시겠습니까?"

우리 일행이 선뜻 대답하지 못하자 가이드가 다시 말했다.

"루이 14세가 베르사유를 지었을 때는 궁전 안에는 화장실이 없었습니다. 그 후 1786년에서야 화장실이 지어졌다고 합니다."

베르사유는 프랑스 수도 파리에서 약 20km 떨어진 곳에 있는 시골 마을이었다. 그러나 루이 14세가 어마어마한 대지를 활용할 수 있어서 이곳에 궁전을 짓도록 명령했다. 그는 유사 이래 가장 화려한 궁전을 짓도록 명령하여 무려 50년 만에 베르사유궁전을 완공하여 이곳으로 왕궁을 옮겼다.

루이 14세는 누구인가? 자신을 신의 대리자로 자처하며 프랑스의 최고 전성기를 이끈 절대적인 군주 '태양왕'으로 불린다. 베르사유궁전을 지을 때 화장실이 문제가 되자 루이 14세는 불결한 화장실을 궁전 안에 설치할 수 없다며 화장실 없이 짓도록 지시했다고 한다.

무려 2만 명을 수용할 수 있다는 웅장한 궁전에 화장실이 없다니, 그러면 왕과 왕비, 귀족들 그리고 궁전에서 일하는 사람들은 어떻게 용변을 해결했을까? 그들은 저마다 개인적으로 전용 변기를 가지고 다녔다. 루이 14세는 전용 변기만 해도 26개나 됐다고 한다. 개인적인 전용 변기를 휴대하지 못하고 갑자기 궁전에 가게 된 귀족들은 드넓은 정원에서 용변을 해결했다.

당시 귀족 여성들은 풍성하고 넓고 큰 치마를 입었다. 용변 보는 남자 귀족을 그 넓은 치마로 가려 다른 사람들이 볼 수 없도록 했다. 겉으로는 더없이 아름다운 베르사유궁전의 정원은 자세히 살펴보면 오물투성이었다.

　베르사유궁전은 17세기 중엽에 완공됐는데, 이 시기에 프랑스나 유럽의 왕국들은 사실 제대로 된 하수도 시설을 갖추지 못했다. 수세식 변기가 있을 리 없었고, 2층이 넘는 건물에서는 우리의 요강 같은 변기에 용변을 보고 나서 오물을 아래의 길바닥으로 던졌다.

　햇볕을 가리는 양산이 그때 등장했다. 햇볕을 가리는 것이 목적이 아니라 위에서 길을 향해 던지는 오물을 막기 위해서였다고 한다. 대도시의 길들은 잘 정비됐지만 온통 오물투성이였다. 여성이 신는 높은 구두 하이힐도 그 무렵에 등장했다고 한다. 오물을 피해 걸으려면 뒷굽이 높아야 하고 어쩌다가 오물을 밟더라도 뒷굽이 뾰족하면 최소한으로 밟을 수 있고 닦아내기가 수월했기 때문이라고 한다.

　유서 깊은 유럽의 도시들이 길옆의 웅장하고 아름다운 건물 등은 그들의 찬란한 문명을 말해주지만, 좀 더 자세히 살펴보면 잘 정비된 큰길들은 위에서 내던진 소변, 대변을 비롯한 각종 오물과 중세의 이동 수단이었던 마차를 끄는 말들의 배변으로 마음 놓고 걷기에는 불편했을 것이다.

　내가 러시아 상트페테르부르크의 화려한 여름궁전을 찾아갔을 때도 마찬가지였다. 18세기 초 러시아제국의 표트르대제가 완성한 여름궁전은 궁전과 정원 사이 150개의 화려한 분수대와 250여 개의 조각품으로 유명하지만, 무려 30만 평 대지에 꾸며진 드넓은 정원은 프랑스의 베르사유궁전의 정원을 모델로 했다고 한다. 여름궁전은 표트르대제의 이름을 딴 페테르호프(Peterhof)가 정식 명칭이다.

　표트르대제는 키가 203cm로 유럽의 역대 황제들 가운데서 제일 장신

베르사유궁전 무려 2만 명을 수용할 수 있다는 웅장한 궁전에 화장실이 없다니, 그러면 왕과 왕비, 귀족들 그리고 궁전에서 일하는 사람들은 어떻게 용변을 해결했을까? 그들은 저마다 개인적으로 전용 변기를 가지고 다녔다. 루이 14세는 전용 변기만 해도 26개나 됐다고 한다.

이었다. 불과 17세에 러시아제국의 전권을 장악한 표트르대제는 유럽을 흠모하며 러시아를 유럽화시키려고 노력했다. 유럽에서 가장 가까운 상트 페테르부르크를 수도로 정하려고 도시를 재건하는 과정에서 여름궁전, 겨울궁전이 세워졌다.

상트페테르부르크는 '성 베드로의 도시'라는 뜻이다. 그 당시 유럽을 지배하던 기독교의 성인을 새로 건설하는 도시의 이름에 붙였다. 그런데 여름궁전에도 화장실이 없다. 표트르대제는 그 넓은 정원을 산책하다가 용변을 볼 때는 주변에 장막을 치고 전용 변기를 이용했다. 장막과 전용 변기를 전담하는 시종들이 있었다고 한다.

　현재 세계 곳곳에서 엄청난 관광객들이 몰려드는 베르사유궁전에는 별도로 설치된 화장실들이 있다. 궁전의 정원 입구에는 온갖 오물로 뒤덮여 악취가 진동하는 정원에서 용변을 금지하는 용변 금지 표지판이 있다. 프랑스어로 'Etiquette'라고 쓰여 있다. 굳이 설명하자면 '주의 사항'과 같은 것인데 우리가 흔히 말하는 예의범절을 의미하는 '에티켓'이다. 하기는 에티켓도 대인 관계에서 지켜야 할 주의 사항이다.

스스로 죽음을
선택하는
축치인

축치인은 나이가 들거나 질병으로 고생하면
스스로 제 죽음을 선택한다. 자살하는 것이 아니라,
가까운 친지에게 자기를 죽여달라고 부탁한다.

북방 민족들은 내세울 만한 풍속이 거의 없다. 시베리아는 매우 춥고 드넓은 지역으로 100개가 넘는 종족이 산다. 인구수는 적고 뿔뿔이 흩어져 살며 고립된 생활로 성대한 결혼식도 치를 수 없고, 장례조차 마땅히 치를 장소도 없다. 인구가 적으니까 종족 번성도 제대로 이루어지지 않는 열악한 환경이다. 이들 가운데 축치(Chukchi)인이 있다. 축치족으로 부르지 않고 일반적으로 축치인이라고 부르는 인구가 얼마 안 되는 소수민족이다. 이들의 조상은 퉁구스족, 튀르크에 가까운 계열로 먼 조상은 몽골족이었다.

약 6,000년 전부터 시베리아의 동쪽 끝, 베링해와 마주하는 축치반도에 살고 있어서 축치인으로 불렀다. 이들은 순록을 키우는 유목민이었으나 일부가 바닷가에 살면서 물개나 바다표범을 잡아 생계를 이어가는 어업으로 정착 생활을 함으로써 두 갈래로 나누어졌다. 이들의 특징은 키가 크고 신체가 건장하며 호전적이다. 축치인들은 소수민족이었지만 18세기에 여러 차례 러시아제국과 전쟁을 벌였다. 러시아제국은 자기 영토인 시베리아의 수많은 종족을 굴복시켜 러시아 국민이 되게 했지만, 축치인들은 러시아제국에 굴복하지 않고 반발하며 맞섰다. 인구도 얼마 되지 않는 소수민족이 거대한 러시아제국에 맞서다니, 러시아로서는 굴욕을 참지 못하고 세 번이나 축치인들을 공격했지만 모두 실패했다.

단단히 화가 난 표트르대제는 대규모 공격을 감행하며 축치를 아예 초토화하려고 잔혹하기로 소문난 드미트리 파불루츠키라는 소령을 총사령관으로 임명해 축치의 정복에 나섰다. 축치를 점령하려는 것이 아니라 축치인의 씨를 말리려는 것이다. 러시아 군대는 축치인 마을을 습격해서 닥치는 대로 학살하고 집을 불태우며 그들이 키우는 순록을 모조리 쫓아버렸다. 여자와 어린이들은 포로로 잡아 노예시장에 팔아버렸다. 축치인의 초토화작전에 주변의 다른 종족도 가세했다. 러시아 편을 들지 않으면 어떤 보복을 당할지 두려웠기 때문이다.

축치인은 굴복하지 않았고, 러시아의 총과 대포 등 신식 무기에 재래식 무기인 활과 창으로 맞서 싸웠다. 그들은 죽음을 전혀 두려워하지 않고 무려 3년 동안이나 전쟁을 이어갔다. 러시아 사령관 드미트리 파불루츠키가 전투 중에 전사하면서 전쟁이 끝나 러시아의 공격은 실패하고 말았다. 결국 표트르대제도 축치인을 포기하고 모피나 순록의 가죽 따위를 공물로 받는 것으로 만족해야 했다.

기막힌 실화가 또 있다. 축치인이 중국에 선전포고하자 당시 인구가 약 10억 명이었던 중국은 소수민족 축치인의 선전포고가 가소로웠다. 그래서 축치인 사절단에게 엄포를 놓았다.

"우리 중국의 인구가 10억 명이라는 것을 알고 있소? 어떻게 우리 같은 대국과 전쟁을 하겠다는 거요?"

하며 비웃었다. 그러자 축치인 사절단이 대답했다.

"우리는 10억 명의 시체를 어디에다가 묻을 것인지 고민하고 있소."

축치인이 호전적이고 죽음을 두려워하지 않는 것은 그들의 신앙과 깊은 관계가 있다. 그들의 신앙은 원시 신앙으로 영혼이 있다는 것과 비록 죽더라도 다시 태어나 가족의 품으로 돌아온다는 환생을 굳게 믿었다. 싸우다 죽으면 오히려 영광으로 여기고 더욱 훌륭한 인물이 돼서 돌아온다고 믿어 죽음을 전혀 두려워하지 않았다고 한다. 그러한 신앙으로 축치인만의 독특한 풍습도 생겼다. 그들은 나이가 들거나 질병으로 고생하면 스스로 죽음을 선택한다. 자살하는 것이 아니라, 가까운 친척이나 친지에게 자기를 죽여달라고 부탁한다. 그러면 부탁받은 친척이나 친지는 그를 죽일 의무를 갖고 반드시 수행해야 한다. 창이나 칼로 찔러 죽이거나 밧줄로 목을 졸라 죽였지만 어떻든 이것은 살인 행위다. 그런데 그들의 오랜 풍습이라니 놀라울 따름이다.

축치인의 신앙으로 보면 사람이 나이가 들어 죽거나 질병으로 죽는 것은 '켈르'라는 악한 귀신이 사람의 영혼을 빼앗아가기 때문이라는 것이다. 그렇게 켈르에게 영혼을 빼앗겨 죽으면 그 역시 켈르와 같은 악귀가 돼서 다른 사람들에게 해악을 끼치므로 켈르에게 영혼을 빼앗기기 전에 스스로 죽음을 택하면 켈르가 되지 않는다는 것이다.

그렇게 죽으면 천상에서도 좋은 대우를 받으며 자기 가족에게 다시 환생한다고 믿어서 전쟁에서의 죽음 따위는 전혀 두려워하지 않는다. 축치인들은 흐르는 큰 얼음 위에 올라 물고기를 잡기도 하는데 어쩌다 실수해서 얼음에서 떨어져 바닷물에 떠내려가도 구조하지 않는다고 한다. 스스로 죽음을 선택한 것으로 판단한다. 혹시 물에 빠졌던 사람이 살아나와도 스스로 죽은 자이기 때문에 고향에 갈 수 없다고 한다. 참으로 납득하기 어려운 묘한 풍습이다.

그들처럼 시베리아에 사는 이누이트들은 대부분 가족 단위로 고립된 생활을 해서 결혼하기가 쉽지 않다. 형제자매와는 결혼하지 않지만 같은 씨족에서 배우자를 구하는 족내혼이 많다. 축치인은 그와 다르다. 호전적인 그들은 다른 종족을 쳐들어가서 남자들을 죽이고 여자들을 포로로 납치해서 결혼하거나 성 노예로 삼는다고 한다. 축치인 대다수가 순록을 키우는 유목 생활을 하며 그들의 이동은 주로 눈썰매를 이용하는데, 썰매를 끄는 개의 품종이 시베리아허스키다. 지금 우리가 애완견으로 키우는 시베리아허스키는 축치인들에게서 유래한 것이다.

축치인이 처음으로 외부에 알려진 것은 17세기 중엽이다. 축치인은 20세기에 이르러서도 제대로 된 이름이 없었다. 그냥 봄에 태어났으면 이름이 봄, 새벽에 태어났으면 새벽으로 이름을 붙였다. 조금 지적 수준이 있는 사람은 여자아이를 낳았을 때 예쁘게 성장하기를 바라면서 '미녀'라고 이름을 지었다. 하지만 소련의 통치를 받으면서 신분증이나 어린이의 취학 등에 제대로 된 이름이 필요해지자 멋대로 지어진 이름에 러시아의 성을 덧붙였다고 한다.

20세기에 들어와서 러시아는 공산주의 소련(소비에트연방)이 됐다. 그들은 가차 없이 시베리아에서 자주적 종족이었던 축치인을 강력한 무력으로 억압해서 희생시켰다. 더욱이 그들이 거주하는 축치반도는 모스크바에서 가장 멀리 떨어져 있으며 기후와 환경, 보건 시설 등이 열악하고 사회 환경도 뒤떨어져 러시아인의 평균수명이 72세인데 축치인은 65세로 낮다. 특히 남자의 평균수명은 60.6세라고 한다. 현재 축치인의 인구는 겨우 약 1만 6천 명으로 멸족 상태인데 민족이 소멸하면 당연히 그들의 전통적인 풍속들도 영원히 사라진다.

비슷한 종족이 또 있다. 축치인과 같은 시베리아의 종족인 '아이누(Ainu)족'이다. 이들도 시베리아의 가장 동쪽에서 축치인보다는 남쪽의 캄차카반도, 쿠릴열도, 사할린 그리고 일본 등지에 거주한 종족이다. 일본에 많이 진출해서 가장 북쪽에 있으며 쿠릴열도와 가까운 섬 홋카이도는 이들이 개척했다. 그들은 홋카이도에만 머물지 않고 일본 본토인 혼슈까지 진출했다.

일본은 원주민인 조몬인(繩文人)과 주로 한반도에서 건너간 도래인 야요이(弥生人)로 이루어진 나라다. 일본은 이 두 종족을 합쳐 '야마토(大和)민족'이라고 하며, 1986년에는 총리가 직접 "일본은 단일민족국가다."라고 했지만 틀린 말이다. 일본은 이른바 야마토 민족 이외에 아이누족과 또 다른 종족이었던 류큐(琉球, 오키나와)인으로 이루어진 나라다. 일본인들은 아이누족을 철저하게 경멸하며 그들의 존재를 인정하지 않았다. 그들의 수염이 마치 새우 같다고 하며 '에미시' 즉 '새우수염의 오랑캐'라고 멸시했으며 '아이누'에서 '아'를 빼면 '이누'다. 이누는 일본말로 '개'다. 즉 인간이 아니라 개와 같다고 조롱하고 "홋카이도에는 곰과 아이누만 살았다."라며 홋카이도 개척사에서도 인간 취급하지 않고 짐승 취급을 했다. 아이누족은 남자나 여자나 온몸에 털이 무척 많은데 그래서 '아직 덜 진화된 인간'이라고도 경멸을 받아왔다.

근래에 러시아와 쿠릴열도를 두고 영토 분쟁을 계속하면서 전략적 필요성에 따라 2019년, 아이누족을 일본 원주민의 하나로 인정했다. 시베리아의 아이누족 대부분이 러시아에 동화됐듯이, 일본의 아이누족 말살 정책에 따라 현재 겨우 2~3만 명 남은 아이누족도 일본에 동화돼 멸족 상태에 이르렀다. 아이누족이 사라지면 그들의 고유 언어와 문화, 풍속, 풍습 들도 영원히 사라질 것이다.

숫자와
관련된
동서양의 의식

서양에서는 홀수를 신성한 숫자, '7'을
행운의 숫자로 여긴다. 그런데 13을 불행한
숫자, 불운의 숫자로 인식하고 있다.

아라비아숫자는 기본이 0부터 9까지 모두 10개다. 전 세계가 공통으로 사용하는 숫자로, 기원전 7~8세기 인도에서 처음 등장했는데 아랍 국가들로 전파됐다가 유럽으로 전해지면서 '아라비아숫자'라는 이름으로 지금까지 전해진다. 그런데 흥미로운 것은 동서양 어느 나라, 민족이든 특별히 좋아하는 숫자가 있고 싫어하는 숫자가 있다. 이를테면 우리나라는 '4'를 싫어한다. 한자의 '죽을 사(死)'자와 발음이 같기 때문이다. 아파트에 4층 표시가 없는 곳들이 많고, 백화점이나 고층 빌딩들에도 엘리베이터에 4층이 없는 곳들이 많다. 3층 다음에 5층이다.

중국은 '8'을 좋아한다. 발음이 재물, 번영, 부귀 등을 뜻하는 '발재(發財)'라는 어휘에서 발(發)의 발음이 중국말로 '파'여서 8(파)과 같기 때문이다. 자동차 번호판 숫자 표시에 '8'이 들어가면 다른 번호보다 훨씬 비싸다. '8888'은 경쟁이 심해서 공식적으로 경매에 부친다. 불과 몇천 원짜리 번호판의 낙찰 가격이 우리 돈으로 2~3억 원이나 된다고 한다. 누구나 가진 핸드폰은 더 심하다고 한다. 핸드폰 번호에 8888이 들어가면 우리 돈으로 보통 5억 원이 넘는다고 한다. 그들은 베이징 올림픽도 2008년 8월 8일 오후 8시에 개최했다. 서울올림픽이 1988년에 열려 88올림픽이라고 부른 것을 무척 부러워했던 그들이다. 중국인들이 얼마나 8을 좋아하는지 잘 알 수 있는 대목이다.

서양에서는 '13'을 몹시 싫어한다. 특히 13일 금요일은 불행한 날, 불운의 날로 인식한다. 예수그리스도가 십자가에 못 박혀 처형된 날이 13일, 금요일이었다는 것 때문에 그런 유례가 전한다. 그 밖에 여러 유례가 전해지는데 대부분 기독교와 관련되어 있다. 몇 가지 예를 들어보면, 아담과 하와(이브)가 에덴동산에서 선악과를 따먹은 날이 금요일이며, 아담의 아들인 카인이 동생 아벨을 죽인 날도 금요일이며, '노아의 방주'에서 대홍수를 맞은 날도 금요일이며, 고대 이스라엘 솔로몬의 예루살렘성전이 붕괴한 날도 금요일이라는 것이다. 물론 여기에는 상당한 억지가 있다.

기독교에서 인류의 조상이라는 아담과 하와가 생존하던 시절에 날짜와 요일 개념이 있을 리 없다. 대다수가 기독교 국가들인 유럽에서는 그렇게 믿는다. 과학적으로 기독교에서 아담의 후손이라는 인물들의 DNA를 역추적한 결과, 아담은 약 6만 년 전에 살았던 인물로 밝혀졌다며 그를 '과학적 아담'이라고 한다.

유럽의 기독교 신자들은 예수 그리스도가 처형되기 전날 12명의 제자와 '최후의만찬'을 가졌는데 참석한 인물이 예수그리스도까지 합쳐 13명이며 예수그리스도를 배반한 제자, 흔히 '가롯 유다'라고 부르는 유다 이스카리옷(Judas Iscariot)의 스펠링이 13자라며 13이 불행한 숫자라는 것을 내세운다.

영국 해군이 '13일 금요일'이 불행한 날이라는 근거 없는 터부(taboo, 금기 사항)이며 미신이라는 것을 증명하기 위해, 함장도 금요일이(Friday)라는 성을 가진 인물을 임명해서 13일 금요일에 군함을 출항시켰다. 그런데 그 군함이 선원들과 함께 감쪽같이 실종됐다는 것이다. 영국 해군성에서는 절대 그런 일이 없었다며 강력하게 부인했지만, 많은 사람이 사실로 받아들이고 13일의 금요일을 더욱 불행한 날이라는 인식을 굳혔다고 한다.

서양에서는 홀수를 신성한 숫자, '7'을 행운의 숫자로 여긴다. 13은 홀수다. 그것도 모순인 것 같다. 7은 우리나라나 동양에서도 행운의 숫자여서 러키세븐(lucky seven)이라고 한다. 황홀한 무지개도 일곱 색깔이어서 7을 행운의 숫자로 믿는다. 럭키 세븐은 미국에서 유래했다. 미국 프로 야구의 최고 인기 팀인 뉴욕 자이언츠가 뒤지고 있다가도 7회만 되면 역전하는 등, 항상 7회에는 행운이 뒤따라 '러키세븐'이라고 불렀다는 것이다.

서양에서 13을 불행한 숫자, 불운의 숫자로 인식하는 것은 예수그리스도와 관련이 있는 듯하지만 사실 기독교가 탄생하기 전부터 좋지 않은 숫자로 인식했다고 한다.

유럽의 켈트족은 13을 죽음의 상징으로 생각했으며 게르만족, 슬라

브족 들도 13일을 불길한 숫자로 생각했다는 것이다. 그들이 13을 불길한 숫자로 생각한 근본 원인은 정확히 알 수 없지만, 아무런 근거도 없는 미신이라고 할 수 있다. 우리나라가 4를 싫어하고 7을 좋아하는 것도 역시 미신에 불과하다.

영매술,
인종의 용광로
브라질의 전통 습속

브라질의 독특한 특징은 수많은 인종과
종족 들이 뒤섞여 있으면서도 공통된 한 가지
풍속이 있다. 그것이 바로 '영매술(靈媒術)'이다.

브라질은 국토가 남아메리카 대륙의 절반을 차지한 광대한 나라다. '세계의 허파'라는 아마존도 3분의 2가 브라질이다. 인구도 약 2억 2천만 명으로 세계 5위이며 세계의 많은 인종이 모여 있다. 원주민인 아메리카 인디언을 비롯해 아프리카 흑인 노예의 후손들, 오랫동안 포르투갈의 식민지여서 포르투갈인을 비롯한 유럽의 백인들 그리고 수많은 아시아계의 이민자들이 섞여 있다. 또한 서로 다른 인종들끼리의 혼혈 등으로 '모든 인종의 용광로'로 불리는 나라다. 그러면서도 아마존의 원시 부족을 비롯해 약 300여 개의 부족이 있다.

브라질은 서기 1500년이 돼서야 포르투갈 해군 함대에 의해 발견됐다. 말하자면 중세에 이르기까지 브라질은 황무지나 다름없었으나 불과 수백 년 사이에 모든 인종의 용광로가 되었다. 모든 인종이나 민족, 종족들은 그들만의 고유하고 전통적인 풍속을 가지게 마련이다. 그러나 브라질의 독특한 특징은 수많은 인종과 종족 들이 뒤섞여 있으면서도 공통된 한 가지 풍속을 지니고 있다는 점이다. 그것이 바로 '영매술'이다. 마술이나 무당, 점쟁이가 미래를 점치는 것쯤으로 생각하기 쉽지만 그렇지 않다. 브라질에서는 종교와 다름없다. 수많은 인종들의 혼혈이면서도 브라질 국민의 약 80%가 영매술을 믿는다. 포르투갈의 식민지였기에 그들의 영향으로 국민의 60% 이상이 가톨릭 신자인 나라에서 80% 이상이 영매술을 믿는다면 대단한 것 아닌가?

'영매(mediumship)'는 죽은 자의 영혼과 살아 있는 사람이 서로 소통하게 만들어 주거나 그런 행위를 하는 사람을 말한다. '영매술'이란 영매의 의식(儀式) 또는 영매의 술법을 말한다. 현대인들에게는 당연히 미신으로 여겨지는 원시 신앙, '애니미즘(Animism)'을 기반으로 하는 무속 신앙(巫俗信仰)이라고 할 수 있다. 영매나 영매술에는 어떤 교리나 경전이 있을 수 없으며 종교적 조직이나 체계도 없다. 개인적으로 영매의 판단을 전적으로 신뢰할 뿐이다.

자연의 모든 사물에는 신령(정령)이 있다고 믿는 애니미즘에서는 인간도 자연의 한 부분으로 본다. 이 세상의 만물에는 초자연적 힘이 있다고 믿는다. 또한 우리 인간은 정신과 육체로 나누는 것이 아니라 영(靈)과 혼(魂)과 숨(呼吸)과 육체로 이루어져 있다고 생각하고, 인간은 만물의 초자연적 힘을 조종할 수 있다고 믿는다. 이러한 애니미즘을 기반으로 초자연적 힘을 조종하는 기술이 '영매술'이다.

그런데 영매술에는 애니미즘뿐 아니라 또 한 가지가 첨가돼 있다. 그 것은 아프리카에서 기원한 부두교(Boodoo)다. 16세기에서 19세기까지 이어진 흑인 노예는 세계 역사에서 빼놓을 수 없는 사건이었다. 아무런 잘못이 없는 아프리카 흑인들이 영문도 모르고 서양 노예상들에게 납치돼 아메리카 대륙으로 끌려갔다. 흔히 짐작하기로 미국 남부 등 북아메리카 대륙으로 가장 많이 팔려간 것 같지만, 실제로 흑인 노예가 가장 많이 끌려간 곳은 브라질이었다. 흑인 노예들은 대부분 사탕수수 농장에서 인간이 아니라 가축 같은 취급을 받으면서 학대와 중노동에 시달렸다.

그들의 억누를 수 없는 분노와 슬픔을 달랜 것이 아프리카의 원시 종교 부두교였다. 부두교 역시 만물에 그들이 '로아(Loa)'라는 정령이 있다고 믿는다. 이들의 제례 의식은 주술과 춤으로 이루어지는데 여기에 식민 통치하던 포르투갈의 압력으로 가톨릭 의식이 더해졌다. 하지만 본질적으로 아프리카 부두교의 의식들이 핵심을 이룬다.

흑인들은 부두교의 제례 의식을 통해 서로의 한과 울분을 달래며 격렬한 춤과 노래로 자신들의 억울함과 분노를 토해내며 온 힘을 기울여 춤추고 노래하며 스스로 황홀경에 빠진다. 그럼으로써 자신들의 신인 로아를 만날 수 있다고 믿는다. 부두교의 사제들은 로아로부터 초자연적인 영감을 받아 사람들의 현재와 미래에 대해 조언하고 병자들을 치유한다.

부두교 사제들은 좀비(Zombie)를 만들어냈다. 우리가 영화 등을 통해서 봤듯이 무덤에서 나와 돌아다니며 사람들을 놀라게 하고 괴롭히는 좀비는 부두교에서 비롯되었다고 보는데 인간의 영혼이 살아 있음을 증명하려고 좀비를 만들어낸 것이다. 실제로 그들은 약물 등으로 죽은 자의 시신을 잠시 살려내기도 한다.

아메리카 대륙에서 부두교가 처음으로 활성화된 곳은 카리브해에 있는 아이티였다. 이 섬은 아프리카 흑인 노예들이 아메리카 대륙으로 들어가는 거점이어서 지금도 아이티 국민의 95%가 흑인이다. 대부분 흑인 노예의 후손들이며 지금도 국민의 80%가 부두교를 믿는다고 한다. 부두교는 아이티를 벗어나 삽시간에 아메리카 대륙으로 확산됐고 흑인 노예들이 가장 많은 브라질에서 더 활성화됐다. 가톨릭에서는 원시 신앙이자 미신인 부두교를 배척하고 부두교 신도들을 박해했다. 그러나 부두교가 흑인들의 삶을 지배하자 20세기 말에는 어쩔 수 없이 가톨릭과 부두교가 공생하는 방향을 모색했다.

브라질은 흑인 노예의 후손과 혼혈이 국민의 대다수를 차지한다. 영매술은 원주민인 아메리카 인디언의 원시 신앙과 부두교에 담긴 흑인들의 혼과 정신이 결합, 다양한 인종의 토착 신앙들이 혼합돼 생겨난 복잡한 무속 신앙이다. 영매술에도 교리가 있다. 영매술이 오랜 전통을 이어 오면서 나름대로 신에 대한 관점이나 철학적 요소들이 만들어진 것은 사실이지만, 핵심적인 교리는 죽은 자와 살아 있는 사람들이 영매를 통해 서로 소통한다는 것이다.

죽은 자의 영과 혼은 살아 있는 자의 신체 기관을 통해 갖가지 질병으로 나타나 환상과 환각을 일으키고 헛소리를 하는 것 등으로 나타난다고 판단한다. 영매술은 자기 주변을 떠도는 죽은 자의 영과 혼을 무아지경 상태에서 맞이해 응답을 얻어낸 다음 그것을 해석한다. 살아 있는 자의 질병을 치유하거나 새로운 삶의 방법과 방향을 제시하고, 기도(주술)를 통해 심신 안정을 도모한다. 영매의 기도는 가톨릭의 강신술과 비슷하기도 하고 무속에서의 샤먼(무당)의 행위와 크게 다르지 않다.

영매술에는 고등 영매술과 하등 영매술, 두 가지가 있다. '고등 영매술 (high spiritism)'은 19세기 프랑스의 유명한 영매였던 알란 카르덱(Allan Kardec) 의 윤회 사상에 따르는 차원 높은 영매술을 말한다. 카르덱은 우주에 있 는 갖가지 영들과 이 세상에 살아 있는 사람들이 소통할 수 있다는 것은, 환생을 통해 업보를 치르면 영혼이 점점 나아져 마침내 신과 하나가 될 수 있다고 주창하며 나름대로 종교성을 지니고 있다.

'하등 영매술(low spiritism)'은 브라질의 원주민 인디오들 그리고 흑인 노 예의 후손들, 이들의 혼혈인 메스티소들이 따르는 전통적인 무속 신앙을 말한다. 브라질은 흑인 노예의 후손이든 유럽을 비롯한 각 지역에서 건너 온 이주민들의 후손이든, 그들의 선조로부터 물려받은 DNA가 있다. 그 들은 초자연, 영적 현상, 신비한 현상들에 호기심과 관심이 많다. 별다른 고뇌 없이 영매술을 받아들여 국민 80%가 그것을 믿어 하나의 완전한 풍속이 됐다고 할 수 있다.

그들이 기대하는 것은 고등 영매술 신봉자든 하등 영매술 신봉자든, 마침내 자신을 신격화시키는 것이다. 영매술에서는 힌두교나 불교처럼 윤 회 사상을 믿는다. 하지만 이들 종교에서는 자신이 현생에서 쌓은 업보에 따라 갖가지 동물들로 환생하는데, 영매술에서는 현생에서의 업보가 중 요하지만 사람은 반드시 사람으로 환생한다는 것에 차이가 있다. 다만 어 떤 사람으로 태어나느냐는 것이 중요하다. 현생에서 죄를 짓고 많은 악행 을 저지른 자는 범죄자, 부랑자, 장애인, 병자로 환생하고 착한 일, 좋은 일을 많이 한 사람은 그러는 동안 지적으로나 영적으로 한층 더 훌륭해 져 마침내 신의 경지에 이를 수 있다는 것이다. 이러한 영매술의 사상적 요소들은 상당한 종교성을 지향한다.

이렇듯 브라질의 많은 서민은 사상적 요소보다 현실적인 여러 상황으로 영매를 찾는다. 그것은 자기 가족들의 행, 불행을 위해 무당이나 점쟁이를 찾는 것과 같다. 그들은 영매에게 자신이 처한 현실적 고민이나 불행한 상황들을 호소하며 개선될 방안 등을 듣고 싶어 한다. 또한 자신의 미래를 알고자 한다. 그러면 영매는 제례 의식을 치르며 몰아지경의 환각 상태에서 귀신 또는 조상의 영과 소통하며 해답을 제시한다. 해답이 맞고 틀리고는 그다음의 문제다. 영매는 자신이 내놓은 해답이 틀리더라도 얼마든지 변명할 구멍이 있다.

브라질뿐 아니라 어디서든 미신이 성행할 수밖에 없는 것은 대다수 사람이 현실적 삶의 불안과 그리고 미래에 대한 불확실성 때문이며 스스로 확고한 신념이나 정체성을 갖지 못하기 때문이다. 브라질은 다민족국가이며 어두운 과거의 역사적 이유들로 인하여 사람들의 의지력이 약화돼 정체성보다 영매술이 신앙처럼 됐다.

튀르키예 '수피즘'의 이슬람 신비주의

신비스러운 회전 춤 '수피 댄스'는
아프가니스탄 태생의 시인이자 이슬람 수도자였던
메블라나 잘랄루딘 루미라는 사람이 만들었다.

인 간은 약한 존재다. 인간보다 힘이 센 동물들이 수없이 많다. 그런 가 하면 예상하지 못했던 홍수, 지진, 화산 폭발, 가뭄 등 엄청난 자연재해, 인간의 힘으로는 어쩔 수 없는 초자연현상, 뜻하지 않은 죽음 등의 초월적 현상들이 일어난다. 그래서 토테미즘과 만물에 정령이 있다는 애니미즘을 거쳐 마침내 초월적 능력을 지닌 신이 우리 인간의 삶에 나타났다. 그것은 많은 민족의 신화에서 볼 수 있듯이 선사시대의 일이었다. 어떠한 신보다 강력한 초능력을 지닌 유일한 신을 창조했으며 그것이 종교 탄생의 기틀이 됐다.

신은 실체가 없다. 눈에 보이지 않는다. 기독교는 하느님, 이슬람교는 알라를 유일하고 절대적인 신으로 내세우지만 그것은 어디까지나 상상 속의 신일 뿐이다. 자칫 유일한 신이 허상이 되면 신뢰성이나 결집력이 떨어지고 숭배할 동기가 약해진다. 기독교에서는 하느님을 대리하는 구세주 예수그리스도를 내세웠고, 이슬람교는 위대한 예언자 무함마드를 내세워 구체적이고 실체가 있는 위대한 선지자들을 믿게 했다.

그러나 과학이 발전하면서 과학과 종교가 충돌했으며 무신론자들은 신을 믿는 자들을 조롱했다. "당신이 하느님을 직접 봤어?" "하느님은 어떻게 생겼어?" 등으로 비아냥거렸다. 심지어 '신은 죽었다'라고 말하는 철학자도 있었다.

이슬람은 Islam이 '복종'이라는 말뜻 그대로 그들의 유일신인 '알라'에게 무조건 복종하고 경전인 '코란'에 복종해야 하고 모든 샤리아 율법에 복종해야 한다. 복종하지 않으면 강력한 처벌이 뒤따르니 무슬림들은 과격하고 투쟁적이다. 특히 이슬람 원리주의자들은 무장 테러 조직을 만들어 자신들을 반대하는 세력들에 온갖 테러를 자행한다. 무슬림들이 알라는 위대하다고 외치지만 알라의 실체를 본 적이 없으므로 일부 무슬림들이 어떡하든 알라에게 접근해보려고 했다. 그에 따라 생겨난 것이 '수피즘(Sufism)'이다.

'수피즘'은 신비하다는 뜻으로 이슬람 신비주의를 말한다. 이슬람 초기의 금욕주의자들이 양털로 된 옷을 입고 다녀, 양털이라는 뜻의 수프(suf)에서 기원한 말이라고 한다. 수피즘을 이념적으로 설명하자면 매우 복잡하지만 쉽게 말해서 이슬람의 유일신인 '알라'를 체험함으로써 '신과의 합일' 즉 신과의 일체감을 느끼려는 것이다.

지금까지 이슬람은 맹목적으로 신과 이슬람의 율법에 복종해왔다. 신에 대해 아무런 생각도 하지 않고 그저 습관적으로 기도하고 예배를 봤다. 수피즘, 즉 이슬람 신비주의자들도 알라를 절대신으로 믿고 이슬람 율법 '샤리아'를 존중한다. 하지만 맹목적, 조건 없는 복종이 무슨 의미가 있냐는 것이다. 신과 일체감을 느껴야 자아에서 벗어나 참다운 희열을 느낄 수 있다는 것이다.

이러한 이슬람의 자기반성과 변화는 상당한 호응을 얻었다. 그렇다면 어떻게 신과 내가 하나가 될 수 있는가? 그를 위해서는 자신이 '몰아지경'에 빠져 자아에서 벗어나야 하는데, 어떻게 자아를 버리는 몰아지경에 빠져 황홀경에 이를 수 있는가? 그에 따라 만들어진 것이 '세마(sema)'라는 빙글빙글 도는 회전 춤이다. 또는 '명상 춤'이라고도 한다. 전문용어로는 '수피 댄스(sufi whirling)'라고 한다. 이 춤은 2008년 유네스코 세계무형유산으로 등재됐다.

빙글빙글 도는 회전 춤은 상당히 특이하다. 춤을 추는 사람들은 시케(sikke)라는 갈색의 원통형 모자를 쓴다. 이 모자는 무덤의 비석을 상징한다고 한다. 의상은 텐누레(tennure)라는 치마 같은 흰 옷으로 죽은 자들이 입는 수의를 상징한다. 그리고 검은 망토를 걸치고 검은 천으로 된 넓은 허리띠를 매기도 하는데 검은 망토는 무덤을 상징한다고 한다. 인간이 가장 겸손해지고 순수해지는 죽음의 순간은 곧 신과 하나가 되는 순간이라는 것이다.

이 춤을 추는 사람들을 세마젠이라고 하며 오랫동안 금식하고, 몸과 마음을 깨끗하게 하고 춤을 춘다고 한다. 그들은 여럿이 함께 춤을 추기 전 먼저 허리를 숙여 서로 인사한다. 그다음 멀리 신을 찾아 떠나는 순례자처럼 춤을 추기 시작한다. 두 손을 펼쳐서 오른손은 하늘을, 왼손은 땅을 향한다. 이 동작은 신과 자신의 합일을 상징한다. 고개는 지구의 자전축인 23.5도로 기울이고 시계 반대 방향으로 천천히 회전하기 시작해서 점점 빨라진다. 회전은 왼발을 축으로 해서 오른발을 이용해 몸을 돌린다. 그러면 그들이 입고 있는 하얀 치마 같은 옷이 마치 우산을 펴서 돌리듯 활짝 펴져서 돌아간다. 눈은 뜨지만, 초점을 맞추지 않는다. 고개를 기울이는 것은 지구의 자전을 상징하고, 지구가 공전하듯이 돌아간다. 그러면서 무아지경의 황홀경을 경험한다.

세마젠들은 신비주의 음악에 맞춰 알라의 주문을 외우면서 춤을 춘다. 그들은 춤을 추는 것이 아니라 영적 수행을 하는 것이라고 말한다. 현세에서의 욕망이나 욕심을 모두 내려놓고 자신을 비워 무아지경의 상태에서 신을 만나는 것이라고 말한다.

신비스러운 회전 춤 '수피 댄스'는 13세기, 아프가니스탄 태생의 시인이자 이슬람 수도자였던 메블라나 잘랄루딘 루미(Mevlana Jalaluddin Rumi)라는 사람이 만들었다고 한다. 그는 튀르키예 중부, 콘야(Konya)라는 지역에 살면서 대중들에게 용서와 관용, 착한 삶을 가르치며 신과 만날 수 있는 수피 댄스를 창안하게 됐다고 한다. 그 때문에 수피 댄스가 콘야 지방에서부터 시작해서, 이 춤의 신비스러움과 수행의 효과로 차츰 튀르키예 전 지역으로 확산되더니 마치 튀르키예의 민속춤과 같은 성격을 갖게 됐다. 어느 민족이나 그들의 민속을 대표하는 것은 춤과 노래다. 따라서 종교적인 수피 댄스가 튀르키예의 풍속으로 인식됐다.

튀르키예는 유럽과 아시아 대륙에 걸쳐 있는 오랜 역사와 문화를 지닌 나라다. 그들의 조상은 북방 민족 돌궐족이다. 그들이 차츰 남하하면서 튀르크(Turk)가 됐으며 동서의 문명과 문화를 융합시켰다. 그들은 오스만이라는 강대한 제국을 건설했으며 터키(Turky)라는 국호를 오랫동안 유지하다가 지난 2022년부터 튀르키예로 나라 이름을 바꿨다. 튀르키예는 튀르크어로 '강하다'는 뜻이라고 한다.

튀르키예는 이슬람 국가로 이슬람 수니파가 약 83%, 시아파가 약 13%, 수피즘 신비주의자들은 약 1%에 불과하다. 그처럼 국민 대다수가 이슬람 신자들이지만 이슬람을 내세우는 종교 국가는 아니다. 오히려 가장 세속적인 이슬람 국가다. 튀르키예 이슬람교도의 대부분은 그들 전통 복장

콘야 메블라나 영묘에서 춤추는 세마젠 세마젠들은 신비주의 음악에 맞춰 그들의 신. 알라의 주문을 외우면서 춤을 춘다. 그들은 춤을 추는 것이 아니라 영적 수행을 하는 것이라고 말한다.

도 하지 않고 여성들이 히잡을 쓰지도 않고 그냥 서양의 국민과 다름없는 현대적인 생활을 한다.

이슬람은 수니파와 시아파라는 두 개의 큰 종파가 있다. 수피즘이 종파는 아니다. 수피즘 신비주의자들에게는 수니파도 있고 시아파도 있다. 한때는 수피즘이 기존의 정통 종파로부터 이단으로 박해받기도 했지만, 수피즘이 이슬람 세계에서 확산되고 있는 것은 사실이다. 수피즘 이슬람 신비주의자들은 인간을 사랑하는 것이 알라의 뜻이라고 생각해 다른 종교를 배척하지 않는다. 이슬람을 위한 투쟁 정신도 없어서 지금도 이슬람 원리주의자들은 수피즘을 맹렬히 비난하고 있다.

수니파의 종주국 사우디아라비아나 시아파의 종주국이나 다름없는 이란에서는 수피즘을 금지한다. 튀르키예처럼 이슬람교도가 대부분이면서도 세속화되고 개방적인 나라들에서만 성행한다. 그럴수록 수피 댄스는 더욱더 튀르키예의 풍속이 되어가는 것이다.

수피 댄스가 기원한 튀르키예 콘야에는 창안자인 메블라나 루미를 수피즘 지도자로 내세운 '메블라나 교단'도 있다. 수피 댄스는 이 교단의 대표적인 수련법이다. 이 춤을 추는 세마젠들을 가리켜 '회전하는 수도자'라고 하며 그들이 빠르게 회전 춤을 추는 것은 우주의 만물이 윤회한다는 뜻이라고 한다. 콘야에서는 해마다 12월에는 '세자 축제'도 열린다.

튀르키예에서는 어디를 가거나 수피 댄스를 볼 수 있다. 그 때문에 많은 사람이 이 춤을 중동 지역이나 튀르키예의 민속으로 알고 있다. 튀르키예도 종교성보다 자신의 민속으로 외국 관광객들을 상대로 공연함으로써 이제는 튀르키예의 전통 풍속으로 널리 인식된다.

유랑하는 민족
'집시'가 남긴
풍속도

집시들은 선천적으로 음악성이 뛰어나 춤과
노래에 탁월했다. 그들은 자신들이 머문 지역의 음악과
집시 고유의 음악을 결합해 새로운 음악을 만들어냈다.

'집시(Gypsy)'는 끊임없이 이동하는 유랑 민족이다. 모든 민족이 국가를 세우고 정착 생활을 하는 오늘날, 집시 같은 민족은 극히 드물다. 대다수가 유럽을 떠돌아다니지만, 세계 곳곳에 퍼져 있고 서양인과 같아 보이지만 고대 인도인들의 후손이다.

그들에게는 자신들만의 집시어도 있다. 인도 북부에서 사용하는 인도 유럽어 계통이라고 한다. 집시의 정확한 숫자는 알 수 없다. 이동 생활을 하는 과정에서 다른 민족에게 완전히 동화된 사람들도 있고 혼혈도 있으며 자기가 집시라는 사실을 숨기는 사람들도 있기 때문이다. 대략 700만 ~1,200만 명이 세계 곳곳에 퍼져 있을 것으로 본다.

흑해와 카스피해 사이에 있는 코카서스산맥 또는 캅카스산맥은 유럽과 아시아의 경계를 이루는 지역이다. 대부분 고산지대지만 동서로 왕래하는 요충지여서 일찍부터 수많은 종족이 이 지역에 거주했다. 그 가운데 일부 부족은 다른 여러 지역으로 이주했다. 현재 유럽 아리안족(인도유럽어족)으로 불리는 종족은 4~5천 년 전, 동쪽으로 이동해서 이란에 정착하며 이란계 민족으로 발전했고, 한 부류는 인도에 정착해 인도 아리아인이 됐다. 그들 가운데 또 서쪽으로 이동한 부류가 켈트족, 게르만족, 라틴족, 슬라브족 등이 돼서 유럽인들의 조상이 됐다.

그런데 인도에 정착한 인도 아리아인들이 시련을 겪었다. 8세기에 세워진 이슬람의 아바스왕조가 지배할 무렵, 반란을 일으켰다가 실패하면서 추방당한 그들은 인도에서 쫓겨나 11세기에는 페르시아에, 14세기 초에는 유럽 남동부로, 15세기에는 전 유럽으로 이동하며 뜻하지 않게 유랑생활을 하게 된 것이다. 그들이 바로 집시의 선조들이다.

그들이 '집시'로 불린 것은 아프리카 북부의 이집트까지 이동했던 무리가 쫓기다시피 유럽으로 이동할 때 이집트에서 만들어준 통행증을 지니고 자기들이 이집트인이라고 주장한 것에서 비롯됐다고 한다. 왜냐하면 그들은 어디로 이동하거나 현지인들로부터 환영받지 못하고 노골적으로 박해당하고 핍박을 당했기 때문이다. 어느 지역이든 그들을 반기는 곳은 단 한 곳도 없었다.

그들은 매우 배타적이다. 자기들을 '집시'라고 부르는 것을 몹시 싫어한다. 그들은 스스로 자신들을 '롬(Rom)'이라고 부른다는데 이는 남자 또는 남편이라는 뜻이라고 한다. 집시가 아닌 다른 종족들을 가리켜 '시골뜨기, 촌놈(Gadje)' 등의 경멸하는 의미로 부를 만큼 배타적인데 그럴수록 심한 박해를 받았으며 가는 곳마다 추방당했다. 더구나 독일의 나치 히

틀러는 자신들이 순수한 아리안족이라며 집시들이 유럽 아리안족이지만 잡스러운 혈통이라고 노골적으로 박해하며 약 40만 명의 집시들을 학살했다. 그런데도 집시들은 끈질겼다. 자신들이 쫓겨난 지역에 또다시 나타났다.

그들은 끊임없는 유랑 생활로 고유의 전통 풍습을 지키기 어려웠다. 어쩔 수 없이 그들이 머무는 지역의 풍속과 결합할 수밖에 없었는데, 그 지역의 풍속을 다른 지역으로 전파하는 데 적지 않게 이바지했다. 집시는 자주 이동해서 고정적인 직업을 가질 수도 없었고 일해야 생계를 유지할 수 있었다. 여성들은 주로 점쟁이를 많이 했고, 남자들은 냄비나 양은 주전자 따위를 때우는 땜장이, 거리의 약장수 등이 고작이었지만, 선천적으로 음악성이 뛰어나 춤과 노래에 탁월해서 음악적 재능만은 유럽에서도 인정했다. 그들은 자신들이 머문 지역의 음악과 집시 고유의 음악을 결합해 새로운 음악을 만들어냈다. 그 때문에 프랑스인들은 집시를 보헤미안이라고 불렀다. 원래 보헤미아는 체코의 서부 지방을 일컫는 말이다. 그 지역 사람들이 경쾌하고 빠른 음악을 즐겼는데 집시들의 음악과 춤이 그와 같았기 때문에 진짜 보헤미아 사람들로 착각하고 그렇게 부른 것이다.

집시의 고유 풍속은 그들이 머문 지역의 풍습과 뒤섞여 특별히 지적할 것이 없지만 그들이 전 세계의 풍속 변화에 큰 영향을 미친 것이 두 가지가 있다. 그것을 소개한다.

하나는 전 세계 젊은이들의 문화라고 할 수 있는 '버스킹(busking)'이다. 버스킹은 사람들이 많이 오가는 길거리에서 음악인들이 관객과의 소통을 위해 즉흥적으로 연주하거나 노래하는 것을 말한다. 물론 버스킹의 역사는 고대사회로 거슬러 올라갈 만큼 무척 길지만, 체계가 잡힌 버스킹은 집시들이 처음으로 시도했다. 버스킹은 스페인어 부스카르(Buscar)에서 유래한 말로 함께 일할 고용인을 찾거나 부랑자들이 구걸하는 것을 뜻한다고 한다. 버스킹하면서 악기 상자 등을 펴놓고 약간의 기부금을 받는 데서 유래한 것이다.

고정적인 직업은 가질 수 없었지만 음악적 재능이 뛰어난 그들은 먹고 살기 위해 거리에 나섰다. 길거리의 많은 사람 앞에서 춤추고 노래하면서 관중들이 모자 따위에 던져주는 동전 등을 받아 생계를 유지했다. 이러한 젊은이들의 풍속이 오늘날의 대중문화인 버스킹이 됐다.

또 한 가지는 한때 전 세계 젊은이들의 풍속을 변화시킨 히피(hippy)다. 히피가 등장한 것은 미국 서부의 샌프란시스코다. 1960~70년대, 많은 미국의 젊은이들이 참전해서 희생된 월남전이 한창일 때 반전과 자유, 평화를 외친 것이 시초였다. 미국 젊은이들은 인간성의 회복을 부르짖으며 음악과 노래를 통해 기존의 보수적 가치와 물질문명 등을 비판하며 방랑자들처럼 장발에 수염을 기르고 샌들을 신고 낡은 옷을 그대로 입는 등, 전혀 꾸밈없는 인간 본연의 태도를 보였다. 이러한 것을 '히피 문화' 그러한 젊은이들을 '히피족'이라고 불렀다. 그들끼리 모여 사는 '히피 빌리지'도 있었다.

이러한 새로운 풍속, 풍조는 집시의 생활 형태에서 유래했다고 본다. 집시가 히피족의 롤 모델이었다. 히피는 삽시간에 전 세계를 휩쓸었고, 그들의 꾸밈없는 자연적인 모습과 생활 태도가 아주 짧은 시간에 전 세계 젊은이들의 새로운 풍속이 되었다. 물론 지금은 많이 쇠퇴했지만 여전히 히피 문화의 흔적들이 요즘의 젊은이들에게도 남아 있다.

우리가 '집시'를 생각하면 으레 그들의 낭만적인 모습을 떠올린다. 미모의 집시 여인들이 고유의 멋진 의상으로 춤추고 노래하는 모습을 머릿속에 그린다. 하지만 그거야말로 환상이며 비현실적인 생각이다. 어찌 보면 집시는 버려진 민족이다. 언젠가는 모두 다른 민족에게 동화돼 사라질지도 모른다. 다만 그들이 전파한 버스킹이나 히피의 풍속은 변화가 있더라도 쉽게 사라지진 않을 것이다.

가면,
모든 민족의
공통 풍속

가면은 지금도 우리 생활에서 익숙하다.
어느 민족이나 자기 고유의 민속이 있는데
가면무도와 같은 민속 공연은 세계 어느 곳에나 있다.

이색적이거나 엽기적인 전 세계의 풍속들을 소개하면서 가면을 빼놓을 수는 없다. 가면이 특정한 민족의 고유하고 특이한 풍속은 아니지만, 북극의 이누이트부터 무더운 아프리카 원시 부족에 이르기까지 모든 민족, 모든 나라의 공통된 풍속이기 때문이다.

가면은 얼굴을 감추거나 본래의 자기 자신을 다른 모습으로 꾸미는 조형물로, 가면을 만드는 재료는 종이, 나무, 흙, 철, 가죽 등 수없이 많다. 우리 민족은 '탈'이라고 한다. 하회탈, 봉산탈춤 등이 그것이다.

얼굴 전체를 가리는 복면(覆面), 두건도 가면이다. 하지만 스포츠에서 야구의 심판이나 포수가 쓰는 마스크 따위는 가면이 아니고 보호 장비다. 영화나 사극에서 흔히 볼 수 있는 자객들이 얼굴 아래쪽만 가리는 것도 일종의 가면이지만 일반적으로 면구(面具)라고 한다. 또 가스의 흡입을 막는 방독면은 가면이 아니다.

인류가 가면을 쓴 역사는 원시시대로 거슬러 올라간다. 지금까지 가장 오래된 가면은 프랑스에서 발견된 BC 7000년 그러니까 약 9천 년 전의 돌로 만든 가면이라고 한다. 우리나라도 신석기시대에 가리비 껍데기에 눈, 입의 구멍을 뚫어 만든 조개껍데기 가면이 있다.

인류가 정착 생활을 시작하고 함께 모여 살면서부터 가면이 있었다. 그렇다면 원시 인류는 가면을 왜 만들었을까? 가면에는 기본적으로 은폐(감춤)와 신비화의 기능이 있어야 한다. 가면이 탄생한 것은 애니미즘, 토테미즘 등 원시 신앙에 의해서였다.

무엇보다 세상 만물에는 초자연적인 정령이 있다고 믿었지만, 초자연적 초능력을 가진 대상은 형체가 없었기에 상상할 뿐이었다. 다시 말하면 구체성이 부족했다. 귀신이나 초능력을 가진 악마 따위의 얼굴 모습을 구체적으로 형상화한 것이 가면의 시초다. 원시시대, 고대의 가면은 신앙적, 주술적 기능을 가졌는데 그 시대의 가면은 일반적으로 신앙 가면과 연희 가면으로 나뉜다.

'신앙 가면'은 보통 사람들이 쓴 것이 아니라 부족의 주술사나 샤먼(무당)들이 우주나 신령을 표현한 가면을 씀으로써 자신을 초능력자로 신격화시켰다. 그들은 신령에 착한 신령과 악한 신령이 있다고 믿었다.

악한 신령은 온갖 방법으로 인간의 삶을 괴롭히고 해코지한다는 것이다. 그래서 원인을 모르는 질병에 걸리고 뜻하지 않은 사고를 당하고 죽기도 한다는 것이다. 또한 악령이 몸에 깃들어 정신이상을 일으킨다고

세계에서 가장 오래된 가면 선사시대에 주술 의식 등의 목적으로 쓰인 돌로 된 가면이다. 기원전 7000년경 신석기시대에 만들어진 걸로 추정된다.

믿었다. 주술사나 셔먼들은 악령과 맞서기 위해 자신을 신격화하는 가면을 쓰고 주술을 외워 악령을 쫓아내는 의식을 가졌다. 말하자면 가면은 주술의 도구였던 셈이다. 그러한 신앙적 의식을 놀이화한 것이 '연희 가면'이다.

여러 사람이 자신과 다른 신분을 나타내는 가면을 쓰고 전통적인 민속춤에 맞춰 춤추며 악령을 쫓아내는 의식을 흉내 내거나 지배층을 조롱하는 놀이를 했다. 양반과 성직자(승려)의 파렴치한 행실을 풍자한 우리의 '봉산탈춤' 등이 그것이다.

참고로 봉산탈춤은 황해도 봉산군에서 전승되던 것이 1915년부터는 사리원까지 확대되었고 현재 무형문화재로 지정돼 있다. 봉산탈춤에는 사자, 원숭이와 같은 동물의 가면들도 등장한다.

그 밖에도 민족들, 부족들 사이에 전쟁이 잦았던 시대에는 자기 신분을 감추거나 신변 보호를 위해 철 가면 등을 썼으며 상대방을 위협하고 두려움을 주기 위해 가면을 썼다. 그러나 항상 쓸 수는 없어서 차츰 얼굴과 신체에 문신하는 것으로 변화됐다. 또한 비밀결사와 같은 특정한 조직에서 구성원들의 정체를 숨기기 위해 가면을 이용했다. 최근 중동의 테러단체들이 구성원의 얼굴을 검은 천 따위로 가리고 테러를 자행하는 경우를 들 수 있다. 또 미국의 백인 우월주의 조직인 KKK단원들이 하얀 두건을 쓰는 것도 마찬가지다.

아프리카를 비롯한 여러 지역의 성인식에서도 가면이 등장한다. 어린이가 비로소 성인이 되는 의식에서 가면을 쓴 초월적인 존재가 나타나 아이에게 가르침을 전한다. 대개 마을 원로가 그 역할을 맡는다. 기우제나 풍년제 같은 집단적 공동 행사를 가면 쓴 샤먼이 주재한다. 가면이 징계, 징벌에 사용되기도 하여 죄수에게 가면을 씌워 심한 고통을 주는 것이다.

가면은 다양한 용도의 기능과 역할을 해왔지만, 의학에서 질환의 용어로도 쓰인다. 예컨대 '가면우울증'(Imposter Syndrome)이 있다. 이 정신 질환은 현재 자기 신분이나 역할이 과분하다는 생각으로 우울증에 빠지는 것을 말한다. 자기 스스로, 마치 가면을 쓰고 다른 사람을 속인다는 생각에 점점 우울해진다. 다른 사람들이 자기에게 가진 어떤 기대감에 대응하지 못하는 것을 두려워해 나타나는 정신 질환이다. 이를테면 주변에서 자신을 천재라며 많이 기대하는데 자기가 천재 역할을 해내지 못하면 우울해진다. 천재라는 것을 자기 가면이라고 생각한다. 우울증이 심해지면 공황장애에 빠지거나 더 심한 경우에 빠지기도 한다.

또 '가면성 우울증'(Masked Depression)도 있다. 우울한 기분이 마치 가면을 쓰는 것처럼 겉으로는 드러나지 않는 우울증을 말한다. 겉으로는 우울해보이지 않아서 다른 사람들은 알아차리지 못하지만, 자기 내면은 실제적인 우울증으로 가득 차 있다. 그 때문에 식욕부진이나 가슴이 두근거리는 등 신체 증상이 나타나고 도박, 음주 등의 중독 현상을 보인다. 또한 지나치게 명랑하거나 행동 과잉을 나타낸다. 이 병명은 1980년대까지 의학과 의술에서 널리 쓰였지만, 지금은 매우 다양해지고 세분화하면서 쓰이지 않고 있다.

가면은 지금도 우리 생활에서 익숙하다. 어느 민족이나 자기 고유의 민속이 있는데 가면 춤과 같은 민속 공연은 세계 어느 곳에나 있다. 서양에서는 중세부터 가면무도회가 성행했다. 특히 상류층에서 남녀가 얼굴을 반쯤 가린 반(半)가면을 쓰고 사교춤을 춘다. 완전히 신분을 감추는 것은 아니지만, 다양한 반가면을 씀으로써 화려하면서도 과감한 행동을 할 수 있다.

동양에서는 중국, 일본의 가면이 유명하다. 중국은 수많은 영웅호걸의 가면과 다양한 가면으로 유명하다. 특히 중국의 '변검(變臉)'은 독특하고 경이로워서 세계적으로 유명하다. 변검은 '얼굴을 바꾼다'라는 뜻이다. 중국 쓰촨성 전통극에서 중국 전통 복장의 배우가 얼굴에 쓴 가면에 손을 대지 않고 순식간에 가면을 바꾸는 기술이 변검이다. 그것도 가면을 한 개만 바꾸는 것이 아니라 수없이 잇따라 바꾼다. 그들을 변검 대사(大師)라고 부르는 변검 전문 배우가 있다. 순식간에 바뀌는 가면이 경탄스러워 보이고 어떻게 눈 깜짝할 순간에 바뀌는지 궁금했는데, 가면에 잘 보이지 않는 아주 가느다란 실이 매달려 있어 그것을 당겨 변검을 한다고 한다. 이 쓰촨성 전통극은 중국이 자랑하는 3대 연희 가운데 하나다.

가면은 오늘날 의료용으로도 쓰인다. 얼굴에 상처가 있을 때 상처를 감춰주는 기능이다. 한편 최근에는 대부분 어린이 장난감으로 만들어질 뿐, 민속적 이유 이외에 특별히 가면을 만들지는 않는다. 범죄자들이 자기 얼굴을 감추기 위해 가면, 복면, 두건 등을 쓰는 경우도 있는데, 이 때문에 흉악범을 가리켜 '인간의 탈을 쓴 짐승' '탈을 쓴 악마'라고 비난한다. 인간으로서 해서는 안 되는 악행을 저질렀을 때 인간의 탈(가면)을 쓴 것이지, 인간이 아니라는 표현이다.

악수,
전 세계
공통의 인사

미얀마인들이 팔짱을 끼고 인사하는 것은
두 손을 감싸 쥐고 있으니 상대방을 공격할
의사가 전혀 없다는 것을 나타내는 것이다.

오른손을 마주 잡고 흔드는 '악수'는 전 세계, 모든 민족의 공통된 인사 풍속이다. 영어로는 셰이크핸드로 손을 맞잡고 흔든다는 뜻이다. 오랜 옛날, 낯선 사람과 마주치면 서로 경계하며 왼쪽에 찬 칼집에 손을 댔다. 조금이라도 적의를 나타내면 즉시 칼을 뽑으려는 태세였고 서로 적의가 없을 때는 오른손을 상대에게 내밀어 맞잡았다. 그것은 친근감을 나타내는 표시였고 칼을 뽑지 않게 오른손을 내밀었으니 전혀 싸울 의사가 없다는 뜻이었다. 몇 차례 손을 맞잡고 흔드는 것은 옷소매 속에도 무기가 없다는 것을 나타냈다. 이것이 악수의 유래라고 한다.

악수가 모든 민족의 공통된 인사법이지만 악수하지 않고 인사하는 종족이 없는 것이 아니다.

뉴질랜드의 마오리족은 코를 맞대고 인사한다. 에스키모는 코를 맞댈 뿐 아니라 서로 비빈다. 티베트인들은 마주 보며 혀를 내밀고 또 미얀마인들은 팔짱을 끼고 가볍게 머리를 숙이는 것이 인사법이다. 아프리카 케냐의 마사이족은 마주 보며 상대편 얼굴에 침을 뱉는 것이 인사라니, 그야말로 별별 인사법이 다 있다.

악수가 유래가 있듯이 이처럼 특이한 인사법에도 모두 그럴 만한 이유가 있다. 마오리족이 코를 맞대며 우리가 '안녕하세요' 하듯이 '키아 오라(kia ora)' 하고 인사를 한다. 코를 맞대는 것은 호흡을 같이한다는 뜻이고 '키아 오라'의 오라(ora)는 서로 살아 있음을 뜻하며 키아(kia)는 삶을 의미한다는 것이다.

에스키모의 코를 비비는 것은 친밀감의 표시이고 티베트인의 혀를 내미는 인사는 그들만의 유래가 있다. 9세기경 티베트 왕국에는 아주 난폭하고 잔인한 왕이 있었는데 혓바닥이 검었다고 한다. 불교에서는 윤회 사상과 환생을 믿으므로 잔혹한 왕도 환생할 것으로 믿었는데 그들이 환생한 왕이 아니라는 표시로 하얀 혀를 내밀었다는 것이다. 미얀마인의 팔짱끼고 하는 인사는 두 손을 감싸 쥐고 있으니 상대방을 공격할 의사가 전혀 없음을 나타내는 것이다. 또한 마사이족이 서로 침을 뱉으며 인사하는 것은 그들이 사는 지역이 건조해서 물이 무척 귀하기 때문에 상대방에게 물을 주며 축복하는 의미가 담겨 있다고 한다.

이들의 독특한 인사는 자기들끼리의 인사법이고 외지인들과는 악수하며 인사한다. 서양이나 중동에서 뺨을 비비거나 뺨에 기스하기도 하지만, 그들도 악수하고 상대방을 가볍게 포옹한다.

악수에도 에티켓, 즉 예절이 있다. 대부분 잘 알고 있는 상식적인 것들이지만 다시 한 번 살펴볼 필요가 있다.

* 악수는 반드시 오른손으로 똑바로 서서 상대방의 눈을 보며 하는 것이 기본이다.
* 상대방의 손을 아플 정도로 꽉 쥐거나 손가락 몇 개만 가볍게 잡는 것은 예의가 아니다.
* 악수하며 허리까지 굽혀 절을 할 필요는 없다. 상사나 연장자에게는 무방하다.
* 여성은 앉아서 악수해도 괜찮지만, 윗사람이나 연장자에게는 서서 해야 한다.
* 누가 먼저 손을 내미는가 하는 것도 중요하다. 윗사람이 아랫사람에게, 연장자가 연하에게, 기혼자가 미혼자에게, 상급자가 하급자에게, 여자가 남자에게 먼저 손을 내미는 것이 예의에 맞는다.
* 악수할 때 상대방의 시선을 피하거나 다른 곳을 보는 것은 예의에서 벗어난 행동이다.
* 상대방이 먼저 손을 내밀고 기다리게 해서는 안 된다. 또한 악수가 끝나면 손을 놓아야지 오래 쥐는 것은 예의가 아니다.
* 젖은 손은 닦아야 하고, 상대가 악수를 청하면 받아주는 것이 원칙이다.
* 부부 동반으로 만날 때, 남자끼리 먼저 악수하는 것이 옳다. 상대방에서 여자가 먼저 손을 내밀면 받는 쪽에서도 남편보다 부인이 먼저 응해야 한다.
* 전염병 코로나가 유행하면서 손을 맞잡는 악수보다 주먹을 맞대거

나 팔목을 맞대는 악수가 등장했다. 정식의 악수는 아니지만, 예의에서 벗어난 인사도 아니다. 복싱이나 격투기 선수들은 경기를 시작하기 전에 글로브를 낀 두 주먹을 마주 댄다.

* 악수하면서 상대방의 손바닥을 슬쩍 손가락으로 긁는 경우가 있다. 옳지 못한 행동이다. 그것은 상대방과 비밀스러운 무엇이 있다든가, 다른 속셈이 있을 때 하는 행동이다. 남자가 여자와 악수할 때 여자의 손바닥을 긁으면 성추행이다.

악수할 때 성격이 잘 나타난다고도 한다. 예컨대 악수하며 상대방의 어깨나 다른 손을 잡는 사람은 상대방과 빨리 친해지려는 성향이 강하다고 한다. 상대방의 손을 꽉 쥐거나 손을 잡고 자기 쪽으로 끌어당기는 사람은 지배욕이 강한 사람이다. 미국의 전 대통령 트럼프가 대표적인 인물이라고 한다.

모든 스포츠 경기에서 경기 시작 전에 상대편과 악수하고 경기가 끝난 뒤에도 악수한다. 아예 경기 전후에 반드시 악수하도록 명문화한 종목들도 있다. 2023년 펜싱 세계선수권대회에서 국가 간 전쟁 중인 우크라이나 선수와 러시아 선수가 맞붙었다.

경기가 끝난 후, 러시아 선수는 악수를 청했지만 우크라이나 선수는 좀 멀리 떨어져서 펜싱 칼만 내밀었다. 그 때문에 우크라이나 선수는 실격당했다. 경기가 끝난 뒤에는 악수해야 한다는 국제펜싱협회 규정을 위반했다는 것이 실격 사유였다.

중국 항저우에서 열린 아시안게임에서 우리나라 테니스의 권순우 선수가 자신보다 순위가 훨씬 낮은 태국 선수에게 패했다. 그러자 권 선수는 화를 참지 못하고 자신의 테니스 라켓을 부숴버리는가 하면, 태국 선수와 악수도 거부하고 퇴장했다. 그 때문에 그는 국내외에서 엄청난 비난을 받았다. 싫더라도 악수해야 할 때는 반드시 악수해야 하는 것이 에티켓이다.

풍속은
끊임없이
바뀌고 진화한다

살아 있는 풍속은 서로 결합하며 계속해서 변화한다.
전 세계 어떤 민족의 풍속이라도 시대에 따라
끊임없이 살아서 움직이며 새롭게 태어난다.

지금까지 살펴봤듯이 민족이나 종족마다 그들만의 풍속과 풍습이 있다. 물론 지극히 작은 일부에 불과하지만, 그것은 곧 그들이 살아가는 모습이며 삶의 질서이고 문화이다. 문화에는 이동성이 있다. 세계가 한 울타리가 된 오늘날의 문화로 보듯, 어느 지역에서 생겨난 새로운 문화가 삽시간에 세계 곳곳에서 유행하며 풍속을 바꾼다.

풍속이나 풍습도 살아서 움직인다. 어떤 풍속은 그들이 사는 지역의 기후나 환경 그리고 그들만의 정체성으로 전통적인 풍습이 유지되기도 하지만 대부분 풍속은 끊임없이 이동하면서 다른 종족들의 풍속과 만나 융합하고 변화한다. 또한 종교와도 결합해서 전혀 색다른 풍속으로 태어난다.

최근의 일이다. 아프리카 케냐에서 중국 풍습의 잔재가 남은 곳이 발견됐다. 케냐는 아프리카 중동부에 있는 개발도상국으로 북쪽으로는 에티오피아, 서쪽으로는 우간다, 남쪽으로는 탄자니아, 동쪽으로는 소말리아와 국경을 맞대고 있으며 동남쪽으로는 인도양과 마주하는 나라다. 이 지역 일대는 인류의 발상지이다.

이 나라의 인도양 연안에 라무섬(Lamu Island)이 있다. 작은 섬은 아니다. 동아프리카에서는 가장 오래된 도시가 형성된 섬으로 한때 흑인 노예무역의 거점이었으며 이슬람과 아프리카 문화가 서로 만나는 곳이다. 그 때문에 아프리카 스와힐리(Swahili) 문화가 가장 많이 보존된 섬으로 섬의 구시가지는 유네스코 세계유산으로 등재돼 있다. 스와힐리어는 아프리카연합의 공용어이다.

라무섬은 그 밖에 작은 섬들로 이루어진 군도다. 그곳에 작은 섬 '팟타이'가 있다. 이 섬이 갑자기 주목받은 것은 여기에서 중국의 전통 풍습들이 전해지기 때문이다. 어떻게 된 일일까? 중국으로부터 아주 멀리 떨어진 아프리카의 작은 섬에 어떻게 중국의 전통 풍습이 전해졌을까?

15세기 초, 중국 명나라에 마삼보(馬三保) 또는 마화(馬和)라는 인물이 있었다. 그는 키가 2m가 넘는 장신으로 중국 소수민족 후이족 출신이었다. 원래 무관으로 명나라 정변에 참가했다가 실패, 죽음은 면했지만 거세당해 내시가 된 환관이었다.

그러나 그는 영락제(永樂帝)를 황위에 올리는 데 큰 공을 세웠다. 당시 명나라는 세계적인 강대국이었는데 무관으로서 마화의 능력을 잘 아는 영락제는 그를 중국 남해를 원정하는 함대의 사령관으로 임명했다. 목적은 마화의 함대가 상륙하는 나라마다 중국에 조공을 바치게 하고 명나라의 국력을 과시하기 위해서였다.

이때부터 그는 무려 7차례나 원정 함대를 이끌며 아프리카까지 원정하러 갔다. 여러 나라로부터 조공은 물론 중국에는 없는 기린 등, 진기한 동물들까지 가져와 영락제를 기쁘게 했다. 영락제는 그에게 정(鄭)씨 성을 하사해서 정화(鄭和)라는 역사적인 인물이 됐다.

그의 4~5차 원정 때, 아프리카에서 정화의 함대 중 군함 한 척이 큰 폭풍을 만나 거센 파도에 실종됐다. 정화의 함대는 급히 수색해봤지만 찾지 못하자 침몰했을 거라고 판단하여 다음 목적지를 향해 떠났다. 실종된 군함이 침몰할 때 그 안에 탔다가 살아남은 20여 명의 선원이 간신히 육지에 닿은 곳이 케냐의 팟타이섬이었다.

정화의 함대는 이미 떠났으며 그들의 군함이 침몰했으니 간신히 목숨을 건진 선원들은 갈 곳이 없었다. 그들은 팟타이섬에 그대로 눌러앉았다. 섬 주민들의 환심을 사기 위해 원시 부족이었던 원주민들에게 농사 기술을 가르쳐주는 등 최선을 다했다. 그렇게 섬 주민들과 가까워지면서 원주민인 흑인 여성들과 결혼해서 혼혈아를 낳았고 그들이 성장하면 자기들의 자녀끼리 결혼시켜 중국의 혈통과 전통을 유지했다.

우리나라 어느 TV 해외 기행 프로그램에서 현지를 탐사하며 그들 후손의 모습을 보여줬다. 지금까지 무려 약 600년이 흘러 적어도 수십 대의 후손들이지만 중국인의 모습이 담겨 있어 놀랐다. 그들은 아프리카 흑인이 아니었으며 누가 봐도 중국인과 혼혈이라는 것을 쉽게 알 수 있었다. 또한 도자기 조각 등 중국의 유물과 풍속들이 남아 있었다. 중국의 전통 풍습이 머나먼 아프리카까지 건너가 서로 혼합되며 새로운 풍속을 만들어낸 것이다.

더욱 놀라운 것은 팟타이섬에 사는 19세의 소녀가 케냐 중국대사관에 자신은 '중국인 선원의 후예'라며 중국에서 공부해서 중국에 기여하고 싶다는 편지를 보낸 것이다. 그러자 중국의 언론들이 관심을 보였고, 그녀는 중국 정부의 장학생으로 선발돼 중국에 유학했다.

지금 전 세계 대중음악의 대세는 팝(pop)을 바탕으로 한 댄스뮤직이다. 팝은 미국의 대중음악이지만 세계적으로 선풍을 일으키는 것은 가수 싸이의 '강남 스타일'에 이어 BTS의 K-POP이다. K-POP이 전 세계 젊은이들의 새로운 풍속이 되었다. 틀림없는 동양과 서양 풍속의 융합이며 진화라고 할 수 있다. 이러한 풍속이 언젠가 사라지고 또 새로운 젊은이들의 풍속이 등장할 것이다. 시대의 변화와 달라진 환경에 맞지 않는 풍속과 풍습은 사라진다. 또한 살아 있는 풍속은 서로 결합하며 계속해서 변화한다. 모든 풍속에는 생명이 있다.

기이하고 놀라운
성 문화

성매매,
통제할 수 없는
인류의 성 풍속

매춘은 사라지지 않는다. 아마도 인류가
절멸되지 않는 한 가장 오래 살아남을
풍속으로 영원히 이어질 것이다..

성은 인간의 본능이기에 지구상의 어느 나라에서나 성매매가 있었으며 이는 특별하고 기이한 풍습도 아니다. 그 개념을 쉽게 정의하기 어려운 인간의 본능적 풍속이다. 근래에 와서 '성매매'라는 정제된 표현을 쓰지만, 그보다는 '매춘(賣春)'이 훨씬 더 현실감 있고 익숙한 표현이다. 따라서 여기서는 '매춘'으로 표현하겠다.

매춘은 포괄적 의미로 '금품을 제공하고 성을 팔고 사는 행위'라고 하겠지만, 형태가 다양해서 지금까지 뚜렷한 정의를 못 내린다. 매춘은 보편적으로 남녀 사이의 성관계지만 남자와 남자, 여자와 여자의 동성애도 있으며, 그 범위가 성교의 삽입 행위도 있고 음란 행위도 있다.

'금품 제공'의 의미도 복잡하다. 단순히 일회용 대가를 지급하는 때도 있고, 남녀가 상대방을 지속해서 경제적으로 지원하는 예도 있으며, 금품 제공 없이 이루어지는 매춘도 있다. 마땅한 숙소가 없는 여성이 남성에게 숙소를 받고 동거하며 두 사람 사이에 갑작스러운 성행위가 이루어졌을 때 그 여성을 매춘녀, 매춘부라고 할 수 있을까?

매춘은 수천 년의 역사를 지녔다. 그 때문에 인류의 '가장 오래된 직업'이라고 표현한다. 물론 매춘의 정확한 기원은 아직 밝혀지지 않았으나 역사적으로 분명한 것은 봉건사회, 남성 중심의 사회가 되면서 매춘이 탄생했다는 것이다.

많은 학자는 종교, 신앙에서 매춘의 기원을 찾고 있다. 예컨대 약 4천 년 전, 바빌로니아의 함무라비법전에는 "모든 여성은 일생에 한 번 미와 사랑의 여신 이슈타르 신전에서 몸을 바쳐야 한다."라고 기록돼 있다고 한다. 이슈타르 여신은 고대 그리스신화의 아프로디테와 같은 여신으로 인안나, 에안나, 아스타르테 등 메소포타미아 각 지역에서 여러 이름으로 불렸다. 수메르인들은 인안나(Inanna) 여신으로 불렀다.

함무라비법전에 의하면 이슈타르 여신을 모시는 신전 앞에는 수많은 여성이 앉아서 남성들을 기다렸다. 원래 신전의 여사제들이 모든 남성과 성관계했는데 여사제는 몇 명이 안 되기 때문에 함무라비법전에 그런 문구가 포함된 것이다. 남자들은 신전 앞을 자유롭게 걸어다니며 자기 마음에 드는 여자를 선택할 수 있었다. 여자에게 동전을 던져주면 여자는 신전 밖으로 나와서 무조건 그 남자와 성관계해야 했다. 남자가 던지는 돈은 특별히 액수가 정해지지 않았다. 거절하면 불경죄로 처벌받았다. 성관계를 끝내면 남자에게서 받은 동전을 신전에 바치며 자기 소망을 빌고 집으로 돌아갔다.

예쁜 여자들은 자신을 선택한 낯선 남자와 빨리 성관계를 끝내고 돌아갈 수 있었지만 못생긴 여자는 그 법을 지키기 위해 몇 년씩 기다리는 일도 있었다고 한다. 성관계를 가진 여자들은 한 푼도 받지 않은 셈이다. 남자에게서 받은 동전을 신전에 바쳤으니까. 하지만 많은 학자는 이러한 종교적 성행위를 매춘의 기원으로 본다.

기원전 7세기경, 고대 그리스에도 매춘이 성행했다. 당시는 동성애가 유행해서 남자들은 미소년을 애인으로 삼아 성관계도 했다. 소크라테스나 플라톤 같은 대철학자들도 미소년 애인이 있었다. 사춘기도 안 된 어린 소년과의 동성애는 법적으로 엄격하게 금지했음에도 실제는 좀 달랐던 모양이다. 남녀 사이의 매춘도 만연했다. 당대 최고의 재상으로 손꼽히는 솔론은 아예 공창 제도를 만들어 매춘을 합법화하고 매춘부들에게서 세금을 거둬들였다.

이 무렵, 고대 중국 제나라의 재상 관중(管仲) 역시 공창 제도를 만들고 집창촌을 세워 매춘부들에게서 세금을 걷어 국가 재정을 도왔다. 관중은 친구 포숙아(鮑叔牙)와의 변함없는 우정으로 '관포지교(管鮑之交)'라는 고사성어를 만들어지게 한 인물이다. 〈삼국지〉 촉나라의 제갈량과 함께 고대 중국의 2대 명재상으로 손꼽힌다.

고대 로마는 매춘의 천국이었다. 남녀 혼탕이었던 대목욕탕에서도 매춘 행위가 예사롭게 벌어졌다. 황후가 매춘하기도 했다. AD 45년, 로마제국의 4대 황제였던 클라우디우스 황제의 부인 메살리나 황후는 성을 무척 즐겨 밤에 황제 몰래 머리에 두건을 쓰고 여성 노예 한 명만 데리고 궁궐을 빠져나와 매음굴(집창촌)로 향했다. 그곳에는 자신의 전용 침실까지 두고서 황금색 가발을 쓰고 가명으로 매춘했다. 날이 밝으면 무척 아쉬운 표정으로 궁궐로 돌아갔다고 한다.

기독교의 구약성서에도 매춘이 나온다. 〈창세기〉에서 유다(Judah)는 맏아들이 죽자 둘째 아들 오난(Onan)에게 죽은 맏아들의 아내, 즉 며느리 다말(Tamar)과 동침하도록 지시한다. 형이 죽으면 동생이 형수와 혼인함으로써 혈통을 잇게 하는 것이 당시 그들의 풍습이었다.

오난은 아버지 유다의 지시와 관습에 따르지 않고 형수와 동침은 했지만, 삽입 성교를 하지 않고 자위행위로 사정했다. 남자들의 자위행위를 '오나니(onanie)'라고 하는데 바로 '오난'에게서 유래했다. 유다는 어쩔 수 없이 다말을 친정으로 쫓아버렸다. 오랜 시간이 지나서, 유다가 신전 앞을 지나다가 그곳에서 서성거리는 매춘부를 만났는데 바로 맏며느리였던 다말이었다. 그로 말미암아 다말이 유다의 아이를 배게 되었고 결과적으로 시아버지에게 복수한 것이다.

기독교가 지배한 중세 유럽에서도 매춘이 만연했다. 절대적 영향력을 가진 기독교에서는 금욕을 강조하며 정식 부부의 잠자리까지 간섭했다. 성교 체위까지 지정해주고 쾌락을 위한 성행위는 금지했다. 오직 임신을 위한 부부의 성행위만 인정했다. 그럴수록 매춘이 오히려 기승을 부렸고 이른바 '마녀재판'이라는 이름으로 음란한 여성들을 공개적으로 처형했다. 아무 잘못이 없는 여성들까지 잡아들여 처형시키는 마녀사냥을 자행하여 악명만 높이고 별다른 성과를 거두지 못했다.

매춘은 통제하면 할수록 은밀하게 퍼져가는 속성이 있다. 어느 학자는 이런 현상을 '성의 억압과 진보'라고 표현했다. 역사적으로 매춘은 끊임 없이 억압당했고 그럴수록 더 진보했다는 것이다.

전쟁이 끊이지 않았던 중세에서 20세기에 이르기까지 동서양을 가리 지 않고 군대가 주둔하는 지역에는 반드시 매춘부들이 있었다. 그녀들은 군대가 이동하면 자신들도 이동하며 따라다녔다. 군에서는 아예 위안부 들을 데리고 다니며 병사들의 성적 욕구를 해소했다. 일본군은 수많은 우 리나라 젊은 여성을 강제로 끌고가 정신대(挺身隊)라는 이름으로 그들의 성적 도구인 위안부가 됐다는 사실은 이미 잘 알려져 있다.

전 세계 어느 곳에서나 매춘이 만연하면서 갖가지 문제들이 야기됐 다. 여성의 상품화와 인권침해는 지적할 것도 없고, 인신매매, 여성의 납 치와 감금, 각종 성병, 포주들의 횡포 등 갖가지 범죄들이 확산하면서 매 춘을 '사회의 악'으로 규정하고 매춘 행위를 법적으로 금지하는 나라가 많 이 늘어났다.

그런데도 매춘을 합법적으로 허용하는 나라들도 적지 않다. 놀라운 것은 매춘을 허용하는 나라 중 서양의 선진국이 많다는 사실이다. 이를 테면 독일, 네덜란드, 덴마크, 뉴질랜드, 오스트리아, 그리스 등이 그런 나라들이다.

독일은 매춘부들을 여성 노동자로 분류하고 각종 보험에 의무 가입하 게 하고 수입에 따른 세금을 부과시켰다. 거리, 아파트, 사우나 등 어디서 나 매춘 행위를 할 수 있다. 네덜란드의 매춘은 세계적으로 유명하며 매 춘부들이 집결한 홍등가에는 진열장에서 남성 고객들을 유혹하는 매춘 부의 모습이 이방인들의 호기심을 끌고 있다. 드물지만 여성 매춘부만 있는 것이 아니라 남성도 있고 성 전환자도 있다.

오스트리아에는 자기 나라 여성보다 동유럽 이주민들의 매춘부가 훨씬 더 많다고 한다. 과거 공산주의 치하에 살던 동유럽 국민이 일자리를 찾아 오스트리아 등지로 이주하면서 생계를 유지하기 위한 수단으로 매춘을 행한다. 그 밖에 대표적인 매춘 허용 국가로 브라질을 손꼽을 수 있다. 성 개방 풍조와 성적 자유가 보장된 이 나라에서는 전문적인 매춘부뿐 아니라 가정주부나 여학생, 일반 여성들도 돈벌이로 매춘한다.

경제가 낙후된 후진국이나 개발도상국 역시도 매춘에 쉽게 노출돼 있다. 카페나 길거리에서도 매춘부를 만날 수 있고, 호출까지 가능한 나라가 많다. 그들은 법적 허용 여부를 떠나 가난 때문에 매춘하는 여성도 많은데 미성년도 적지 않아 사회문제가 된다.

우리나라도 개발도상국 시기였던 1960년대에서 2004년 성매매방지법, 성매매방지특별법 등이 제정되기까지 곳곳에서 집창촌을 볼 수 있었다. 가난한 농촌 출신의 젊은 여성들이 상경해 돈벌이 할 마지막 수단으로 매춘에 나서기도 했다. 가정부(식모)로 일하면서 주인 남자의 성추행이나 성폭행에도 속수무책으로 당했다. 억울함을 호소할 마땅한 방법도 없었다. 전국 어디든지 집창촌이 있었으며 특히 기차역이나 버스 터미널 주변에 집중돼 있었다. 서울역 앞의 양동, 종삼(종로 3가), 청량리 588, 용산역, 영등포역 그리고 파주 용주골, 인천 옐로하우스, 부산 완월동 등지에는 유명한 대형 집창촌들이 있었다.

호스티스들이 있는 술집에서는 이른바 '2차'라고 불리는 매춘이 있었으며 모텔, 여관 등 어떤 숙소에서든 매춘이 가능했다. 다방의 여종업원들도 손님이 원하는 곳으로 차 배달하며 매춘하는 경우도 있었다. 안마 시술소에서도 이루어졌다. 여학생들의 이른바 '원조 교제'도 근본적으로 매춘이었다.

2004년 성매매방지법, 성매매방지특별법이 제정돼 법적으로 매춘이 금지되어 겉으로는 억제되는 듯했지만, 노골적인 성매매가 아니라 유사 성행위 업소들이 늘어났으며 은밀하게 숨어들어 확산되는 풍선 효과를 가져왔다.

성은 인간의 원초적 본능이다. 동물이나 인간이나 성행위가 없으면 종족 보존도 없다. 특히 자기 후손을 퍼뜨리려는 본능으로 남성들의 강렬한 성적 욕구를 탓할 수는 없다. 요즘 성매매가 도덕적으로 그릇된 행동이라는 것을 인식하면서도 성매매방지법 등과 관련해서 '성적 자기 결정권'이 제기되는 것을 마냥 비난만 할 수는 없다. 인류가 멸절되지 않는 한 매춘은 사라지지 않는다. 아마도 인류의 가장 오래된 풍속으로 영원히 이어질 것이다.

인도의
성(聖)스러운
성 풍속

인도인들은 성이란 신에게 접근하는
수단이라고 믿는다. 성을 통해 모든 번뇌를 해탈하고
최고의 경지 '니르바나'에 이를 수 있다고 믿는다.

성(性)은 인도인들의 삶에서 절대적인 가치였다. 그것은 힌두교의 영향이 크다. 힌두교는 곧 인도이며 인도는 힌두교라고 말하듯이, 힌두교가 인도인들의 삶을 지배해왔다. 인도에는 무려 약 3억 5천만 개의 신이 있다고 한다. 살아 있는 모든 생명체에 신이 있다고 여긴다. 힌두교도 유일신이 아니라 수많은 신이 있다. 그 가운데 창조의 신 브라흐마(Brahma), 보존의 신 비슈누(Vishnu), 파괴의 신 시바(Siva 또는 Shiva)를 힌두교의 3대 신으로 손꼽는다.

특히 시바는 3대 신 가운데서도 많은 인도인이 숭배하는 신이다. 시바는 복잡하고 이율배반적인 성향을 지닌 신이다. 시바는 파괴의 신이면서 재창조(재건)의 신이다. 위대한 고행자이자 관능의 상징이라는 이중성을 가지고 있다.

시바 신은 샤크티(Sakti)라는 부인이 있으며 두 아들과 함께 히말라야에 살며 황소를 타고 돌아다닌다. 그는 무려 1천 년 동안 금욕했지만 다른 신들이 보낸 매춘부의 유혹에 넘어가기도 했다. 그를 모시는 사원이나 사당에는 링가(Linga)라는 남근상(男根像)이 놓여 있다. 남자의 성기가 그의 상징이다. 부인 샤크티의 상징은 '요니(Yoni)'로 여성의 음부다.

힌두교에서는 우주에 엄청난 에너지가 있다고 하는데, 크게 나눠 정신적 에너지와 성적 에너지다. 이 두 에너지가 조화를 이루어야 참다운 삶을 영위할 수 있다고 믿는다. 다시 말하면 밖으로 표출되는 성적 에너지를 정신적 에너지로 바꿔서 내부로 끌어들여야 한다는 것이다. 그것이 신에게 접근하는 길이라고 믿어 욕망(性)과 금욕을 생활화한다. 이율배반적 신인 시바도 욕망(관능)의 신이자 금욕의 신이다.

금욕은 욕망을 전제로 한다. 욕망이 있어야 금욕도 있다. 인도인들은 성이란 새로운 것을 창조하는 힘이며 신에게 접근하는 수단이라고 믿는다. 성을 통해 모든 번뇌를 해탈하고 최고의 경지 '니르바나(nirvana)'에 이를 수 있다고 믿는다. 니르바나는 '열반(涅槃)'이다. 스님들이 숨졌을 때 흔히 열반했다고 말한다.

인도인들은 성 에너지가 끝나면 생명도 끝난다고 믿어 성을 활성화하려고 힘을 기울인다. 시바 신을 숭배하는 것도 성을 활성화하기 위해서다. 시바의 성기인 링가와 부인 샤크티의 음부인 요니가 결합하는 것은 모든 존재를 재창조하는 행위로 인식하며 성을 그들의 삶에서 절대적인 가치로 여긴다. 성을 생활화하되, 음란하고 쾌락적인 성이 아니라 우주와 하나가 되는 성(聖)스러운 성이 되도록 노력한다. 그것이 탄트리즘이다.

'탄트리즘(Tantrism)'은 분리된 육체와 영혼이 에너지의 교감을 이루어 더 높은 차원으로 승화된다는 이념이다. 구체적으로 남녀의 성적 결합은 육체의 결합뿐 아니라 우주와 합일하는 것으로 인식하고, 성생활을 통해 현실에서 기쁨을 찾으라고 강조한다.

성생활을 활성화하기 위해 4세기경에는 〈카마수트라〉(Kama-sutra)라는 성 지침서도 나왔다. 카마(kama)는 욕망, 성애 등을 뜻하고 수트라(sutra)는 경전이라는 뜻이다. 세계에서 가장 오래된 성전(性典)이자 힌두교의 경전이다.

인도의 성자이자 철학자인 바차야나(Vatsyayana)가 예로부터 전해지는 성의 기술 등을 모아서 편집했다는 〈카마수트라〉에는 무려 108가지의 각종 성 체위를 그림까지 곁들여 구체적으로 소개한다. 마치 서커스, 아크로바트, 요가와 같은 성교 체위가 그렇게 많다는 것도 신기하려니와 고대 인도인들이 그런 성 체위를 실제로 활용했다면 얼마나 성에 탐닉했는지 알아볼 수 있다. 〈카마수트라〉는 섹스와 관련된 모든 지식을 모아놓았다. 남녀의 포옹과 애무에서부터 교접, 체위, 성적 기교까지 자세하게 기술하고 있어서 딸이 결혼할 때 어머니들이 반드시 넣어주는 가장 중요한 혼수품이었다고 한다.

중국의 전통 종교인 도교도 성생활을 강조한다. 〈카마수트라〉와 비슷한 시기에 성 교본이라고 할 수 있는 〈소녀경(素女經)〉도 나왔다. '소녀'라는 성에 통달한 여성이 황제에게 갖가지 성 기교를 설명하는 내용이다. 고대 중국인들도 노인들까지 성을 통한 불로장생과 회춘 등을 강조한 도교의 성생활 장려에 따라 성을 생활화했다. 그들이 실용주의에 치중했다면 힌두교는 육체와 영혼의 결합을 강조한 정신적, 이념적인 성이었으며 궁극적인 목적으로 우주와 하나가 되는 '범아일여(梵我一如)'였다.

〈카마수트라〉를 편찬한 바차야나도 책의 첫머리에서 "내일의 금으로 만든 잔보다 오늘의 놋쇠 잔이 더 낫다."라며 내세보다는 현실에서의 쾌락을 강조했다. 책의 마지막에서는 "이 책은 최고의 금욕과 정신 통일 때문에 일반 사람들의 생활에 도움을 주려고 만든 것으로 정욕(情慾)을 목적으로 만든 것은 아니다."라고 했다.

인도의 중북부에 카주라호(Khajuraho)가 있다. 호수가 아니라 인구 1만 명쯤 되는 도시의 이름이다. 지금은 한적한 시골의 작은 도시지만, 중세에는 찬드라 왕국의 수도였다. 찬드라 왕국은 이곳에 약 100년에 걸쳐 80여 개의 사원을 건축했다. 지금은 20여 개가 남아있으며 유네스코의 세계유산으로 등재돼 있다. 이 사원들은 19세기에 와서야 영국 군인에 의해 발굴됐다. 그런데 사원 외벽에는 섬세하고 사실적인 성행위 장면들로 조각되어 있어 유명하다. 남녀의 성행위를 표현한 것을 '미투나(Mithuna)'라고 하는데, 남녀의 정교한 체위의 성행위는 물론이고 집단 섹스, 동성애, 심지어 인간과 동물의 수간(獸姦) 모습까지 사실적이고 노골적으로 조각돼 있어서 똑바로 바라보기 민망하나 놀라움을 금할 수 없다.

성적 쾌락을 즐기는 현대인들도 그처럼 다양한 성행위를 즐길 수는 없을 것 같다. 오죽하면 이곳을 방문했던 인도의 지도자 마하트마 간디가 "모조리 부숴버리고 싶다."라고 했을까? 그러면 13세기의 왕국은 성적 쾌락을 추구하고 성적으로 매우 문란했던 것일까?

마치 캄보디아의 앙코르와트(Angkor-Wat) 사원의 모습과 비슷한 사원들의 벽면을 가득 채운 작은 인물 조각들을 자세히 살펴보면, 성애를 묘사한 '미투나'는 전체의 약 10%에 불과하고 대부분은 인도의 신화나 당시 인도인들의 생활상들을 묘사했다. 그런데 모두 미투나처럼 보이는 것은 사람들의 시선이 미투나에 집중되고 옷을 입지 않은 인물상의 모습을 보고서 전체적으로 미투나로 보는 것이다.

13세기의 찬드라 왕조는 여성들을 존중해서 남녀가 평등했고 남녀의 정신적 융합을 중요시하면서 남자와 여자는 성적 관계를 통해 완전해진다고 생각했다. 그것은 신의 뜻이며 신에게 더욱 가까이 다가갈 통로라고 인식했다. 그들은 성을 기뻐하고 즐기되 육체적 만족뿐 아니라 정신적 융합을 통해 종교적 이상향에 도달할 것을 강조하려고 '성애 사원'을 세웠다. 미투나에서 남녀 성행위는 무작정 난교가 아니라 부부 사이의 당연하고 성(聖)스러운 성행위를 묘사한 것이다.

성행위에는 예절이 있을 수 없고 논리가 있을 수 없다. 또 종교적인 어떤 목적이 있을 수 없다. 성행위의 결과가 어찌 되든 우선 성적 쾌감을 얻는 것이 목적이다. 힌두교에서 원하는 인도인들의 인생 4대 목표는, 종교적으로는 무척 복잡하지만, 쉽게 말해서 다르마(Dharma), 아르타(Artha), 카마(Kama), 목샤(Moksha)라고 한다.

'다르마'는 법이나 도의, 질서와 같은 것으로 우주 질서, 사회질서를 잘 지키고, '아르타'는 재물을 뜻하는 것으로 부를 축적해서 잘살아야 하며, '카마'는 성애를 뜻하는 것으로 정신적으로 즐겁고 만족스러운 성생활을 하고, '목샤'는 해탈, 깨달음을 뜻하는 것으로 수도 생활을 통해 윤회의 굴레를 벗어나 완전한 자유를 얻는 것이다.

인도인들은 네 가지 인생 목표 가운데 당연히 성애에 충실하고 탐닉할 수밖에 없었다. 성애가 정신적 만족을 얻기보다 현실적인 육체적 만족을 얻으려 하면서 세속화되어 음란한 쾌락을 추구해나갔다. 밖으로 향하는 감각적 쾌락을 내부로 끌어들이는 수행과 수련법들이 등장하게 됐는데, 대표적인 것이 '요가(Yoga)'다. 더욱이 시바 신은 요가의 신이다. 요가는 명상, 호흡, 스트레칭 등을 결합한 몸과 마음을 수련하는 방법이다.

고대 인도의 철학자로 '요가의 아버지'라고 불리는 파탄잘리(Patanjali)가 쓴 〈요가수트라〉, 즉 '요가 경전'이 있다. 이 책에서 파탄잘리는 요가는 마

파괴의 신, 시바 시바는 매우 복잡하고 이율배반적인 성향을 지닌 신이다. 시바는 파괴의 신이면서 재창조(재건)의 신이다. 위대한 고행자이자 관능의 상징이라는 이중성을 가지고 있다.

음의 작용을 없애는 것이라고 했다. 성적 욕구는 마음을 들뜨게 하고 흥분시킨다. 외부로 표출되는 이런 마음을 가라앉혀 움직임을 억제하는 것이 요가다. 즉 마음과 육신과 정신을 융화시키는 것이다.

인도인들이 절대적으로 숭배하는 시바 신이 이율배반적인 이중성을 가졌기 때문일까? 성에 탐닉하는 인도인들도 많지만 평생을 고행하며 수도하는 금욕주의자들도 많다.

최근 인도는 성폭행이 많이 일어나는 나라로 악명이 높다. 대담하게 버스 안에서 여러 명의 남자가 여자 대학생을 집단으로 성폭행하는가 하면, 데이트하는 남녀를 겁박해 남자를 묶어놓고 여자를 집단으로 성폭행한 사건도 있었다. 외국 여성들의 여행 장소로 가장 조심할 곳도 인도라고 한다. 그런데도 인도는 앞에서 설명한 것과 같이 가장 성스러운 성 풍속을 가진 나라다.

탄자니아 자라모족, 신혼부부 첫날밤 옆에서 지켜보기

배심원 같은 특정한 인물로 선정된 성 경험이
풍부한 중년 여성들이 신방에 신랑·신부와 함께 들어가
그들의 침대 바로 옆에서 모든 애정 행위를 지켜본다.

탄자니아는 아프리카 적도의 바로 아래, 동쪽에 있는 작지 않은 나라다. 인구는 6,700만 명이 넘고 면적도 약 94만 5천 km² 나 된다. 북쪽으로는 케냐, 서쪽으로는 우간다와 콩고, 남쪽으로는 모잠비크 등과 국경을 맞대고 있다. 동쪽은 해안이다.

도시화가 더디고 산업 발전이 느려 경제가 비교적 낙후된 농업 국가다. 약 120개의 부족이 국토의 약 30%가 되는 삼림지대에 흩어져 사는데, 국가에 영향력을 미칠 만한 아주 큰 집단은 없다. 그 많은 부족들 가운데 자라모(zalamo 또는 Saramo)족이 있다. 이들 중 일부는 대도시에 살지만, 대다수가 삼림지대에서 소부족 단위로 나뉘어서 농업과 사냥과 고기잡이 등으로 살아간다.

소수 부족 단위지만 족장이 있으며 울타리를 쳐놓고 그 안에서 함께 산다. 주변에 여러 다른 부족들이 있고 사용하는 언어가 다르고 신봉하는 종교가 이슬람, 기독교, 토착 신앙 등으로 다를 수는 있지만 큰 다툼은 없다고 한다. 자라모족이 관심을 끌게 된 것은 이 세상 어디에서도 찾아보기 어려운 독특하고 기이한 결혼 풍습 때문이다. 젊은 남녀의 결혼은 전통적인 절차에 따라 진행되니까 별로 눈여겨볼 것이 없지만, 신혼부부의 첫날밤 풍습이 참으로 기이하다.

젊은 남녀가 결혼해서 신혼부부가 되면 당연히 그들 부부만의 첫날밤을 맞는다. 남녀가 합궁하면서 정식으로 부부가 되는데 자라모족은 결혼식을 했어도 아직 정식 부부가 아니다. 첫날밤의 모든 애정 행위를 감시원들이 그 옆에서 지켜보고 합격해야 정식 부부가 된다. 대부분 양가 부모가 결정하지만 젊은 남녀의 결혼이 합의되면 신랑 신부의 양가에서는 먼저, 마치 배심원 같은 특정한 인물을 선정한다. 대개는 성 경험이 풍부한 중년 여성들이다. 이들이 신방에 신랑·신부와 함께 들어가 그들의 침대 바로 옆에서 모든 애정 행위를 지켜본다.

신혼부부만의 은밀한 첫날밤을 곁에서 눈을 부릅뜨고 지켜본다니, 도저히 이해가 안 된다. 신랑과 신부가 긴장되고 쑥스러워서 제대로 애정 행위를 할 수 있을지 궁금하다. 그들로서는 전통적인 풍습이니까 첫날밤을 잘 치러야 할 것이다. 배심원, 감사위원, 심사위원과 같은 양가를 대표한 중년 여성들이 하는 일은 예상대로 신혼부부의 애정 행위를 낱낱이 지켜보는 것이다. 먼저 벌거벗은 신랑과 신부의 신체부터 확인한다. 건강한 생활에 지장을 줄 만한 장애는 없는지 상처나 흉터는 없는지 신랑의 성기는 정상인지 등을 확인한다.

그다음 침대에 누운 신랑과 신부가 신체 접촉부터 애정 행위를 제대로 하는지, 신랑과 신부가 애정 행위에 반응은 있는지, 신랑은 발기가 제대로 되는지, 삽입은 원만하게 이루어지는지, 성교하는 시간이 길거나 짧지는 않은지, 성교 체위는 변화가 있는지, 성교할 때 신부의 반응은 어떤지, 신랑은 정상적으로 사정하는지, 사정한 정액의 분량은 적절한지 등등, 모든 애정 행위의 하나부터 열까지 꼼꼼하게 지켜보며 심사한다.

이런 기이한 풍습은 자라모족밖에 없을 것 같다. 많은 스태프가 지켜보는 가운데 포르노를 찍는 에로배우라도 그런 애정 행위를 할 수 있을지 의심스럽다.

더구나 신부는 반드시 처녀성을 입증하는 증거를 남겨야 한다. 심사위원들은 세심한 심사를 통해 신혼부부의 첫날밤을 평가해야 한다. 만일에 결과가 불합격이면 결혼은 무효가 된다. 반드시 합격해야만 그때부터 정식 부부로 인정받는다.

세상에는 별별 풍속이 다 있지만 어쩌다 자라모족에게 이런 기이한 풍습이 왜 생겨났을까? 전통적인 모든 풍속과 풍습은 그것이 생겨날 만한 배경과 계기가 있다. 자라모족에게도 기이한 결혼 풍습이 생겨난 이유가 있다.

그것은 부모의 결정에 따라 결혼이 이루어지는 데 원인이 있다. 남녀 양가의 부모끼리 정혼하니까 배우자의 얼굴도 모르고 결혼하는 경우가 많았을 것이다. 우리나라도 조선 시대 부모끼리 정혼으로 배우자의 얼굴조차 못 보고 혼인하는 경우가 많았다. 자라모족도 신랑과 신부가 얼굴도 모르고 처음 만나 결혼하면서 예상치 못했던 많은 부작용이 있었을 것이다.

신랑이나 신부가 장애인이라든가, 고칠 수 없는 난치병이 있다든가, 정신이상자라든가, 신랑이 성불구자라든가…. 이런 사실들이 결혼식을 치른 뒤에 밝혀지면 큰 문제가 발생한다. 자라모족도 그런 부작용, 결혼 후유증으로 양가가 충돌하는 경우가 있었을 거고, 결혼식을 올렸더라도 첫날밤에 검증하기로 양가의 합의가 이루어졌을 것이다. 자라모족은 이혼도 쉽게 이루어지는 것을 보면 알 수 있다. 비록 정식 부부가 됐더라도 아내가 외도하고 이 사실을 남편이 알면 얼마든지 이혼을 요구한다. 남편은 아내의 부친(장인)에게 이혼장을 보낸다. 그러면 장인이 딸의 남편(사위)을 찾아와 이혼 사유를 묻고 남편(사위)의 주장이 타당하면 딸과의 이혼을 수용한다.

이처럼 모든 민족과 종족의 풍습은 그들이 살아온 환경에서 태동한 그들만의 생존 방식으로 인류가 공동체를 이루고 살아온 발자취이다. 다시 말하면 우리 인류의 역사이기 때문에 영원히 소중한 가치가 있다.

베트남 자오족, 누구나 하룻밤 사랑을 허용

자오족의 성 개방은 쾌락 추구가 아니라 생존을 위한 간절한 노력이다. 하룻밤의 정사는 오래된 자오족의 관습이다.

중국을 비롯해 인도차이나반도의 라오스, 캄보디아와 국경을 맞댄 베트남 최북단의 사파(Sapa) 지역은 열대몬순기후대인 베트남답지 않게 기후가 서늘해서 주목받는다. 평균 고도가 1,600m가 넘는 고원지대로 프랑스의 지배를 받던 시절에는 프랑스인들의 피서지로 '베트남의 스위스'라고 불리며 주목받았다. 이 지역이 현재에도 주목받는 것은 수많은 소수민족이 밀집되어 '소수민족의 박물관'이라고 불리기 때문이다. 10여 개의 소수민족이 흩어져 살고 있는데, 누구라도 여러 소수민족의 특색 있는 마을을 찾아볼 수 있어 외국 관광객들에게 인기가 높은 지역이다.

사파 지역의 소수민족 가운데 자오(Dao)족이 있다. EBS에서 〈자오족 여인의 길〉이라는 다큐멘터리를 방영했었다. 이들에게는 특이한 전통적 관습이 있다. 주말이면 시골 마을인 박하(Bac Ha) 등에서 우리의 장날 같은 큰 시장이 서는데, 온갖 생필품을 사고파는 것과 관계없이 많은 사람, 특히 젊은이들이 모여든다. 그곳에서 일종의 사랑 시장(love market)이 열리기 때문이다. 이들은 수많은 사람 사이를 오가며 짝을 찾다가 서로 눈빛이 마주치고 감정이 통하는 느낌이 들면 즉석에서 짝을 맺는다. 요즘 표현으로 남녀가 '썸'을 탄다고 해서 사귀는 것이 아니다. 하룻밤 즉석에서 같이 자며 애정 관계를 갖는다. 이른바 하룻밤 사랑이다.

즉석에서 상대하는 이성의 신분을 알 수도 없거니와 알 필요도 없다. 기혼, 미혼을 가리지 않고 낯선 남녀가 하룻밤 섹스를 즐기면 그만이다. 자오족의 미남 미녀는 많은 이성이 앞다퉈 접근하기에 매주 다른 파트너를 만나 성관계를 즐긴다. 그야말로 '성의 천국'이다.

하룻밤 성관계로 임신하고 아이가 생겨도 부끄러워하며 숨기지 않고 오히려 온 마을의 경사로 축하받는다. 더욱이 처녀가 임신하면 주민들이 기뻐한다. 그러면 결혼은 어떻게 할까? 자오족은 남녀가 정식으로 결혼한다. 배우자는 하룻밤 상대였을 수도 있고, 그와 관계없이 연애 또는 중매로 결정할 수 있다. 어떠한 방법으로든 서로 결혼할 의사를 확인하면 남자는 여자의 집에 들어가 며칠간 노동을 하며 자신의 결혼 의사를 분명히 밝힌다. 여자 부모의 허락을 얻어도 결혼이 가능한 것은 아니다.

자오족은 전통적인 민간신앙을 신뢰하기에 궁합을 봐야 하고 만약 궁합이 나쁘면 결혼할 수 없다. 다행히 궁합이 좋고 여자 부모의 결혼 승낙 받더라도 또 하나의 절차가 남는다. 남자는 여자 측에 지참금을 내야 한다. 대체로 궁핍한 생활을 하는 그들로서는 지참금이 부담이다. 모든 절차가 원만하게 이루어지면 먼저 약혼하고 예비 신랑, 신부가 합방하고 잠자리를 함께한다. 정식으로 결혼식을 올리면 여자는 남자 집안(시댁)의 일원이 되고 아이를 낳으면 남편의 성을 따른다. 그런데 자오족은 모계사회가 아니면서도 여자가 가정의 주도권과 경제권을 갖는다. 집안의 살림은 물론, 육아 그리고 농사를 짓고 뜨개질과 자수 등으로 수공예품을 만들어 팔아 생계를 유지한다. 모든 고된 일은 여자가 다 하고 남자는 그저 살림 도구나 농기구 손질 따위로 소일한다. 자오족 여인의 삶은 참으로 고달프다.

EBS의 다큐멘터리 〈자오족 여인의 길〉에서도 자오족 여성의 고달픈 삶을 다뤘다. 농사에서 조금이라도 틈이 나면 밤새워 수공예품을 만들어 머나먼 산길을 걸어 대도시 사파로 나가 길가에 좌판을 벌이고 외국 관광객들을 상대로 장사를 한다. 딸이 어머니를 따라가서 장사를 돕는다. 남자 친구가 있는 18세의 딸은 고단한 삶에 지친 어머니를 보면서 그것이 자오족 여인들의 삶이며 자신도 머지않아 그런 운명을 받아들여야 할 것이라고 말했다.

그러면 이 가난한 소수민족에게 어떻게 성적 자유, 성 개방 풍습이 생기게 됐을까?

첫째는 소수민족들의 오래된 성 개방 풍습이다. 성을 즐기려는 것이 아니라, 자녀를 많이 낳아 자기 민족의 구성원을 늘리고 노동력을 확보하려는 본질적인 욕구에서 비롯된 것이다. 자오족도 산등성이를 깎아 만든 비좁은 계단식 논에서 기본 식량을 얻는다. 높은 산등성이를 가득 메운 계단식 논은 외지인들이 보기에는 아름다운 풍광을 보여주지만 농사 짓는 자오족에게는 더없이 고달픈 삶의 터전이다. 노동력이 부족한 가족에게 노동력의 확보는 필사적인 생존 수단이다. 자오족의 성 개방은 쾌락

추구가 아니라 생존을 위한 간절한 노력이며, 하룻밤의 정사는 이미 오래된 자오족의 관습이다.

고산지대의 비교적 낮은 곳에서 무리를 이루고 살아가는 자오족도 휴대전화를 가질 만큼 문명화됐다. 그런 문명화와 함께 그들의 하룻밤 정사도 차츰 사라져가겠지만 그들이 오랫동안 견지해온 풍속 또는 관습이니만큼 쉽사리 없어지진 않을 것이다.

니제르 와다베족, 여성에게 성의 자유를 용납하다

축제가 시작되면 와다베족의 남녀가 함께 어울려
흥겹게 춤을 춘다. 춤추는 것만 목적이 아니고
춤추는 동안 여자들이 남자를 고른다.

서 북부 아프리카, 사하라사막에 걸친 니제르는 가난한 나라다. 북
부 3분의 2가 사막지대이며 열대성 기후로 무척 덥다. 낮과 밤의
기온교차가 심해 여름철 낮에는 섭씨 40도 이상이고 밤에는 15~16도로
떨어진다. 7~8도로 떨어지는 지역도 있다. 비교적 국토가 넓은 나라지만
이 나라에는 철도가 없고 교통은 도로 교통뿐이다. 니제르에는 국민의 절
반 이상을 차지하는 하우사(Hausa)족을 비롯한 투아레그(Tuareg)족 등 여
러 부족이 있다. 니제르 국민의 약 10% 안팎인 투아레그족은 용맹스러운
부족으로 독립을 선언하고 니제르 정부군과 자주 내전을 벌여서 불안한
정국을 계속되게 만든다.

　　니제르의 여러 부족 가운데 와다베(Wodaabe)족도 있다. 이들은 전통적

으로 니제르 북부 깊숙한 사막지대에서 유목 생활을 해온 부족이다. 건조한 사막지대에서 가난과 물 부족으로 시달리는 것 이외에는 별다른 특징이 없는 부족이지만 이들의 성 풍습만은 충격적이다.

무더운 니제르에 7~9월이 우기인데 와다베 부족이 사는 사막지대에도 작은 양의 비가 내린다. 물 부족에 시달리는 그들로서는 더없이 반가운 우기다. 우기가 끝나는 9~10월경 와다베족은 자신들만의 축제를 연다. '게레올(Gerewol)'이라고 부르는 축제에는 와다베족 1만여 명이 참가할 만큼 규모가 큰데, 실로 특이하고 충격적이다.

'게레올 축제' 날짜가 결정되면 와다베족 성인 남자들은 한결같이 들뜬 분위기에서 치장한다. 키가 크고 잘생긴 남자들은 얼굴 화장을 하고 머리를 가다듬고 장식물들을 걸치는 등, 치장하는 데 무려 7시간을 들인다는 것이다. 종일 자신을 아름답게 꾸미는 데 시간을 들이는 까닭에 이 축제를 미남 대회라고 말한다. 축제가 시작되면 와다베족의 남녀가 함께 어울려 흥겹게 춤을 춘다. 춤추는 것만 목적이 아니다. 춤추는 동안 여자들이 남자를 고른다. 여자들의 관심을 끌려고 정성껏 치장한 남자들은 여성들을 눈여겨보며 자기 마음에 드는 여성에게 선택되기를 기대한다.

여성들은 미혼, 기혼을 가리지 않고 모두 참가하는데, 오히려 기혼 여성들을 위한 축제이다. 남편이 있는 기혼 여성들도 미남을 찾는다. 여성들은 건장하고 잘생긴 남자를 찾지만, 남자들은 주로 여성의 가슴을 살펴본다고 한다. 와다베족 남자들은 가슴이 큰 여자를 선호한다.

여자의 유방은 여성의 상징이자 아기에게 젖을 주는 생명력과 생산력을 상징하기도 한다. 남자가 여자의 유방을 좋아하는 것은 여러 가지 복합적 본능이다. 특히 남성들이 자기 유전자를 퍼뜨리려는 여성의 가임 상태를 상징하기에 큰 유방을 선호한다. 섬세하고 겸손한 작은 유방을 선호하는 후천적인 성향도 있다.

남성들이 큰 유방을 선호한다지만 그것이 반드시 결혼 조건은 아니다. 어느 통계에 의하면 남자의 약 75%가 여자의 유방 크기와 상관없이 배우자를 선택한다고 한다. 게레올 축제에서 여성이 남자를 선택하면, 남자는

니제르의 와다베족 여성들 자기가 좋아하는 남성을 선택해서 성관계를 가진 기혼 여성은 남편과 이혼하고 그 남성과 결혼할 수도 있다고 하니까, 성적 자유가 허용된 여성들에게는 천국이나 다름없다. 와다베족에게는 왜 이런 특이한 성 풍습이 생겼을까?

무조건 그 여자와 성관계를 맺는다는 것이 충격적이다. 축제에 참여한 여성 대다수가 남편이 있는 여성인데도 남자들은 의무적으로 성관계를 가져야 한다는 것이다. 여성이 선택했기에 남성은 아무런 책임도 없다. 더욱이 기혼 여성의 남편도 불만을 느끼거나 항의도 할 수 없는 것이 오래전부터 이어져 온 전통적인 관습이기 때문이다.

자기가 좋아하는 남성을 선택해서 성관계를 가진 기혼 여성은 남편과 이혼하고 그 남성과 결혼할 수도 있다고 하니까, 성적 자유가 허용된 여성들에게는 천국이나 다름없다. 와다베족에게는 왜 이런 특이한 성 풍습이 생겼을까?

삭막한 사막지대에서 가축을 키우며 살아가는 와다베족 여성들은 오로지 일만 해야 할 뿐, 취미나 오락 거리를 가질 수 없을 만큼 삶 자체가 사막처럼 삭막하다 보니 그런 여성들을 잠깐이라도 위로하고 무엇인가 즐거움을 주려는 의도였던 것으로 보인다. 현대사회의 '여성의 날'과 같은 개념으로 '게레올'이라는 특이한 성의 축제가 탄생해서 그 기간만큼은 자유롭게 성관계를 허용하지 않았을까?

어린아이까지
성관계하는
뉴기니 트리브리안드 군도

뉴기니 부족의 남자들에게는 여성이
성관계를 거부하는 것이 이상해 보인다.
그들은 낯선 여성들을 완력으로 강간한다.

넓은 태평양에는 수없이 많은 섬이 있다. 특히 남태평양에는 1천 개가 넘는 섬들 중 뉴기니섬은 그린란드에 이어 세계에서 두 번째로 큰 섬이다. 이 섬은 절반으로 나뉘어 왼쪽은 인도네시아령이고 오른쪽은 파푸아뉴기니다.

태평양의 그 많은 섬에도 대부분 사람이 산다. 수만 년의 긴 역사를 가진 종족도 있지만 대체로 약 4천 년 전부터 이곳에 사람들이 살았다. 태평양 섬들의 원주민은 폴리네시아인, 멜라네시아인, 미크로네시아족으로 나누는데 이들 대다수가 수천 년 전 동남아시아에서 건너간 종족들로 알려졌다. 오스트레일리아의 북쪽, 인도네시아의 동쪽에 있는 뉴기니섬과 그 주변의 많은 작은 섬에는 일찍부터 멜라네시아인들이 살아왔다.

열대성 기후의 뉴기니섬의 중앙 부분은 해발 4,000m의 고산지대여서 주민 대부분은 섬의 해안 지대에 산다. 하지만 고산지대와 해안 지대 사이에는 넓고 울창한 정글로 분리되어 서로 연결되는 교통망도 없다고 한다.

파푸아뉴기니만 해도 800개가 넘는 부족들이 현대문명과 완전히 격리된 채 고산지대에 살며 오랫동안 고립돼 있어서 저마다 고유 토착 언어를 가졌다. 이러한 실태는 뉴기니섬 주변의 작은 섬들이 모인 군도(群島)나 제도(諸島)들도 예외가 아니다. 뉴기니도 서구 열강의 해양 진출이 활발할 때 발견됐다. 그들이 침략을 감행하면 원주민들은 천연두 등, 서구에서 들어오는 각종 전염병에 의해 절멸하거나 그들의 최신 무기에 굴복했다. 뉴기니의 수많은 부족은 자연스러운 면역력 덕분인지 각종 전염병에 전혀 상해를 입지 않았다. 서구 열강이 뉴기니의 각종 풍토병에 시달리다가 철수하고 말았다. 그 때문에 뉴기니의 부족들은 더욱 고립될 수밖에 없었다.

뉴기니섬 파푸아뉴기니의 남동쪽에 지도에는 잘 나타나지도 않는 파푸아뉴기니에 속한 트로브리안드(Trobriand)라는 제도가 있다. 이 작은 섬들에 사는 토착 부족이 있다. 외부에서 관심을 가질 이유가 전혀 없는 부족이지만 이들의 이해하기가 어려운 성 풍속 때문에 화제가 된다.

트로브리안드 부족은 모계 중심의 씨족 집단이다. 아이가 태어나면 모두 모계에 귀속된다. 이들은 여자아이는 6세, 남자아이는 10세면 성관계를 한다고 한다. 더욱이 사춘기에 이르면 여자는 정식으로 결혼하기 전까지는 아무런 제약도 받지 않고 많은 남자와 자유롭게 성관계를 가질 수 있다고 한다.

7~8월에 얌 축제를 열 때는 결혼한 여성이나 남성도 서로 감정이 통하면 얼마든지 성관계를 가질 수 있다고 한다. 얌(yam)은 열대지방의 뿌

리식물로, 고구마나 감자처럼 생긴 마(麻)의 일종으로 열대지방 부족들의 주식이다.

트로브리안드 부족은 이처럼 터무니없고 기이한 성 풍속을 갖게 됐을까 궁금하다. 파푸아뉴기니의 수많은 부족은 성에 민감해보인다. 파푸아뉴기니의 삼비아족은 성인식 때 나이 많은 전사의 정액을 받아 마셔야 용맹한 전사가 될 수 있고, 같은 지역의 어느 부족은 그들만의 축제에서 남녀가 몸을 부딪혀 비비기만 해도 성관계해야 하는 풍습이 있다고 한다.

반면, 에토로족은 남녀 간 성행위는 출산할 때만 가능하고, 그 밖의 성행위는 엄격한 금기 사항이며 동성애도 절대 허용하지 않는다니, 성행위가 폭넓게 허용되는 트로브리안드와는 정반대다. 짐작건대, 이들이 성행위를 크게 제한하는 것은 과거 이들도 성적 문란과 방종으로 많은 부작용이 있었기 때문일 것이다.

원시 부족이나 다름없는 생활을 하는 트로브리안드의 부족이 어린아이에게까지 성행위를 허용하는 독특한 성 풍습에 큰 관심을 가진 외국여러 나라의 인류학자들이 그곳을 찾아가 오랫동안 머물며 성 풍습을 연구한다고 한다.

그들이 성적으로 민감한 것은 여러 이유가 있다. 외딴섬이나 산속에서 원시적인 생활을 하는 그들은 작은 섬에 부족원 숫자도 적고 다른 부족을 만나기도 쉽지 않아 남자들의 동물적 본능인 성적 욕구를 해소하기 어려웠을 것이다. 젊은 남자들이 갖가지 말썽을 부리자, 일찍부터 성행위를 허용했을 것이다. 그것은 적은 부족원 숫자를 늘릴 종족 보존의 수단이었다.

인류학자들은 이러한 경우를 풍속이나 풍습은 환경의 영향을 받기 마련이고 어린 시절의 영향이 작용했다며, 현지에서 오랜 관찰을 통해 트로브리안드 부족의 특성을 지적했다. 그들은 원시인들처럼 시간개념이 없어 과거와 현재의 구별이 없어 어제 일어났던 일이 오늘 또 일어났을 때, 어제는 이미 지나간 과거이고 오늘은 현재라는 시간개념이 없으므로 한꺼번에 일어난 일로 인식한다는 것이다. 트로브리안드 부족은 어렸을 때부터의 성 경험이 오늘(현재)에 계속돼도 당연하게 생각한다.

인류학자들은 그들의 윤리와 도덕의 의식도 지적하고 있다. 그들은 구성체의 전통적인 관습이나 규율에 순종하는 것이 도덕이며 자신들의 전통적 규율에 순종하지 않으면 비윤리적 행동이 된다. 그들 부족이 어린 나이 때부터 성관계를 해왔다면 그런 관습을 따르는 것이 그들에게는 윤리 도덕적인 행동이고 그것에 따르지 않는다면 비윤리적인 행동으로 손가락질당한다고 여긴다.

또 하나의 특성은 그들의 구성체가 수평 관계라는 것이다. 그들에게는 족장을 비롯한 서열이나 계급 그리고 권위의식이 없으며, 여성 중심의 모계 집단으로 모든 관계가 수평으로 이루어져 어머니 중심 씨족의 결속력이 매우 강하다. 남자들은 자신들의 성행위에 아무런 책임을 가지지 않고 성관계를 가진 여자가 임신해서 아이를 낳으면 어머니 중심의 씨족에게 귀속되고 남자는 아무런 비난도 받지 않는다. 나이가 어떻든 남자들이 성적으로 자유로울 수밖에 없다.

이러한 배경을 가진 트로브리안드 부족의 독특한 성 풍속의 옳고 그름을 가릴 수 없다. 현대의 도덕적 관념이나 기준으로 그들을 평가할 수는 없는 그들만의 전통적인 풍습일 뿐이다. 그런데 뉴기니 남자들이 성적으로 자유롭고 윤리적으로 아무런 죄의식도 갖지 않는 것이 큰 부작용을 가져온다. 뉴기니는 세계에서 강간 사건이 가장 많은 지역으로 악명이 높다. 뉴기니의 부족들은 다른 부족의 여성들이나 외국 여성 관광객들이 색다른 매력으로 보여 서슴없이 달려든다는 것이다.

뉴기니 부족의 남자들에게는 그들 부족 공동체와는 달리, 그들 여성이 성관계를 거부하는 것을 이상하게 여긴다. 그들은 낯선 여성들을 완력으로 강간하므로 모든 나라에서 자국민들이 뉴기니를 여행할 때는 여성 혼자 떨어지거나 깊은 오지로 들어가지 말 것을 당부한다.

부모가 어린 자녀에게
성 체험시키는
히말라야 렙차족

렙차족 부모는 말로서는 설명하기 어려운
성교육을 자신들의 몸을 이용한 실습으로
성을 가르친다고 한다.

인도의 동북부, 히말라야산맥에 병풍처럼 둘러싸인 네팔과 부탄이라는 나라가 있다. 두 나라 사이에 티베트 불교를 숭상하는 '시킴(Sikkim)'이라는 작은 왕국이 있었다. 시킴은 17세기에 왕국을 세웠으나 19세기에 영국의 보호령이 됐으며 1950년에는 인도의 보호국이 돼 인도의 영토에 포함됐다.

험준하고 척박한 히말라야의 산자락에 렙차(Lepcha)족이 살며 선조가 세운 시킴 왕국의 전통을 끝까지 지키고 있다. 부족의 전체 인구는 약 1만 5천 명이며 이 지역에 예티(Yeti)가 출몰한다는 전설적인 일화로 많이 알려진 곳이다. 예티는 침팬지보다도 더 몸집이 크다고 하지만 아직 실체를 찾아내지 못하고 흔히 '설인(雪人)'이라고 부르는 미지의 생명체다.

렙차족에게는 놀랄 만한 성 풍습이 있다. 남녀 구별 없이 자녀들이 10세쯤 되면 부모가 직접 성교육을 시킨다. 상식적인 범위에서 성교육을 시킨다면 크게 문제가 되지 않겠지만, 렙차족 부모들은 말로서는 설명하기 어려운 성교육을 자신들의 몸을 이용한 실습으로 성을 가르친다고 한다. 그 과정이 사실적이라고 하는데 신체 접촉, 즉 애무는 어떻게 하는지, 자녀들이 지켜보는 가운데 부모가 직접 시범을 보이고 부모가 어린 자녀를 애무하며 성적인 흥분을 유도하며 성욕을 자극한다는 것이다.

그뿐이 아니다. 부모가 직접 삽입 행위까지 가르친다. 자녀들 앞에서 벌거벗은 부모가 스스로 삽입하는 과정과 몸놀림, 체위 그리고 흥분된 감정과 절정, 남자의 사정 등을 보여준다. 또는 어린 아들에게는 엄마가, 어린 딸에게는 아빠가 직접 자녀들과 성행위를 하면서 남녀의 삽입과 성교를 구체적으로 세밀하게 가르친다고 한다. 어떻게 보면 부도덕해보이지만 렙차족에는 그럴 만한 이유가 있다.

인도의 중부 지역에 차티스가르(Chhattisgarh)라는 지역이 있다. 이곳의 삼림지대에 사는 무리아(Muria)족의 성 풍습도 렙차족과 비슷하다. 무리아족과 렙차족의 거주 지역은 지리적으로 떨어져 있지만 같은 인도에 속해 있어 관심을 가질 만하다. 무리아족은 인도의 가장 큰 토착 원주민들인 곤드(Gond)족의 분파로 알려져 있다. 곤드족은 원래 초지를 찾아 떠도는 유목민들이고 무리아족은 정착 생활을 하는 농경민들이 대부분이다. 무리아족은 여러 촌락으로 나뉘어 생활하는데, 이들의 성 풍습이 렙차족처럼 특이하다. 이들은 부족의 결속력이 뛰어나 대부분 사촌끼리 결혼하는 등 혈연을 이어가며 결혼 전에는 무한한 성적 자유를 허용한다. 남녀

노소를 가리지 않고 누구나 자유롭게 성적 자유를 즐길 수 있다.

이들에게는 '고툴(Ghotul)'이라는 청소년 혼성 기숙사가 있다. 고툴은 특별한 시설이 아니라 공회당 같은 큰 건물로 부족의 남녀 청소년들이 모이는 장소다. 기묘한 것은 어린아이부터 결혼하지 않은 청소년들이 이곳에서 성행위의 실습을 한다는 것이다. 성행위의 효과적인 방법과 상대하는 이성에게 성적 만족감을 주는 기술 등은 주로 기혼 여성들이 직접 자기 몸을 이용해서 청소년들에게 가르쳐준다.

성행위의 기술을 익힌 남녀 청소년들은 6세짜리부터 누구나 자유롭게 상대를 골라 성관계를 할 수는 있으나 상대방에게 깊은 애정은 가질 수 없어서 똑같은 상대와 사흘 밤 이상을 함께 자며 성행위를 하면 처벌받는다고 한다. 청소년들이 성적 자유를 누리다가 여자가 임신하고 아이를 낳으면 같은 촌락에 사는 부족 공동체에 입양된다고 한다. 아무런 책임도 없이 성의 자유를 누린다.

렙차족이나 무리아족이 일찍이 어린아이에게 성행위를 구체적으로 가르치고 허용하는 것은 성적 쾌락을 얻게 하려는 목적이 아니다. 빨리 임신하고 아이를 많이 낳게 하려는 소수 부족의 간절함이 풍습으로 전해졌다.

동물원에서 침팬지 새끼수컷들만 같은 우리에 넣어놓고 성장하기를 기다린 뒤, 발정기가 된 성체 암컷 침팬지들을 그 우리 속으로 넣어 교미할 기회를 주었다. 하지만 좀처럼 교미가 이루어지지 않았다. 새끼 수컷 침팬지는 성체들의 교미를 본 적이 없어서 교미할 줄 모르는 것이다. 거의 모든 동물이 본능적으로 교미하지만 본능보다 지능이 앞서는 유인원 등은 교미하는 모습을 직접 눈으로 보고 학습하기 전에는 제대로 교미하지 못한다는 것이다. 그 때문인지 렙차족이나 무리아족이 부모까지 나서서 희생적으로 어린 자녀들에게 성행위를 구체적으로 경험시키는 것이 아닌지 짐작만 할 뿐이다.

인도네시아 자바섬 솔로 부족의 기묘한 성 문화

파트너가 정해지고 그날 한 번만 성관계하는 것이 아닌 35일마다 열리는 축제 때마다 그 파트너와 7번을 성관계해야 한다.

인도네시아는 무려 17,000여 개의 크고 작은 섬들로 이루어진 섬나라다. 많은 섬 가운데 약 3,000여 개의 섬에 사람이 살다 보니 종족들도 많아서 대략 700~1,300여 개의 부족이 있다고 하는데, 자료마다 차이가 있어서 정확한 부족의 숫자는 알 수 없다. 이들이 사용하는 언어도 700여 개나 된다고 한다.

인도네시아는 고온 다습한 열대성 기후로 화산 폭발과 지진이 잦기로 유명하다. 약 7만 4천 년 전, 수마트라섬의 토바(Toba) 화산 폭발은 인류의 역사를 바꿔놓았다. 얼마나 위력이 컸던지, 화산재가 아프리카까지 날아갔고 태양을 가려 수십 년 동안 빙하기가 됐다는 것이다. 그래서 아프리카 동물들이 북쪽으로 이동했고 현생인류인 호모사피엔스도 이동해서 마침내 세계 곳곳에 인류의 발길이 닿게 되었다.

인도네시아의 섬들 가운데 그들이 플라우 자와(Pulau Jawa)라고 부르는 자바섬이 있다. 인도네시아에서 네 번째로 크며 가장 핵심이 되는 곳이다. 이 섬에 약 2억 8천만 명이나 되는 인도네시아 인구의 절반 이상이 살고 있으며 수도 자카르타도 여기에 있다. 무려 112개의 화산이 있고 그 가운데 35개가 지금도 불을 내뿜는 활화산이다.

자바섬이 역사적으로 유명한 것은 인류 진화에 빼놓을 수 없는 중요한 발자취를 남긴 곳이기 때문이다. 현생인류보다 앞서, 아프리카에 두 발로 똑바로 서서 걸었던 호모에렉투스가 있었다. 이들은 약 100만 년 전, 아프리카로부터 이동하기 시작해 마침내 아메리카 대륙을 빼놓고 지구의 거의 전 지역에 진출했다. 그리고 약 70만여 년 전에는 자바섬까지 진출했다. 그와 함께 좀 더 현생인류와 가깝게 진화함으로써 호모에렉투스와 차이를 보이는 새로운 인종이 탄생했는데 그들이 '자바원인(猿人, Java Man)'이다.

또한 약 10만 년 전에는 자바섬에 진화된 호모에렉투스가 있었는데, 이들이 호모에렉투스의 아종(亞種)으로 분류되는 '호모에렉투스 솔로엔시스(Soloensis)'로 약 2만 년 전에 멸종한 것으로 알려졌다. 여기서 눈여겨볼 것은 솔로엔시스라는 그들의 학명이다.

자바섬은 동서로 길게 뻗고 중앙에는 동서로 뻗은 산맥이 있다. 해발고도가 1,500m가 넘는 산맥으로 열대지방답게 울창한 삼림지대를 이룬다. 다행히 자바섬 중부에 솔로강(Solo River)이 흘러 자바인의 젖줄이 된다. 솔로강은 자바에서 가장 길며 강 유역은 사람 살기 좋은 비옥한 곳이어서 자바원인도 이곳에서 살았으며 솔로엔시스도 이곳이 삶의 터전이라

솔로엔시스라는 학명이 붙었다.

지금도 솔로강 유역과 고산 삼림지대에는 수많은 부족이 살고 있다. 부족마다 다른 언어로 소통이 어려워 제각기 오랜 역사의 독자적인 풍속과 풍습을 갖고 있다. 여러 부족이 마을을 이루고 있어서 어느 부족이라고 지목할 수는 없지만 솔로 마을 부족들에게는 그들만의 기묘한 성 풍습이 있다.

이들 부족에게는 오랜 역사를 지닌 부족들답게 수백 년 전부터 전해 내려오는 전통적인 축제가 있는데, 부족 단위여서 규모가 크지 않아 외부에는 잘 알려지지 않았다. 그들 가운데 어느 부족은 전통적으로 거주 지역의 그다지 높지 않은 야산에서 부락민들이 모여 축제를 연다.

특이하게도 이 축제는 35일마다 한 번씩 열어 한 해에 적어도 10번의 축제를 잇따라 치르고 그날은 부족의 남녀가 야산에 모여 춤추고 노래하며 한껏 흥에 도취한다. 축제는 그것으로 끝나지 않고 이곳에 모인 남녀는 남편이나 아내가 아닌 다른 이성과 성관계해야 한다. 파트너가 정해지고 그날 한 번만 성관계하는 것이 아닌 35일마다 열리는 축제 때마다 그 파트너와 7번을 성관계해야 한다. 그래야만 소원이 이루어진다는 토속신앙이 있다.

그렇게 몇 년이 지나면 부족의 기혼 남녀는 모든 부족 구성원들과 성관계를 맺은 사이가 될 것이다. 누구의 남편, 누구의 아내는 별 의미가 없다. 수백 년을 이어온 풍습이라니, 부족 전체가 성으로 얽혀 있다고 해도 과언이 아니다. 그들에게는 어쩌다가 이런 성 풍습이 생겼을까? 까닭을 전혀 짐작할 수 없지는 않다. 자바의 고원 산림지대는 무척 험하다. 산림 깊숙이 자리를 잡은 어느 부족을 찾아가려면 산속과 숲속을 적어도 몇 시간씩 헤매야 하므로, 소수의 부족은 자신들의 거주지에 갇혀 평생 고립된 생활을 한다.

남태평양의 여러 부족과 마찬가지로 섬나라 인도네시아의 문명과 격리된 부족들도 대부분 성적으로 개방적이다. 원시적인 생활을 하고 있어서 본능적으로 성적 욕구가 강하다. 소수 부족의 구성원들은 다른 부족 등, 외부와의 접촉이 어려워서 성적 욕구를 해소할 방법이 없다. 결국 서로 잘 아는 자기 부족끼리 성관계를 할 수밖에 없다. 그 때문에 후유증과 부작용이 많았을 것이며 같은 부족 구성원끼리 충돌하는 때도 많았을 것이다.

오래전부터 이어져 오는 축제를 빌미로 그때만큼은 부족에서 공식적으로 성적 자유를 허용했을 것이다. 그것도 자기 남편이나 아내와의 성관계는 별로 의미가 없다 보니 반드시 다른 이성을 파트너로 골라, 얼떨결에 한 번이 아니라 일곱 번씩이나 성관계하도록 정했고 그것이 되풀이되면서 풍습이 됐을 것이다.

에스키모인들은
아내를
손님에게 빌려준다

남편이 여러 날 동안 멀리 사냥을 떠날 때는
다른 부족의 남자에게 자기 아내와 동침해달라고,
자기 아내를 다른 남자에게 빌려준다고 한다.

몹시 추운 북방에 사는 민족들은 무더운 지역의 민족보다 보수적이다. 반나체로 살아가는 열대 지역 종족들은 비교적 성 개방 풍조가 강하지만 두꺼운 옷을 꽁꽁 싸 입어 추위를 막아야 하는 북방의 종족들은 환경 측면으로도 성이 보수적이고 폐쇄적이다. 북방 민족이라고 하면 먼저 얼음집에 사는 에스키모를 떠올린다. 우선 여기서 한 가지 짚고 넘어가야 할 것은 에스키모의 이글루(igloo)라는 얼음집이다. 그들은 마치 둥그런 천막을 친 것처럼 얼음으로 만든 작은 돔 모양의 얼음집에서 사는 것으로 알려졌지만 사실은 그렇지 않다.

어떻게 얼음집에서 산다는 말인가? 추운 지방에 살려면 집 안에 난방도 해야 하고 불을 이용해 취사도 해야 하는데 얼음집이 가능한가? 얼음이 모두 녹아버릴 것이다.

이글루는 에스키모인들이 여러 날 멀리 사냥을 하러 떠났을 때 눈과 얼음이 덮인 벌판에서 잠시 머무르는 베이스캠프 같은 것, 즉 잠시 야영하는 곳이다.

에스키모(Eskimo)는 '날고기를 먹는 사람들'이라는 뜻이다. 외부에서 붙여준 이 명칭을 에스키모들은 몹시 싫어한다. 자신들을 이누이트(Inuit)로 불러주기를 바란다고 한다. 이 말의 뜻은 '인간'이다. 에스키모인은 다 합쳐도 몇만 명이 안 되지만 그것도 하나의 종족으로만 분류되지는 않는다. 일반적으로 크게 이누이트족, 알류트(Aleut)족, 유피크(Yupik)족으로 나

에스키모 유피크족 에스키모인은 다 합쳐도 몇만 명이 안 되지만 그것도 하나의 종족이 아니다. 일반적으로 이누이트족, 알류트족, 유피크족으로 나뉜다.
사진: 에드워드 커티스, 1930년 Nunivak Gup'ig 엄마와 아이

누는데 드넓은 시베리아에서 그들이 사는 곳도 제각기 다르다. 그 가운데 이누이트족이 가장 많은데 이들은 북미 대륙 캐나다 북부의 그린란드, 알래스카와 러시아 가장 북쪽 지역의 동북 방면에 일부가 살고 있다.

에스키모는 중앙아시아와 몽골 등지에서 시베리아로 차츰 이주해온 종족들로 대부분 몽골 계통이다. 이누이트족이 북아메리카 대륙으로 건너갔지만, 아메리카 대륙의 원주민인 아메리칸 인디언과는 혈통이 다르며 이들보다 훨씬 늦게 이주했다고 알려졌다. 몹시 춥고 건조한 시베리아에 살았기에 그곳에는 바이러스나 세균이 없어서 그에 대한 면역이 전혀 없지만, 더운 지역보다 평균적으로 오래 산다. 병균에 대한 면역력이 없어서 북극해 근처에 사는 에스키모들을 따뜻한 미국으로 이주시켰더니 한 달도 못 버티고 모두 죽었다고 한다.

에스키모는 세계에서 가장 넓은 한대 지역인 시베리아에서 뿔뿔이 흩어져 살았다. 특별한 조직도 없었고 주변의 같은 씨족에서 연장자가 우두머리였다. 가족 단위의 고립된 생활을 해오며, 농사를 전혀 지을 수 없는 지역이라서 사냥으로 생업을 이어갔다. 바닷가나 강가 쪽에 사는 부족들은 물개 따위를 사냥했고, 내륙지역에서는 야생동물을 사냥해서 먹거리와 의복 등을 마련했다. 이들은 딸의 탄생을 좋아하지 않았다. 왜냐 하면 여자는 사냥할 수 없어서 생산성이 크게 떨어지기 때문에 딸을 낳으면 대부분 영아 살해를 했다. 그러다 보니 결과적으로 여자가 부족했고, 독특한 성 풍습이 생겨났다.

에스키모는 광활한 지역에서 기껏해야 같은 씨족 무리와 연결될 뿐, 가족 단위로 고립된 생활을 함으로써 다른 사람들을 만날 기회가 없었다. 어쩌다 손님이 오면 더없이 반가웠고 정성껏 대접했다. 이것은 드넓은 초원의 몽골족과 같은 유목민들도 마찬가지였다. 집주인인 남편은 손님을 극진히 대접하며 자기 아내에게 성 대접을 하게 했다. 아내에게 낯선 남자와 동침하라는 건데 어떻게 그럴 수가 있을까? 만일 손님이 성 대접을 정중하게 거절하면 오히려 남편이 자기를 무시하는 것으로 불쾌하게 생각했다.

여자가 몹시 귀한 에스키모인들로서 남자들은 성적 욕구를 해소할 기회가 없어서 같은 에스키모인들끼리도 아내를 교환하며 색다른 섹스를 즐겼다. 남편이 여러 날 동안 멀리 사냥을 떠날 때는 다른 부족의 남자에게 자기 아내와 동침해달라고 부탁했다. 말하자면 자기 아내를 다른 남자에게 빌려준다.

에스키모인들에게는 어쩌다 성 풍습이 생겼을까? 오직 여자가 부족했기 때문일까? 반드시 그것만은 아니다. 에스키모인에게는 그것도 하나의 생존 수단이었다. 얼마 안 되는 씨족들이 멀리 떨어져서 살기에 그들 젊은이의 결혼이 큰 문제였다. 여자 부족도 문제지만 배우자를 찾기가 무척 힘들었다. 이들은 실제로 근친혼은 피하고 있으며 어쩔 수 없이 같은 씨족에서 배우자를 찾는 족내혼이 많다고 한다. 근친혼이나 족내혼은 생물학적으로 유전자의 다양성이 떨어지는 문제가 있고 우성(優性)의 후손을 얻기 힘들다고 알려졌다.

에스키모인의 선조들이 그러한 사실을 알았을지 모르지만, 기혼 여성이 낯선 손님 또는 다른 부족의 남자와의 사이에서 아이를 낳으면 다양한 유전자를 확보하는 것이 된다. 그래서 기혼 여성이 다른 남자에게서 임신하면 씨족사회가 모두 축하한다고 한다.

이러한 성 풍습은 넓은 초원에서 유목 생활하는 몽골족들도 마찬가지라고 한다. 그들도 기후와 환경은 다르지만, 에스키모와 인적 구성이 별로 다르지 않기에 손님을 극진히 대접하고 기혼 여성에게 성 대접하도록 잠자리를 제공한다.

이처럼 손님에게 아내를 빌려주는 것을 '과객혼(過客婚)'이라고 부른다. 몽골족은 무조건 아내를 빌려주는 것이 아니라 손님을 맞이한 씨족의 족장이 구성원들과 합의를 해야 한다. 합의 조건은 손님의 지적 수준과 외모 등이다. 합의되면 손님과 동침할 기혼 여성을 선택한다고 한다. 상대는 좋은 후손을 얻기 위해 우량한 남자 손님이어야 한다. 이러한 몽골족의 성 풍습은 원나라를 세운 칭기즈칸이 유럽을 원정할 때 그곳에도 전파됐다고 한다. 중세 유럽, 귀족 영주들은 자기 영지에서 농사짓는 농민 여성이 결혼하면 그 여성과 첫날밤을 치르는 초야권(初夜權)이 있었다고 한다. 이것 역시 유전자의 다양성 확보에 이바지했으며 몽골족들에게서 전파된 성 풍속이라는 것이다.

기이한 에스키모와 몽골족 등의 전통적인 성 풍습은 20세기까지 이어지다가 지금은 사라졌다고 한다. 그러나 고립 생활하는 일부 씨족사회에서는 여전히 유지된다고 한다.

Part 4

성대한 축제
그리고 이상한 축제

흑인 노예들의 애환이 빚어낸 브라질 리우 카니발

요란한 거리 축제에 불과했던
리우 카니발은 1930년부터 정부의
지원을 받아 획기적으로 성장했다.

남아메리카의 브라질은 남미 대륙 절반 가까이 차지하는 매우 큰 나라다. '세계의 허파'로 불리는 아마존의 약 3분의 2도 브라질 영토 안에 있다. 토착 원주민은 인디언이었지만 이곳을 처음 발견한 나라는 포르투갈이었다. 서기 1500년 포르투갈 해군 함대가 브라질의 대서양 해안에 상륙했다. 그들도 처음에는 이곳을 광활한 황무지로 생각했다. 그러나 지하자원이 풍부하다는 걸 알게 되었고, 큰 수익을 올리는 사탕수수와 커피 재배에 적합한 땅이라는 사실이 알려지면서 수많은 사람이 몰려들자 정식으로 그들의 식민지로 만들었다. 그 때문에 남아메리카의 모든 나라들이 스페인어를 사용하지만, 브라질만 유일하게 포르투갈어를 사용하고 있다.

근래에 와서 브라질이 세계적으로 명성을 떨치는 것이 축구와 흔히 '브라질 삼바 축제'라고 부르는 '리우 카니발'이다. 브라질 삼바 축제는 독일의 '옥토버 페스트', 일본의 '삿포로 눈축제'와 함께 세계 3대 축제로 손꼽힌다. 옥토버 페스트는 맥주 축제이고 삿포로 눈축제는 눈과 얼음 조각 등으로 유명한 축제다. 브라질 삼바 축제 역시 브라질 전체가 들썩이는 세계적인 축제다. 삼바 축제의 열광적인 분위기는 우리에게도 잘 알려져서 굳이 소개할 필요가 없을 것 같다.

이 축제의 배경과 유래에는 아프리카 흑인 노예들의 애환이 깃들어 있다. 한편 서로 다른 이질적인 풍속들의 결합이 얼마나 소중하고 가치가 있는지 지금부터 살펴보려고 한다.

브라질을 식민지화한 포르투갈인들은 광활한 지역에 사탕수수 농장과 커피 농장을 만들었지만, 노동력이 턱없이 부족했다. 얼마 안 되는 현지 원주민으로서는 어림도 없어서 아프리카 흑인 노예들을 수입하기 시작했다. 아메리카 대륙에서 흑인을 데려와 노예제도를 시작한 이래, 약 1,500만 명에서 4,000만 명이 강제로 끌려가 중노동에 시달리며 목숨을 잃었다고 한다. 우리가 상식적으로 북아메리카의 미국을 비롯한 카리브해의 여러 섬 국가에 흑인 노예들이 가장 많이 끌려간 것으로 알지만 실제로는 브라질에 흑인 노예가 가장 많았다. 16~17세기에는 브라질 인구의 약 3분의 1이 흑인 노예였다고 한다.

남녀 흑인 노예들의 삶은 비참했다. 고향 아프리카에서 영문도 모른 채 노예상들에게 강제로 끌려와 백인들의 농장에서 가축처럼 채찍을 맞아가며 중노동에 시달리는 그들에게 위로가 되는 것은 아무것도 없었다.

우리가 고통스러울 때 '하느님, 부처님!' 신을 찾듯이 흑인 노예들도 그들의 신에게 기도하며 엄청난 고난에서 구출해달라고 빌었다. 그것이 조금이라도 고통을 잊게 해주는 유일한 위안이었다.

흑인들의 절대적인 신앙은 부두교로, 만물에는 정령이 있다고 믿었으며 그들의 신은 로아였다. 그러나 포르투갈인들은 부두교, 토착 신앙에 매달린 흑인 노예들에게 자기들이 믿는 가톨릭 신앙을 가지도록 강요했다. 흑인 노예들이 좀처럼 그들의 신앙을 버리지 않자 포르투갈은 타협안을 제시했다. 원시 신앙을 믿어도 좋지만, 종교의식은 가톨릭의 예배 의식을 따르라는 것이었다.

기독교에는 사순 시기(四旬時期) 또는 사순절이라는 기념 행사가 있다. 예수 그리스도가 광야에서 40일간 금식한 것을 기려 일요일을 제외한 40일 동안의 금식 기간을 '사순 시기'라고 한다. 그러나 40일 동안의 금식은 무리여서 제2차 세계대전 이후에는 수요일, 금요일의 이틀 동안만 금식하게 한다.

사순 시기가 시작되기 직전에 3~7일에 걸쳐 축제를 여는데 이것을 '사육제(謝肉祭)'라고 한다. 앞으로 40일 동안 금식하며 주식인 고기를 먹지 않을 것을 다짐하는 축제다. 이것이 영어로는 '카니발(Carnival)'이다. 스페인어에서 고기를 뜻하는 'carne'에서 비롯됐다고 한다. 특히 가톨릭에서는 전통적으로 사순 시기, 사순절, 카니발을 중요시했다.

포르투갈은 지금도 국민 약 95%가 가톨릭을 믿는다. 당연히 17~18세기에도 절대적인 가톨릭 국가로서 브라질의 포르투갈인들도 사육제(카니발)를 실천하면서 흑인 노예들의 가톨릭 개종을 권장하는 속셈으로 적극적으로 참여하도록 지시했다.

흑인 노예들에게도 더없이 좋은 기회였다. 그들은 외면적으로는 가톨릭 행사인 사육제에 참여하는 것이지만 실질적으로는 고향 아프리카에 대한 향수와 풍속, 풍습 그리고 자신들의 신앙 등, 모든 것을 담아 그동안 쌓이고 쌓인 한을 한꺼번에 풀어내고 고통을 잊으려는 듯 격렬하게 발산했다. 부두교 의식에서는 아프리카 타악기의 강렬한 연주에 맞춰 즉흥적으로 노래하고 춤을 추며 엑스터시, 즉 황홀경에 빠져든다. 그들이 춘 춤이 '삼바'였다.

'삼바(Samba)'는 아프리카 고유의 리듬과 장단에 맞춰 춤을 추는 원시음악에 포르투갈 전통 춤의 양식을 결합한 독창적인 춤이다. 삼바의 기원에 대해서는 여러 견해가 있다.

아프리카에서 흑인 여성들을 일컫는 잠바(Zamba)에서 유래했다는 견해도 있고, 서아프리카 지역의 전통 춤인 셈바(Semba)에서 유래했다는 견해도 있으며, 라틴아메리카에서 아프리카 흑인 여성 그리고 혼혈 여성을 경멸하는 모욕적인 표현 잠바(zamba)에서 유래했다는 견해도 있다. 아무튼 지금은 라틴아메리카 댄스로 브라질 민속무용이 돼 있다.

가톨릭의 사육제에서 경쾌하고 격정적인 삼바를 흑인 노예들이 열정적으로 춤을 추는 모습을 본 사람들은 경탄했다. 가톨릭의 사육제는 잊고 삼바에 크게 매혹돼 최고의 인기였다. 많은 사람이 열정적인 삼바를 다시 보고 싶어 했다. 이것이 삼바 축제인 '리우 카니발'의 기원으로 서로 다른 종교, 풍속과 풍속의 결합이 새로운 풍속, 새로운 문화를 창조한 것이다.

브라질 삼바 축제인 리우 카니발은 '리우데자네이루 카니발'의 줄임말이다. 원래 종교의식에서 시작된 카니발이 처음 열린 것이 1723년이라고 하니까 어느덧 300년이 됐다.

이 축제는 해마다 2월 초, 가톨릭 의식이었던 사순절 직전까지 약 5일간 리우 카니발이 시작된 리우데자네이루에서 열린다. 브라질 동부 대서양 연안에 있는 이 도시는 1960년까지도 브라질의 수도였으며 세계적으로 아름다운 항구도시다. 요란한 거리 축제에 불과했던 리우 카니발은 1930년부터 정부의 지원을 받아 획기적으로 성장했다. 배경에는 삼바가 세계적으로 인기를 끌자, 삼바 학교들이 등장하면서 삼바 경연 대회가 카니발의 중점적 행사가 되었다.

리우 카니발에서 퍼레이드하는 삼바 학교 모시다데 리우 카니발 축제는 삼바 축제라고도 사람들에게 많이 알려져 있다. 그만큼 카니발에서 삼바가 차지하는 비중은 크다. 삼바 학교는 축제를 준비하기 위해 설립된 학교다. 1928년 리우데자네이루의 흑인 빈민가 에스타시오데사에 최초로 설립되었다. 그 이후로 많은 학교들이 생겨, 매년 리우 카니발 축제에서 퍼레이드를 준비하여 서로 경쟁한다.

지금도 리우 카니발의 하이라이트는 삼바 행렬이며, 수많은 삼바 학교들은 축제에서 행렬 경쟁을 통해 정해진 순위에 들어야만 다음 해에 또 참가할 수 있다. 순위에 들지 못하면 탈락해서 다음 해에는 행진에 참여할 수 없으니 삼바 학교들은 일 년 동안 혹독하게 훈련하며 카니발 참가 준비를 한다. 여러 매스컴이 제공하는 영상을 통해 볼 수 있듯이, 삼바 행진은 삼보드로무(Sambódromo)라는 전용 공연장에서 진행한다.

이 공연장은 길이 약 700m로 9만 개가 넘는 관람석이 있다. 유료이며 구역에 따라 관람료가 다르다. 삼바 행진에 참여한 한 팀이 자신들이 준비한 프로그램을 보여주는 데 한 시간 이상이 걸린다. 수많은 삼바 팀의 행진에는 각자 자기만의 주제를 가지며, 춤과 음악 그리고 화려한 의상, 가장행렬 등이 주제에 맞춰 펼쳐진다. 또한 삼바 팀마다 5대 이상의 축제 차량을 동원하는데 감탄을 자아낼 만큼 화려하게 장식한다.

팀마다 수십 명, 때로는 수백 명으로 이루어진 타악기 연주단이 앞장서서 격정적인 삼바를 연주하며, 남녀 무용수들이 그들의 삼바 학교를 상징하는 깃발을 흔들며 춤을 춘다. 반나체의 미녀들도 눈길을 사로잡으며 각 지역의 전통 의상을 입은 여성 무용수들이 춤을 추며 행진한다. 또한 팀마다 화려하게 치장한 여왕 같은 주인공이 있는데, 그 위치에 오르려면 15년 이상의 경력이 있어야 한다고 한다. 세계 곳곳에서 수억 명이 화려한 카니발을 지켜보고, 축제 현장에 참석했던 사람들은 화려하고 멋진 행진 장면들을 보며 환호한다.

리우 카니발이 열리는 동안 브라질 전국에서 거리 공연과 무도회가 열린다. 어느 지역이나 수많은 지역 밴드가 있는데 이들은 리우 카니발이 시작되기 전부터 거리공연을 시작한다. 그러면 관중들이 자연스럽게 어울려 연주 음악에 맞춰 춤을 춘다. 가히 브라질 전국이 '광란의 축제' 열기에 휩싸인다.

리우 카니발은 사순절을 앞둔 사육제에서 태동했다. 기독교의 의식이었지만 브라질의 흑인 노예들은 이 의식에 참여하면서 토착 신앙인 부두교를 끌어들여 켜켜이 쌓인 노예들의 한을 풀어냈다. 또 거기에서 그친 게 아니라 향수가 가득한 고향 아프리카의 춤과 음악에 포르투갈의 민속 춤을 혼합시켜 삼바를 만들어냈다.

서로 다른 종교, 서로 다른 민속의 결합이 새로운 민속을 만들어내듯 풍속은 시대와 환경에 따라 크게 변화한다. 오늘날 리우 카니발은 오히려 종교성이 배제되고 삼바 춤의 축제로써 거국적인 문화적 페스티벌이 되고 있다.

성추행으로 얼룩지는 스페인 산 페르민

축제 참가자들은 군중을 포함해서 모두 흰옷을 입고, 목에는 붉은색 스카프를 맨다. 그리고 붉은색 허리띠를 착용한다.

스페인은 정열의 나라답게 유명한 축제가 많다. 수많은 축제 가운데 뒤이어 소개할 '라 마르세 축제' 이외에도 산 페르민 축제'(Fiesta de San Fermin)를 빼놓을 수 없다. 오랜 전통을 지녔을 뿐 아니라 〈노인과 바다〉로 잘 알려진 미국의 노벨문학상 수상 작가 어니스트 헤밍웨이가 사랑한 축제로 더욱 유명해졌으며, '황소 달리기'와 투우로 세계에 잘 알려진 축제이다. 또한 그밖에 이 축제가 유명한 이유가 또 있다.

'산 페르민 축제'는 스페인 북부 나바라주의 주도 팜플로나에서 해마다 7월 6일부터 14일까지 계속되는 스페인의 대표적인 축제 가운데 하나다. 원래는 종교적인 축제로 나바라주의 수호성인인 산 페르민을 기리는 축제였다. 오늘날은 오락적인 요소들이 많이 가미돼 매우 흥겨운 축제가 됐다. 이 축제가 12세기부터 시작됐다는 것을 보면, 아무튼 오랜 역사와 전통을 자랑한다. 해마다 축제가 열리면, 현지 주민들은 물론 스페인 각지에서 찾아온 내국인과 해외 관광객 등, 100만 명 이상이 몰려들다 보니 일주일간 계속되는 축제에 숙소가 크게 부족해진다. 축제 기간이 여름철이어서 노숙이 허용되므로 공원을 비롯한 길거리와 골목 등에서 많은 사람이 노숙을 한다.

축제의 특징은 옷차림에 있다. 군중을 포함해서 축제 참가자들은 모두 흰옷을 입고 목에는 붉은색 스카프를 맨다. 그리고 붉은색 허리띠를 착용함으로써 모든 참가자가 일체감과 유대감을 갖는다. 축제 내내 매일 오전에 흥겨운 행진이 펼쳐지는데 다른 축제와 마찬가지로 거인 인형 탈들의 가장행렬이 큰 인기를 끈다.

이 가장행렬에는 수많은 군중이 끼어들고 음악에 맞춰 춤을 추며 흥겨운 열기를 높이는데, 재미있는 것은 거인 인형 탈들이 행렬에 합류한 군중을 마구 때리는 것이다. 손상을 주지 않는 솜방망이 같은 것을 참가자들에게 휘두르는데, 맞지 않으려고 이리저리 피하는 혼란스러운 행동들이 웃음을 자아낸다.

축제의 명성을 드높인 최고의 하이라이트는 엔시에로(Encierro de Torros)라고 부르는 '황소 달리기'다. 축제 동안 매일 아침 8시에 시작되는 행사에는 산토도밍고 언덕에서 투우장까지 약 900m쯤 되는 거리를 몸무게가 600kg이 넘는 야생의 난폭한 황소 6마리가 최고의 속도로 달린다. 황소들이 달리는 코스 안에 수많은 인파가 몰려들어 황소와 함께 달리는데 그냥 달리는 남자들이 있는가 하면, 황소의 뿔을 잡거나 매달리려는 남자들도 있어서 박진감이 넘친다.

엄청나게 위험한 황소 달리기에 합류한 수많은 남자가 밀리고 넘어지며 황소의 뿔에 받혀 상처를 입는 등 아수라장이 된다. 남자들은 용기를 뽐내 성난 황소를 건드리지만 불과 2~3분밖에 안 걸리는 코스를 완주하는 남자는 거의 없다. 긴장감이 넘치는 흥분감이 고조되지만 많은 남자가 다치거나 목숨을 잃기도 한다. 1910년에는 황소의 뿔에 찔려 16명이 목숨을 잃었으며 2019년에도 39명이 상처를 입고 8명이 목숨을 잃었다고 하는데도 '황소 달리기'는 계속 이어지며 축제의 최고 볼거리가 되고 있다.

이 축제를 사랑하고 스스로 여러 번 참가한 헤밍웨이는 이렇게 썼다.

"모든 것이 비현실적이고 모든 것이 전혀 문제가 되지 않는 것처럼 보였다."

그는 자기의 불후의 명작 〈태양은 다시 떠오른다〉에서도 '산 페르민 축제'를 주제로 다루었다. 제1차 세계대전으로 좌절감에 빠져 무기력하게 방황하던 프랑스 파리에 살던 주인공이 여기에 참여하면서 용기를 얻어 삶의 새로운 방향을 적극적으로 모색한다는 내용이다.

군중은 '황소 달리기'에 직접 뛰어들지 않아도 긴장감 넘치는 행사를 편하게 관람할 수 있다. 황소가 달리는 코스 옆으로는 이중으로 된 울타리가 쳐졌기에 밖에서 충분히 구경할 수 있고, 주변 건물들의 발코니에서 빠짐없이 구경할 수 있다. 하지만 돈을 내야 한다. 발코니를 빌리는 비용이 우리 돈으로 무려 30만 원 안팎이 된다고 한다.

'황소 달리기'에 동원돼 투우장으로 달려간 황소들은 축제 다음 날부터 끝날 때까지 매일 밤 6시 30분에 열리는 투우 경기에 끌려나가 투우사들에게 희생된다고 한다.

일주일 동안 펼쳐진 축제는 7월 14일 자정에 대단원의 막을 내린다. 넓은 광장에는 흰옷에 붉은 스카프를 목에 매단 수만 명의 군중이 몸을 움직이지 못할 만큼 가득 메운다. 그들은 촛불과 붉은 스카프를 양손에 들고 축제 마침의 노래 'Pobre de mi'를 소리높이 합창하며 어울려 춤을 춘다. 피날레를 장식하는 이 노래는 '불쌍한 나'라는 뜻이다. 내년

로렌조 성당의 산 페르민 상 산 페르민 축제는 스페인의 북부 나바라 주의 수호성인이자 3세기 말 주교였던 산 페르민을 기리기 위해 매년 7월 6일에 나바라주의 주도인 팜플로나에서 개최되는 축제이다. 7월 6일 정오에 시작하여 7월 14일 자정에 끝난다. 매년 100만 명 이상의 관람객이 방문하고 있으며 헤밍웨이의 소설 〈태양은 다시 떠오른다〉에 등장하여 세계적으로 잘 알려진 스페인의 대표 축제이다.

에 다시 열릴 축제까지 기다려야 하는 내가 불쌍하다는 것이다. 참가자들은 왠지 가슴이 뭉클하고 눈시울이 붉어진다. 이러한 축제가 진정한 축제다.

앞에서 축제가 유명해진 또 다른 이유가 있다고 했는데 결코 바람직하지 않다. 이 축제가 항상 온갖 성범죄, 성추행으로 얼룩져 스페인의 사회문제가 된다. 무엇보다 수많은 스페인 시민들과 외국의 젊은 관광객들이 노숙하면서 별다른 통제 없이 자유롭게 어울리며 성추행을 발생한다. 몇년 전에는 다섯 명의 청년들이 19세 여성을 집단으로 성폭행하는 사건이 발생했고 그보다 훨씬 전이지만 20세 간호사가 목숨을 잃었다. 또한 엄청난 인파로 파도처럼 이리저리 몰리고 서로 부딪치면서 남자들이 의도적으로 여자의 가슴이나 엉덩이를 만지는 추행이 만연하지만 피해 여성들로서는 속수무책이다. 오히려 들뜬 분위기에서 자기 신체를 만지는 남자를 향해 웃고 손을 흔들거나 포옹하고 입 맞추는 여성도 있다.

이처럼 성추행이 만연하자 당국에서는 수천 명의 현지 경찰을 동원해서 통제하지만 별 효과가 없이 오히려 치안 경비에 참여했던 여순경이 성폭행당했다. 그러자 주민들과 시민단체들까지 나서서 대규모 항의 집회를 열기도 하지만, 온갖 성추행이 근본적으로 해결되지 못하는 실정이다. 어느 곳에서나 흥겨운 축제를 열려면 반드시 올바른 시민 의식과 체계적인 질서가 뒤따라야 한다.

볼거리가 끝없이
벌어지는
스페인 라 메르세

라 메르세 축제는 바르셀로나의 수호성인인
성모마리아를 기념하는 종교적인 큰 행사에서
비롯돼 어느덧 120여 년의 전통을 지녔다.

'축제(祝祭)'는 제사를 뜻하는 '제(祭)'가 붙어 있듯이 원래 종교, 신앙
적인 대대적인 기념행사(carnival)에서 비롯됐다. 오늘날에는 규모
가 큰 행사(festival)는 거의 모두 축제라는 이름을 붙인다. 진정한 축제는
전통성이 있고 연희자(演戱者)들뿐 아니라 지역사회 주민을 비롯한 군중
이 모두 행사에 직접적으로 참여할 때 가치가 있다.

진정성을 지닌 축제만 해도 전 세계적으로 헤아릴 수 없이 많다. 유
명한 축제로 주목받는 나라 중 유럽의 스페인도 빼놓을 수 없다. 스페인
은 각종 축제가 많기로 이름난 나라다. 특히 '라 메르세 축제'는 스페인
의 대표적인 축제다.

라 메르세(La Mercè) 축제는 스페인 동북부의 카탈루냐 자치주의 주도

바르셀로나에서 열린다. 카탈루냐는 일찍이 아라곤왕국이 세워졌던 지역으로 카탈루냐어와 스페인어가 함께 쓰인다. 전통적으로 분리주의 성향과 정체성이 강하여 주민들은 스페인과 같은 라틴 계열의 카스티야인이지만 끊임없이 스페인으로부터 분리를 외치며 독립운동을 펼치고 있다.

가까이는 2017년 '카탈루냐 공화국'을 세우며 독립을 선언했지만, 국제사회가 모두 반대하면서 독립이 무산됐다. 흥미로운 것은 좌파 성향을 지닌 카탈루냐 공화국의 독립을 찬성한 국가가 단 2개국이 있었는데 북한과 베네수엘라다.

카탈루냐 자치주의 주도 바르셀로나는 유서 깊은 도시이자 스페인 제2의 도시이며 가장 큰 항구도시로, 수도 마드리드와는 모든 면에서 강력한 경쟁자로 맞선다. 해마다 2천만 명이 넘는 외국 관광객이 찾아온다. 지금은 다른 팀으로 이적했지만 세계적인 축구 스타 아르헨티나 출신의 리오넬 메시가 오랫동안 활약했던 축구팀 'FC바르셀로나'가 유명하며 세계적인 건축가 가우디(Antoni Gaudi)가 이곳 출신이라는 사실은 널리 알려졌다.

바르셀로나에는 가우디가 1883년부터 짓기 시작한 '성 가족 대성당(Sagrada Familia)'이 아직도 완공이 안 됐다. 가우디는 생전에 40여 년 동안 이 성당 건축에 매달리다가 1926년 세상을 떠나 미완성 성당의 지하 묘지에 묻혔다. 2026년 그의 서거 100주년에 맞춰 완공할 예정이다.

바르셀로나에서 1902년부터 해마다 가을철에 열리는 라 메르세 축제는 바르셀로나 수호성인인 성모마리아를 기념하는 종교적인 큰 행사에서 비롯됐다. 어느덧 120여 년의 전통을 지녔으며 국제사회에 알려져 많은 관광객이 몰려든다. 마르세는 카탈루냐어로 '자비, 봉사' 등을 뜻하는 것으로 수호성인인 성모마리아의 영험과 덕성을 기린다.

이 축제가 세계적인 명성을 떨친 것은 '인간 탑 쌓기' 행사로, 유서 깊은 바르셀로나 시청 앞 광장에서 시작된다. 첫 번째 순서는 제간츠(Gegants)다. 카탈루냐 지역의 전설적 인물들, 동화 속의 인물이나 동물들을 탈로 만든 거대한 인형 탈들의 행진이 전개된다. 약 2시간 동안 진행되는 행진에 많은 군중이 몰려 인형 탈들과 함께 춤도 추며 흥겨운 분위기를 고조시킨다.

이어서 두 번째 행사가 카탈루냐의 전통 놀이인 유명한 인간 탑 쌓기 카스텔(Castells)이다. 다큐멘터리 프로그램을 통해 자주 소개됐기에 우리도 잘 아는 행사다. 인간 탑 쌓기만 따로 떼어 카스텔 축제라고도 부른다. 인간 탑 쌓기에는 여러 팀이 출전한다. 물론 전문가들이거나 운동선수들은 아니고, 그 지역 남성들이 중심이 돼 수십 명이 함께 팀을 만들고 꾸준한 훈련을 거듭한 뒤에 출전한다. 승부는 어느 팀이 더 높이 인간 탑을 쌓느냐는 것으로 결정한다.

먼저 체격이 좋고 건장한 남성들 10여 명이 어깨동무하고 둥글게 스크럼을 짜면 그들의 어깨 위로 또 여러 명의 남자가 올라서고, 계속해서 남자들이 올라서며 대개 8~10층까지 인간 탑을 쌓는다. 제일 꼭대기에는 몸무게가 가장 가벼운 남자아이가 올라서 양팔을 벌리면 인간 탑이 완성된다. 행사에는 남성들만 참여했는데 요즘은 제일 꼭대기에 여자 어린이가 올라선다고 한다. 보호 장비도 없이 10층까지 인간 탑을 쌓아야 하니 아래쪽에 있는 남성들이 얼마나 체력이 좋아야 하는지 짐작이 간다. 아래쪽 남성일수록 어깨를 누르는 무게감으로 그 고통은 말하기 힘들다. 광장을 가득 메운 어마어마한 관중들이 아슬아슬한 광경을 숨을 죽이고 지켜보다 탄성과 환호성을 지르는 모습이 정말 장관을 이룬다. 카스텔은 인류의 문화유산으로 유네스코에 등재돼 있다.

계속해서 이어지는 행사는 코레폭(Correfoc)이다. 이 행사는 악마로 분장한 수만 명이 불꽃을 들고 거리를 달리는 것이다. 대략 약 7만 명의 참가자들이 폭죽과 불꽃을 터뜨리며 온 마을을 달리는 모습은 또 하나의 장관을 이룬다. 낮에는 어린이들을 위한 축제이며 밤에는 어른들을 위한 불꽃놀이 행사로 나누어진다. 마지막으로 대규모 음악 축제가 펼쳐지며 막이 내린다. '자비로운 신의 어머니' 성모마리아를 기리는 축제는 1868년 당시 교황 비오 9세가 정식으로 승인하면서 대형 종교 행사가 됐는데, 바르셀로나의 축제로 발전한 것은 1902년부터다.

우리나라에도 축제는 많지만 진정으로 축제다운 축제는 거의 없었다. 연희자들이 나서서 전통적인 민속 공연 등을 하고 그것을 구경하는 형식으로 축제라기보다 민속 행사였다. 또한 지역마다 특산물 축제가 있는데 축제라기보다는 백화점의 할인 판매 같은 판촉 행사가 대부분이다. 과거에는 'OO대회'라고 불렸던 행사들도 요즘은 흔히 'OO축제'라고 한다. 예컨대, 전에는 '장사씨름대회'였는데 요즘은 '씨름 축제'라고 하는 것과 같다. 그러나 그 가운데에서 사람이 직접 참여하는 충남 보령의 진흙 축제, 강원도 인제의 산천어 축제 등은 나름대로 축제의 진정한 성격을 담고 있다.

나흘간 열리는 참회와 속죄의 힌두교, 타이푸삼

힌두교의 '타이푸삼 축제'는 무루간 신을 기리는 종교적 축제다. '타이푸삼'의 Thai는 타밀족의 달력에서 10번째 달로 가장 신성한 달을 의미한다.

힌두(Hindu)는 인도(India)를 가리키는 것이며 힌두교(Hinduism)는 곧 '인도의 종교'라는 뜻이다. 인도에는 3억 개 이상의 신이 있고, 종교의 모든 요소를 포괄적으로 담은 오래된 종교라는 힌두교다.

힌두교는 원시 신앙인 물신 숭배, 정령 숭배와 토착 신앙들의 주술과 제례 의식 그리고 다신교, 일신교, 신비주의, 고행주의 등, 모든 형태의 종교적 요소들이 융합된 종교다. 잡다한 종교, 지나치게 표현하면 잡교(雜敎)라고 해도 틀리지 않는다. 더욱이 힌두교에는 창시자도 없고 특별한 교리도 없으며 교도들을 아우르는 조직도 없다.

약 3,500년의 역사를 지닌 힌두교에는 인도의 전통적인 관습이나 문화를 담아내고 있어 인도인들에게는 힌두교가 곧 삶의 철학이자 방식이다. 그들은 인간의 생명과 삶이 순환한다고 믿고, 이승의 삶이 전생의 업보(Karma)로 결정된다고 한다. 즉 이승에서 자기에게 주어진 삶의 도리를 충실하게 실천하고 올바른 삶을 살면 다시 태어나는 다음 생은 더 높은 카스트(계급)로 올라설 수 있고, 그렇지 못하고 나쁜 삶의 업보들을 쌓으면 다음 생은 동물로 태어날 수 있다는 것이다.

힌두교에는 수많은 신이 있지만 대다수의 신도가 숭배하는 대표적인 신들이 있다. 창조의 신 브라흐마, 비슈누 신, 시바 신, 무루간 신 등이다. 인도 남부는 타밀족이 거주하는 힌두교 중심 지역이다. 타밀족은 인도 남부와 스리랑카의 북부와 동부에 거주하는 오랜 전통과 역사를 지닌 종족으로 자신들의 언어인 타밀어를 즐겨 쓴다. 이들은 신앙심이 매우 돈독하고 힌두교의 대표적인 신들 가운데 무루간 신을 숭배한다. 불교 국가인 스리랑카의 신할리즈(Sinhalese)족과 자주 종교 분쟁을 일으키기도 한다.

힌두교에서 '무루간(Murugan)' 신은 전쟁과 승리의 신이다. 말레이시아에 있는 바투 동굴(Batu Caves)에 들어가 평생 속죄하며 고행한 신이다. 힌두교의 '타이푸삼 축제'는 바로 무루간 신을 기리는 종교적 축제다. '타이푸삼'의 Thai는 타밀족의 달력에서 10번째 달로 가장 신성한 달을 의미한다. 또한 푸삼(Pusam)은 보름달이 가장 빛날 때라는 뜻으로, 타이푸삼은 이 둘을 합친 말이다. 타이푸삼 축제는 나흘 동안 계속되는데 축제가 열리는 중심 장소는 말레이시아의 바투 동굴이다.

힌두교도들의 성지, 바투 동굴은 석회암으로 된 동굴로, 그 앞에는 여기서 고행한 42.7m나 되는 거대한 무루간 신상이 서 있다. 또한 산 중턱의 동굴로 들어가려면 인간이 지을 수 있는 죄가 272개가 되는 것을 상징하는 가파른 계단을 올라가야 한다. 계단을 올라가 동굴 안으로 들어가면 힌두교 신전이 있는데, 이는 1891년에 세워졌다.

바투 동굴은 말레이시아의 수도 쿠알라룸푸르에서 13km 떨어진 교외에 있다. 타이푸삼 축제 기간에는 수많은 힌두교도들이 그 앞에서 노숙하며 관광객들까지 합쳐 약 150만 명이 몰려든다. 1892년부터 해마다 1월 말에서 2월 초에 거행되는 이 축제는 쿠알라룸푸르 차이나타운 앞에서 바투 동굴을 향해 출발한다. 각지에서 모여든 수만 명의 힌두교 신자들은 지역마다 잘 꾸민 은마차에 무루간 신상이나 초상을 싣고 바투 동굴을 향해 행진한다.

말레이시아는 물론이고 인도, 싱가포르, 인도네시아에서 온 힌두교도들도 동참한다. 그런데 이 축제는 흥겨운 축제가 아니고, 다른 이유들로 인하여 유명한 축제가 되었다.

축제에 참여한 많은 힌두교도는 그들의 죄를 씻는 의미에서 고행을 실천한다. 고행에 참여한 신자들은 긴 쇠꼬챙이, 긴 쇠바늘 등으로 자기 몸을 자해한다. 등에 여러 개의 쇠꼬챙이를 꽂는가 하면, 자기 뺨에 쇠갈고리를 꿰고 혓바닥에 쇠바늘을 꽂고 가슴에 쇠바늘 여러 개를 꽂는 등 피를 줄줄 흘리며 행진한다. 자해하는 도구들은 전쟁의 신 무루간의 무기를 상징한다. 고통의 행렬에는 여자들도 있다. 각종 도구로 자기 몸을 학대하는 행위를 보여주며, 남자들은 '죄의 짐'이라는 카바디(Kavadi)를, 여자들은 우유통을 머리에 이고 피를 흘리며 행진한다.

맨몸의 피투성이가 된 채 행진하는 신자도 있다. 어린아이까지 온 가족이 속죄의 고통스러운 행진에 참여한다. 차마 눈 뜨고 볼 수 없는 피의 대열은 많은 생각을 하게 한다. 죄가 없는 인간은 없다. 기독교에는 인간은 태어날 때부터 죄를 품고 있다는 원죄를 주장한다. 어떤 종교든지 참회하며 자신의 죄를 씻는 속죄 의식이 있다. 힌두교의 참회 의식은 참혹하다. 자기 학대의 고행을 통해 죄의식에서 벗어난다는 것이지만 엽기적이고 충격적이다.

타이푸삼 축제가 세계적으로 관심을 끌고 많은 관광객이 몰려들자, 말레이시아와 싱가포르에서는 이를 관광 상품으로 홍보한다. 피투성이가 돼 고행하는 참가자들을 위해 의료 기관이 대기하고, 엄청난 인파의 치안 유지를 위해 경찰이 동원된다.

치장한 해골을
들고 기념하는
볼리비아 축제

가족 중에 누가 죽으면 장례식을 치르고
매장했다가 1년이 지나면 묘지를 파헤쳐
해골을 꺼내 집으로 가져와 정성껏 모신다.

남아메리카 중앙의 페루, 칠레, 브라질, 파라과이 등에 둘러싸인 볼리비아는 안데스산맥 기슭에 위치한 다민족국가다. 국토 대부분이 고원, 산악지대여서 경작지는 국토 전체의 3%에 불과하다. 이 나라의 행정수도 라파스는 고도가 해발 약 3,600m로 세계에서 가장 높은 곳에 있는 도시여서 외지인들이 이곳에 갈 때는 고산병을 주의해야 한다. 우리나라에서 제일 높은 백두산의 높이가 2,744m인 것과 비교하면 얼마나 높은 곳에 있는지 짐작이 갈 것이다.

볼리비아는 케추아족과 메스티소를 중심으로 수많은 민족으로 이루어진 다민족국가다. 예전에는 잉카제국 일부였으며 전통적인 축제가 많은 나라다. 축제들 가운데서도 '해골 축제'는 기이한 축제로 널리 알려져 있다.

볼리비아의 원주민인 우루 치파야(Uru-chipaya)의 풍습에서 비롯된 이 축제는 사람의 해골이 악한 운명이나 불행을 막아주고 소원을 들어준다는 민간신앙에서 전래했다. 그들이 Fiesta de las Natitas, 약칭 '나티타스'라고 부르는 이 축제는 해마다 11월 8일에 열려 일주일 동안 계속된다.

볼리비아는 국민의 절대다수가 가톨릭을 믿는 가톨릭 국가로 해마다 '모든 성자의 날'을 정해 행사를 하는데, 이 행사가 끝나는 날이 11월 8일이다. 나티타스 해골 축제는 '모든 성자의 날' 연휴가 끝나는 것을 기념해서 열린다. '나티타스'는 볼리비아 원주민어로 '코가 없음'을 뜻하는 말로 곧 해골을 의미한다.

그들은 조부모나 부모 등 가족 중에 누가 죽으면 장례식을 치르고 매장했다가 1년이 지나면 묘지에서 해골을 꺼내 집으로 가져와 정성껏 모신다. 그러다가 해골 축제를 맞으면 보관한 해골을 꺼내 정성껏 치장한다. 꽃장식도 하고 모자도 씌우고 선글라스도 착용하고 담배를 피워 물리고 마치 살아 있는 사람처럼 꾸며 떠받들며 수도 라파스의 묘지공원을 향해 행진한다.

해골은 많이 가질수록 좋다고 하여 조상들의 해골은 물론이고, 무연고자의 해골까지 받들고 행진한다. 해골이 많을수록 액운을 쫓아내고 복을 받는다고 믿어 가족의 건강을 지켜달라고 기원한다. 과거에 스페인의 지배를 받았던 영향으로 가톨릭이 국교나 다름없이 절대적이다. 가톨릭으로서는 해골 축제를 공식적으로 인정할 수는 없지만, 오랜 전통을 외면할 수도 없어서 신부는 나티타스를 맞아 해골을 들고 찾아오는 신자들에게 축복기도를 해준다고 한다.

멕시코의
가장 큰 축제,
죽은 자들의 날

멕시코 정부에서는 '죽은 자들의 날'을
국경일로 지정했다. 죽은 자를 기리는 행사들이
개인이 아니라 전국적으로 펼쳐진다.

북쪽으로 미국과 국경을 맞대는 북아메리카의 멕시코는 일찍이 찬란한 마야문명, 아스테카문명을 꽃피웠다. 16세기 초 스페인의 침략을 받아 아스테카왕국이 멸망하고 수백 년 동안 그들의 지배를 받았지만 1921년 독립했다.

멕시코 남동부의 유카탄반도는 지구와 인류의 역사에 엄청난 영향을 미친 소행성 대충돌로 유명하다. 약 6,600만 년 전, 지름이 10km가 넘는 소행성과 충돌하면서 지구는 지진, 화산 폭발, 쓰나미에 휩싸였으며 먼지구름이 태양을 가려 혹독한 추위가 몰아닥쳐 식물들의 광합성이 불가능해져 공룡을 비롯한 생명체 75%가 사라지는 대멸종을 가져왔다. 마야문명은 바로 이곳에서 태동했다.

멕시코는 1억 3천만 명에 가까운 인구의 3분의 2가 '메스티소'다. 메스티소는 아메리카 원주민과 스페인, 포르투갈 등 유럽인들과의 혼혈을 가리키는 말이다. 그런데도 국민의 약 20%는 토착민인 아메리카 인디언이다. 따라서 스페인어가 공용어지만 50개 이상의 인디언 언어가 있다고 한다. 그들을 오랫동안 지배한 스페인의 영향으로 국민의 약 90%가 가톨릭 신자들이다. 종교적 축제들이 많지만, 대표적인 축제가 '죽은 자들의 날' 축제다. 죽은 자들을 추모하는 제사 또는 제례 의식은 경건하게 치르기 마련인데 흥겨운 축제라는 것이 색다르다. 멕시코의 '죽은 자들의 날'

죽은 자의 날에 등장한 설탕으로 만든 해골 화려한 색깔로 장식한 설탕 해골과 죽음의 꽃이라고 부르는 마리골드 촛불로 무덤을 장식하며, 전통 술인 메스칼, 풀케 또는 전통 음료인 아톨레와 죽음의 빵이라 부르는 달콤한 번(bun)을 함께 올린다. 영혼의 긴 여행에 휴식을 돕고자 묘지에 베개와 담요를 놓고 오기도 하고, 생전에 좋아했던 음식과 음악을 틀고 밤을 지새운다.

축제는 2008년 유네스코 세계무형유산으로 등재된, 역사와 전통을 자랑할 만큼 유명하다.

　중세의 멕시코, 당시 아스테카왕국에는 큰 축제가 있었다. 그 축제는 주식인 옥수수 수확기의 여름철에 열리는 아즈텍족 최고의 행사였다. 이 축제에서 아즈텍족은 죽은 조상들이 번영을 가져다준다며 조상을 공경하는 마음으로 성대하게 행사를 거행했다. 그러다가 스페인에 침략당해 아스테카왕국이 멸망하고 그들의 지배를 받을 수밖에 없었고, 가톨릭 국가인 스페인의 큰 행사인 만성절에 적극적으로 참여할 것을 강요당했다.

　기독교에서 11월 1일은 '만성절(萬聖節, All Saints Day)'이다. 이미 세상을 떠난 모든 성인을 기리며 찬미하는 날이다. 적극적인 참가를 요구받은 아즈텍인들은 전통적 풍습인 '죽은 조상들을 추모하는 날'과 이 행사를 결합했다. 축제가 전통적인 풍습과 종교적 요소들이 융합되는 과정에 '죽은 자들의 날'이 탄생했으며 16세기부터 오랜 전통을 이어갔다. 해마다 사흘 동안 계속되는데, 10월 31일은 전야제이며 11월 1일은 만성절이고 11월 2일은 성대한 축제를 화려하게 마무리하는 날이다.

　10월 31일의 전야제가 바로 '할로윈'이다. 할로윈은 All Hallows Evening의 줄임말이다. 우리나라는 2022년, 할로윈 이태원 참사로 150여 명이 희생되고 큰 사회적 파문을 일으켰다. 그럼에도 젊은이들이 즐기는 세계적 문화 축제가 되고 있다.

　할로윈은 아일랜드의 켈트족 풍습에서 유래했다고 한다. 그들은 한 해에 한 번, 죽은 자들이 이승으로 돌아온다고 믿었다. 켈트족의 달력으로 11월 1일은 새해의 첫날이다. 새해에는 건강을 기원하며 불운을 막기 위해 할로윈 행사를 치렀다. 저승의 문이 열려 죽은 자들의 악령과 악마들이 이승으로 몰려오는 것을 막으려고 귀신 탈을 쓰고 기괴한 복장과 무서운 얼굴로 분장했는데 그러면 악령이나 악마들이 사람들을 구별하지 못한다고 생각했다.

이러한 할로윈이 아일랜드 이민자들로부터 미국으로 전파되며 다른 문화적인 요소들을 첨가했다. 큰 호박의 속을 파내고 촛불을 넣은 '잭오랜턴(Jack O' Lantern)을 문 앞에 놓으면 악령들이 접근을 못 한다고 믿었으며, 기괴한 복장에 유령이나 마녀 분장한 어린이들이 잭오랜턴을 켜놓은 집에 가면 사탕이나 과자를 주는 풍습이 마치 젊은이들의 축제처럼 변질한 것이다.

멕시코에서도 10월 31일 할로윈이 끝나고 11월 1일, 만성절 '죽은 자들의 날'이 오면 축제의 분위기는 더욱더 무르익는다. 죽음을 두려워하지 않고 친숙하게 받아들이는 그들은 죽은 자들을 추모하려고 집 안에 제단을 차려놓고 명복을 빈다. 우리가 제사상 차리듯 갖가지 음식들을 제단에 풍성하게 차린다.

14세기, 아즈텍족이 사후세계를 관장하는 여신에게 제물을 바쳤던 것에서 유래했다고 한다. 죽은 자들의 무덤을 꽃으로 화려하게 장식하고 사탕으로 만든 해골, 촛불, 전통술, 빵 등을 차려놓고 그 옆에서 하룻밤을 자기도 한다. 죽은 자가 편안히 쉬도록 무덤에 담요, 베개 등을 놓고, 죽은 자가 생전에 좋아했던 음식 또는 음악을 틀어놓고 곁에서 밤을 새운다.

죽은 자를 기리는 갖가지 행사들이 어느 한 개인이 아니라 전국적으로 펼쳐진다. 할로윈과 '죽은 자들의 날'은 똑같이 죽은 자들이 이승으로 오는 것이지만, 할로윈이 죽은 자들의 악령이나 악마가 접근하지 못하도록 막아내는 것이라면, '죽은 자들의 날'은 기쁘게 맞이하는 것이 서로 다르다.

마지막 날에는 특색 있게 해골로 분장한 수많은 사람이 멕시코 전통 춤을 추며 행진한다. 그들은 약 9km를 행진하는데 가히 축제다운 장관을 보여준다. 멕시코 정부에서는 이 '죽은 자들의 날'을 국경일로 지정했다.

추울 때 열리는
일본 오카야마의
알몸 축제

알몸 축제는 오카야마에서만 열리는 것이
아니라 같은 날, 일본 전역에서 열리는데
나고야 알몸 축제 등도 유명하다.

일본도 축제가 많기로는 세계적으로 손꼽힌다. 그들이 제사라는 뜻
의 '마쓰리'라고 말하는 축제는 '신도(神道)'라는 일본인들의 신앙을
밑바탕으로 한 종교적 행사다. 마을마다 전통의 마쓰리가 있다 보니 일본
전역을 보면 그날이 아닌 날이 없을 정도다.

나는 일본에 갈 때마다 마쓰리를 찾아다니며 구경했다. 마쓰리는 종교
행사나 다름없어서 참가자들이 한결같이 진지하다. 마을의 노인부터 장
년, 청년, 어린아이 들까지 등에는 크게 '제(祭)'자가 쓰인 두루마기 모양의
상의를 입고 이마에는 띠를 둘렀다. 행렬의 중앙에는 자기 마을의 신의 상
징물이 실린 무거운 가마가 있는데 마을 청년들이 어깨에 메고 간다. 땀
을 뻘뻘 흘리면서도 일치단결한 행동으로 전통을 지켜가는 모습이 감동적

이었고 놀라웠다.

　소규모의 마쓰리도 있지만 전국적인 대규모의 마쓰리도 많은데, 빼놓을 수 없는 마쓰리가 오카야마(岡山)의 알몸 축제다. 일본어로 알몸을 뜻하는 '하다카 마쓰리'다. 영어로는 남자들이 옷을 벗기 때문에 'Naked Man Festival'이다. 일본의 3대 축제의 하나이며 무려 500년의 역사를 지닌 일본에서 세 번째로 오래된 축제로 일본의 주요 무형 민속 문화재로 지정돼 있다.

　일본 전역에서 펼쳐지지만, 그 가운데 유명한 축제가 일본 영토 대부분을 차지하는 가장 큰 섬 혼슈 서부에 있는 '오카야마(岡山) 알몸 축제'로 종교와 밀접한 관계가 있다.

　일본을 대표하는 종교는 신도다. 일본 상징물로 된 신사(神社)가 신도의 중심이다. 일본에 신도가 민족 신앙으로 터를 잡은 것은 일찍이 불교가 도입될 무렵이며 당시 일본은 불교를 정식으로 받아들이지 않고 그 외적인 형태만 가져와 신도를 창건했다. 신도에는 절대적인 유일신이 없으며 자연, 사물, 조상 등을 숭배하는 다신교 신앙으로 실체가 없는 초능력자인 일본어로 '가미'인 신이 존재한다.

　공동체 사회에서 혈연으로 맺어진 동족 집단, 씨족장, 가문의 가장 등도 사후에 신이 될 수 있다고 믿으며 민족 신앙, 정신 현상, 문화 현상이 되는 것이 신도여서 이를 빼놓고는 일본을 얘기할 수 없다. 농경 사회였던 일본은 불교에서의 절(寺)과 같은 신사를 곳곳에 세우고 그곳에서 풍요와 행운을 기원하는 제례 의식을 치렀다. 아울러 그러한 제례 의식들이 확장되고 대중화된 것이 '마쓰리'며 '알몸 축제'도 그 가운데 하나다.

　오카야마현의 현청 소재지인 오카야마시는 인구 70여만 명의 중대형

도시로 교통의 요충지다. 우리나라에서 하루 한 차례씩 항공편이 운항한다. 일본의 전국시대에는 이 지역에서 영주(다이묘)들의 세력 다툼이 그치지 않았던 곳으로 유명하다. 해마다 2월 셋째 주 토요일에 열리며 축제가 열리는 장소는 사이다이지(西大寺) '칸노신'이라는 신사다. 축제의 날이면 적어도 남자 1만 명 이상이 사찰 앞의 분수대에서 몸을 깨끗이 씻고 알몸이 된다. 일본의 전통적인 속옷인 '훈도시'만 착용하고 '다비'라는 흰 양말을 신는다.

훈도시는 남성들의 팬티 대용으로 여성들의 T팬티와 같다. T팬티가 가는 끈으로 돼 있다면 훈도시는 끈보다는 넓은 천으로 돼 있다. 스모라는 일본의 전통 씨름에서 보듯이, 허리는 좀 두껍고 넓은 천으로 돼 있고 아랫부분은 좁은 천으로 겨우 성기만을 가리는 것이 훈도시다. 무려 1만 명의 벌거벗은 남성들이 요란하게 함성을 지르며 신사 주위를 돌아 한겨울의 차디찬 물속으로 뛰어든다. 살을 에는 고통을 견디며 남자다움을 보여준다. 한밤중이라 더욱 춥지만 그들은 참아낸다. 그 모습이 정말 장관이다. 이어서 그들이 신사로 몰려가고 밤이 좀 더 깊어지면 승려들이 모습을 나타낸다. 승려들은 먼저 100개의 나무 잔가지들을 그들에게 던진다. 그리고 지름이 약 4cm, 길이가 20cm쯤 되는 싱기(Shingi, 神器)라는 작은 나무 막대기 2개를 던지는데 싱기를 잡으면 일 년 동안 큰 행운이 온다고 한다.

벌거벗은 남자들이 싱기를 잡았다가 빼앗기고, 다시 공중으로 던지며 약 30분 동안 수많은 남자가 뒤엉켜 치열한 몸싸움을 벌이는 동안 부상자들이 속출한다. 이것이 알몸 축제의 하이라이트다. 남자들은 몸싸움하지만 장난치지 않는다. 관중들은 벌거벗은 남자들의 몸싸움을 '스모'보다 더 재미있어하며 야단법석을 떤다.

농경민족인 일본인들이 14~16세기까지 계속됐던 무로마치(室町) 바쿠후(幕府) 시대, 풍년과 번영을 기원하며 벌였던 종교적 제례 의식이 문화적인 민속 행사로 진화한 것이다. 처음에는 싱기가 아니라 승려들이 고행을 통해 얻은 부적들을 나눠줬다고 한다. 그때에는 남성들이 옷을 입었는데, 서로 부적을 가지려고 몸싸움을 벌이는 바람에 부적이 찢어지고 옷이 찢어져 난장판이 됐다고 한다. 부적 대신 싱기라는 나무 막대기로 바꾸고 알몸으로 싱기잡기에 참여하게 됐다. 승려들이 싱기를 던지기 전에 100개의 나뭇가지를 던지는데 그것만 잡아도 행운이 온다고 한다. 알몸 축제는 오카야마에서만 열리는 것이 아니라 같은 날, 일본 전역에서 열리는데 나고야 알몸 축제 등도 유명하다.

일본은 축제가 많기로 유명한데 그 많은 축제가 수백 년 동안의 전통을 이어가는 것이 놀랍다. 원동력은 축제마다 열기를 가지고 사람들이 참가한다는 데 있다. 지역 주민이 참여하고, 축제를 이끄는 연희자들이 진행을 위해 몇 달 동안 열심히 연습한다. 축제가 시작되면 남녀노소 가리지 않고 열성을 다한다.

세련되고 현대 감각에 맞게 행동하는 일본의 젊은이들이 전통적인 축제에 연희자로 참여해 땀을 흘리며 최선을 다하는 모습이 인상적이다. 그러한 결속력과 풍속을 지키려는 의지가 일본 축제들의 긴 생명력을 말해주는 것 같다.

필리핀 보라카이섬
아에타족의
흑인 축제

아티아티한 축제는 1월 셋째 주 일요일에 열리며
축제의 주제인 '아에타족처럼'에 걸맞게
참가자들은 모두 흑인으로 분장한다.

동 남아시아 남쪽 맨 끝의 필리핀은 약 7천여 개의 섬으로 이루어졌다. 토착 원주민들이 있는가 하면 중국계 혼혈, 인도계 타밀족, 스페인계 백인, 아랍계 무슬림 등 많은 종족과 인종이 뒤섞인 다민족국가다. 오랫동안 스페인의 식민지였던 영향으로 국민의 약 80%가 가톨릭 신자들이다.

필리핀의 크고 작은 수많은 섬에는 혈통이 다른 부족이 흩어져 살고 있다. 그들 가운데 필리핀 토착 원주민인 아에타(Aeta)족이 있다. 이들은 작은 부족이 아니라 소수민족이다. 가장 큰 섬인 루손섬을 비롯해 여러 섬에 일찍부터 자리를 잡고 지금까지 살고 있다. 그런데 이들은 흑인이라는 특징이 있다. 필리핀이 다민족국가지만 어떻게 흑인들이 그곳의 토착 원주민으로 뿌리를 내렸을까?

그들이 아프리카계 흑인은 아니다. 아티(Ati)족으로도 불리는 아에타족의 먼 조상은 동남아시아인으로 알려졌다. 그들은 뉴기니섬으로 건너가 그곳에 정착했지만 그곳의 기후와 환경에 적응하면서 뉴기니의 파푸아족처럼 피부가 검어졌다. 인류학자들은 이들을 네그리토(Negrito)로 분류한다. 네그리토는 동남아시아와 뉴기니섬에 사는 소수민족을 일컫는 말로 지금의 말레이시아, 인도차이나반도 등에 사는 말레이족이 인도네시아, 필리핀 등의 여러 섬으로 진출하기 전부터 그곳에 살았다.

동남아시아인들의 피부는 구릿빛, 옅은 갈색이다. 그런데 아에타족은 커피색 같은 매우 짙은 갈색으로 대개 키가 작고 곱슬머리여서 누가 봐도 영락없는 흑인이다. 적어도 약 800년 전, 뉴기니섬에 살던 이들은 지금 필리핀의 루손섬으로 다수가 이주했으며, 그들의 일부는 또 다른 섬들로 이주해서 저마다 토착 원주민이 됐다.

필리핀 중서부에 파나이(Panay)라는 큰 섬 가까운 북쪽에 보라카이(Boracay)섬이 있다. 길이가 겨우 약 7km, 너비가 약 1km인 작은 섬이다. 기후가 좋고 경관이 뛰어나고 해변이 좋아서 세계적으로 유명한 관광지로 우리나라에서도 많은 관광객이 찾아간다.

이 섬의 토착 원주민도 아에타족이다. 그들은 자연조건이 좋아서 안정된 생활을 하고 있었는데 뜻하지 않게 말레이족의 침략을 받자 보르네오에서 이곳으로 도피해왔다. 세계에서 세 번째로 큰 섬인 보르네오는 대부분이 인도네시아 영토지만 섬의 북부는 말레이시아 영토이며 아주 작은 국가인 브루나이(Brunei)가 있다. 지금의 말레이시아 영토에 살던 말레이족들 사이에 내분이 일어나 분열하면서 말레이족 일부가 보라카이까지 도피해온 것이다.

그들은 원주민인 아에타족에게 자기들의 사정을 얘기하면서 이곳에서 살게 해달라고 통사정했다. 작은 섬에서 서로 다른 부족이 살아가려면 생존경쟁이 불가피하다. 하지만 본성이 착한 아에타족은 기꺼이 말레이족을 받아들이면서 함께 잘 살자고 그들을 격려했다. 말레이족으로서는 감동할 만한 일이었다. 그리하여 두 부족이 화합하는 의미에서 축제를 열었다. 이것이 유명한 아티아티한 축제(Ati-Atihan Festival)다.

아티아티한은 '아에타(아티)족처럼'이라는 뜻이다. 이 축제는 13세기부터 시작됐다고 한다. 필리핀에서는 해마다 1천여 개의 축제가 열리지만 7천 개가 넘는 섬들로 이루어진 나라여서 전국 단위의 축제를 개최하기는 어렵다. 아티아티한 축제는 필리핀 '축제의 어머니'로 불릴 만큼 위상이 높은 필리핀 3대 축제 중 하나다.

800년 가까운 전통의 이 축제는 스페인 식민지 시절, 가톨릭 국가였던 그들의 요구를 받아들여 산토니뇨(Santo nino) 축제라는 종교 축제까지 겸해 규모가 커졌다. 산토니뇨는 '아기 예수'라는 뜻으로 예수그리스도가 이 땅에 온 것을 찬양하고 기리는 축제다.

아티아티한 축제는 해마다 1월 셋째 주 일요일에 열리며 축제의 주제인 '아에타족처럼'에 걸맞게 참가자들은 모두 흑인으로 분장한다. 그와 함께 아기 예수 조각상을 떠받들고 흥겨운 행렬을 이루는데 행렬의 참가자들이 힘차게 연주단을 따라 춤을 춘다. 차림새가 눈부시고 이어지는 행렬은 장관을 이룬다.

보라카이 토착 원주민 아에타족은 필리핀 정부에서 그들의 터전인 보라카이를 휴양지, 관광지로 개발하면서 강제로 내몰리는 수난을 겪었다.

아에타족은 땅을 빼앗기고 주택들을 허물어버려 갈 곳이 없어지자 필리핀 당국에 저항하기에 이르렀다. 그러자 당국은 '아에타족 보호구역'을 설치해서 일방적으로 몰아넣었다. 보라카이뿐만 아니다. 아에타족이 많이 사는 루손섬에서는 1991년 피나투보(Pinatubo) 화산의 대폭발이 일어나서 인근 지역에 집단 거주하던 아에타족에게 가장 큰 손해를 입혔다고 한다.

페루의 새해맞이
싸움 축제
타카나쿠이

축제에 참여해서 싸우려는 사람들은
남녀노소 구별 없이 원수지간처럼 마구
주먹을 휘두르고 죽기 살기로 싸운다.

남아메리카 대륙 북서부에 있는 페루는 남미 대륙에서 세 번째로 큰 고원지대다. 마추픽추 등 잉카제국의 유적지들이 많은 문명의 발상지이다. 국토 대부분이 안데스산맥의 고산지대라서 부족들도 많은데 특히 케추아족(Quechua), 아이메라족(Aymera), 잉카족 등이 잘 알려졌다. 현재 페루 국민도 원주민인 아메리카 인디언이 약 45%, 여러 종족과의 혼혈인 메스티소가 약 37%로 서양의 백인들과는 큰 차이가 난다.

페루의 여성들은 키가 작고 땅딸한 체형을 가지고 있다. 부족마다 차이는 있지만 중절모(fedora) 같은 모자를 쓰고 폭넓은 치마를 입어 쉽게 알아볼 수 있다. 이들에게는 잉카제국에서 전해진 오랜 전통 풍습을 간직하면서도 스페인의 통치를 받아 가톨릭과 융합되어 많은 변화를 가져왔다.

페루에도 많은 축제가 있다. 대표적으로 '카르멘(Carmen) 축제', '인티 레이미(Inti Raymi) 축제' 등이 있지만 여기서 소개하려는 것은 대규모 축제는 아니다. 대단히 이색적이고 널리 알려진 축제, 타카나쿠이(Takanakuy) 축제다. 타카나쿠이는 잉카문명의 발상지인 쿠스코 인근 지역의 토착 원주민들 사이에서 전해 내려오는 독특한 축제다. 쿠스코는 안데스산맥의 해발 3,400m에 자리한 인구 약 42만 명의 제법 큰 도시로 잉카제국의 유적 마추픽추를 보려는 해외 관광객들이 늘면서 도시가 활성화되었다.

타카나쿠이 축제는 마을 행사에 불과했는데 지금은 많은 사람이 몰려들어 이름을 떨치게 됐는데 바로 싸움 때문이었다. 집단으로 패싸움하거나 씨름 같은 스포츠 경기로 싸우지 않고 가족이든, 친척이든, 이웃이든, 평소 사이가 좋지 않던 사람끼리 주먹싸움을 벌이고 화해하는 축제로 의미가 있다.

이 축제는 쿠스코 근처의 춤비빌카스(Cumbivilcas)라는 지역에서 해마다 12월 25일 크리스마스에 열리는데, 산타토마스(Santa Thomas)라는 쿠스코 인근의 시에서 법률적 분쟁을 해결하는 과정에서 비롯되었다고 한다. 크리스마스와는 전혀 관련이 없지만, 가톨릭의 영향을 받아 전통 행사가 종교와 융합된 것이다.

여기에 참여해서 싸우려는 사람들은 남자, 여자, 노인, 어린아이 구별 없이 모두 원수지간처럼 마구 주먹을 휘두르고 죽기 살기로 싸운다. 타카나쿠이는 그곳 토착민들인 케추아족의 말로 '피가 끓어오를 때'라는 뜻이다. 말하자면 원수지간의 쌓인 감정과 분노를 분풀이하듯, 온 힘을 다해 필사적으로 싸운다.

별다른 규칙도 없는 마구잡이 야만적인 싸움 같지만, 전혀 규칙이 없지는 않다. 채찍을 든 심판이 있고 싸우다가 상대방이 넘어지면 발로 짓밟거나 때리면 안 된다. 싸움이 과격해지는 것을 막으려고 지역의 경찰들이 참관한다.

이 싸움 축제에는 정해진 승부가 없으며, 두 사람이 싸우다가 지치거나 다치면 심판이 싸움을 끝내버린다. 두 사람을 화해시켜 그동안의 좋지 못한 감정을 풀어버리게 하고 싸움을 지켜보던 모든 사람은 두 사람을 축하한다. 함께 어울려 음악에 맞춰 춤을 추고 술을 마신다. 더없이 흐뭇해보이는 이 축제는 페루의 전통 풍습이 서양의 종교적인 요소와 융합했지만, '원수를 사랑하라'라는 예수그리스도의 탄생일인 크리스마스와 합쳐져 잘 어울린다.

인도와 네팔의 뱀 숭배하기 위한 축제

인구가 적어 노동력이 부족했던 선사시대나
고대에는 다산(多産)이 최고의 가치로
그것을 대변하는 뱀은 다산을 상징한다.

이 세상 어느 곳이든 축제가 없는 민족이나 국가는 없다. 한대지역이나 열대지역보다 기후가 좋고 많은 인구가 몰린 온대 지방에 축제가 많이 열린다. 민속 축제, 기념 축제, 종교 축제, 특산물 축제 등, 그 종류도 수 없이 많고 규모도 전국 단위의 축제가 있는가 하면, 마을 축제를 비롯한 지역 단위의 축제들도 있다.

인간의 삶은 희로애락으로 짜인다. 기쁠 때, 나만의 기쁨보다 모든 사람의 기쁨으로 공유하고 싶은 마음은 누구나 같다. 그런 희로애락을 공유하는 의미에서 함께하는 행동으로 축제가 시작됐다. 그런데 축제 중 동물을 위한 축제가 있다는 얘기는 이전에는 들어보지 못했다. 투우로 유명한 스페인에는 관중 앞에서 공개적으로 소를 죽이기 때문에 소들을 위로

하는 뜻으로 '황소 달리기' 축제가 있다. 그런데 우리가 꺼리는 뱀을 숭배하는 축제가 있다는 사실은 놀랍다.

인도나 네팔 등지에 이런 뱀 축제가 있다. 축제의 정식 명칭도 있다. 나가 판차미(Naga Panchami) 축제가 그것이다. 우리에게 뱀은 매우 혐오스러운 동물로 주변에 나타나면 대부분 기겁하며 놀란다. 그런데 뱀을 위한 축제라니?

인도나 네팔의 힌두교 신도들이 숭배하는 시바 신의 목에는 뱀이 휘감겨 있다. 힌두교에서는 뱀을 신격화하고 신성하게 여긴다. 힌두교의 창조 신화에서도 우두머리 뱀 신 타크사카(Taksaka)가 있다. 과거 인도인들은 자연물이나 동물을 숭배하고 혈연관계를 중요시하는 애니미즘, 토테미즘의 원시 신앙을 믿으며 초자연적인 현상들을 대표할 어떤 존재를 상상했는데 그것이 용(龍)이었다. 초능력의 영물로 용은 어디까지나 상상의 동물이며 실체가 없고 구체성이 없었다. 상상 속의 용과 가장 비슷한 동물을 찾았는데 그것이 뱀이었다. 인도는 국토가 드넓고 토질이 다양해서 코브라를 비롯한 다양한 종류의 뱀들이 많다.

그래서인지 인도의 신화나 전설, 설화 등에는 뱀과 관련된 것들이 많다. 인도 신화에 나가(Naga)가 있다. 뱀 종족인 나가는 여러 부족으로 나뉘었고 부족마다 각기 왕이 다스리는데 왕을 나가라자(Nagaraja)라고 부른다. 나가 종족은 힌두교의 창조신 브라흐마의 아들 카샤파(Kashyapa)와 다크샤(Daksha) 신의 딸 카드루(Kadru)가 결혼해서 낳은 후손들의 종족이라고 하니까 상당히 신격화되었다.

뱀 종족인 '나가'는 상반신은 사람이고 하반신은 뱀이다. 건장하고 용모가 뛰어난 것으로 묘사되고, 전신이 인간이거나 뱀일 경우도 있다. 온몸이 뱀일지라도 초능력을 지녀서 사람으로 변신할 수 있다. 이들은 지하 왕국에 살며 희귀한 보석들로 궁전을 가득 채웠다.

인도 설화에 '뱀 어머니'라는 것이 있다.

어느 가난한 집에 8형제가 있었는데 마음씨 착한 막내며느리는 많은 핍박을 받았다. 고아였던 그녀는 어느 날 우물에 갔다가 커다란 뱀 구멍을 발견하고 자기가 먹을 음식을 넣어준다. 감동한 뱀이 많은 보석을 주며 은혜를 갚는다. 더구나 사람으로 변신해서 막내며느리의 양부모가 돼 그녀의 집에도 초대받는다. 그래서 '뱀 어머니'다. 원래 뱀이라서 음식을 먹지 못하고 우유를 달라고 한다. 막내며느리는 뱀 어머니의 온갖 도움을 받으며 행복하게 산다는 얘기다.

인도인들의 삶에 뱀은 친근하고 밀접한 존재이다.

인도의 인근 국가인 네팔이나 캄보디아에도 '나가'와 비슷한 뱀 신화가 있다. 캄보디아인은 자신들이 뱀의 후손이라고 생각하며 뱀을 숭배한다. 그들의 건국신화에 따르면 인도의 상류층인 브라만의 한 청년이 건너와 나가라자 뱀 왕의 딸과 결혼했다. 뱀 왕은 딸의 결혼을 축하하는 뜻에서 물에 잠겨 있던 땅을 딸의 결혼 지참금으로 주었는데 이 땅이 캄보디아라는 것이다. 그들의 빼어난 유산인 앙코르와트에도 뱀 신의 조각상이 있다. 이 신화에는 캄보디아에도 힌두교가 전파된 것을 암시하는 의미가 담겨 있다.

네팔의 건국신화도 비슷하다. 네팔은 불교 국가이면서 힌두교 국가다. 불교와 힌두교의 아무런 차이가 없는 나라로 겉모양은 절(사찰)이지만 내부는 힌두교 신들을 모신 곳들이 많고, 겉은 힌두교 사원이지만 내부에는 부처가 모셔진 곳도 많다고 한다. 불교와 힌두교가 다 같이 윤회 사상을 믿어서 비슷하게 생각한다는 것이다. 네팔에서는 불교보다 힌두교의 시바 신을 숭배하는 신도들이 훨씬 더 많다.

또 네팔에는 쿠마리(Kumari)라는 살아 있는 여신이 있다. 열 살도 안 된 여자아이의 여러 조건을 세밀하게 검토해서 여신으로 추앙한다. 무려 32가지 조건을 심사한다. 쿠마리는 한 명이 아니라 네팔 전역에 여러 명이 있다. 쿠마리는 인도 산스크리트어의 카우마리아(Kaumarya)에서 유래했으며 결혼하지 않은 처녀라는 뜻이다. 반드시 샤카(Shaka)라는 석가모니의 성을 가진 여자아이여야 하며 사원에서 여신으로 추앙받으며 살다가 초경을 시작하면 물러난다. 이러한 쿠마리는 이미 18세기부터 옹립됐는데 그에 따른 일화가 있다.

네팔 왕국의 왕이 밤마다 주사위 놀이를 했는데 어느 날 밤, 붉은 뱀이 힌두교의 여신 탈레주(Teleju)와 함께 왕을 찾아왔다. 탈레주를 네팔에서는 두루가(Durga)라고 부른다. 그때부터 탈레주 여신도 매일 밤, 왕을 찾아와 함께 주사위 놀이를 즐기면서 외부에 이런 일을 알려지게 하지 말라고 왕에게 주의를 주었다. 그런데 왕비가 도대체 왕이 누구와 매일 밤 만나는지 궁금해서 몰래 왕의 처소에 들어갔다가 탈레주 여신과 마주쳤다. 탈레주는 몹시 화가 나서 왕과 왕국을 더 이상 지켜주지 않겠다고 선언하자, 왕이 용서를 빌었다.

누그러진 탈레주가 왕에게 한 가지 조건을 내걸었다. 자신이 네팔의 민족인 네와르(Newar)족 중에서 석가모니 '샤카'라는 성을 가진 소녀의 모습으로 나타날 터이니 그녀를 찾으라는 것이었다. 왕은 왕궁을 떠나 탈레주의 영혼이 깃든 소녀를 찾아 나서는 행보에서 그 기원을 찾는다. 즉 쿠마리는 힌두교 여신 탈레주(두르가)의 현신이라고 본다. 쿠마리가 석가모니의 성을 가진 여자 어린이라면 불교의 상징적인 존재여야 하는데 힌두교 여신으로 현신한 것으로 봐도 네팔에서는 힌두교와 불교가 뒤섞여 있음을 알 수 있다. 탈레주는 시바의 부인이다. 쿠마리가 힌두교 시바 신의 아내로 변신한 것이다.

네팔에서는 힌두교 신자가 약 87%로 가장 숭배하는 힌두교 신이 시바다. 쿠마리는 종교와 관계없이 모든 네팔 국민의 숭배를 받는데 많은 네팔인이 자기들은 뱀의 후손이며 쿠마리는 뱀의 화신이라고 믿는다.

뱀의 숭배에서 생겨난 것이 나가 판차미(Naga Panchami) 축제다. 네팔의 수도 카트만두 외곽에 있는 박타푸르(Bhaktapur)라는 지역에서 열리는데 힌두교의 뱀 신상(神像)에 우유를 붓는 의식을 거행한다. 인도에서 나가는 뱀, 특히 코브라를 가리키는 말이다. 힌두교도들은 해마다 8월에 나가 판차미 축제를 연다. 나가족, 즉 뱀 족을 모시는 축제로 뱀의 상서로운 성질을 기리는 축제라고 한다. 뱀에게 우유를 주며 그들의 '뱀 어머니' 설화에서 뱀 가족이 먹을 우유를 달라고 한 것에서 기인한 것 같다.

인구가 적어 노동력이 부족했던 선사시대나 고대에는 다산이 최고의 가치로 그것을 대변하는 뱀은 다산을 상징한다. 뱀을 다산의 상징성으로 이해할 수는 있지만, 뱀을 위한 축제는 인도나 힌두교를 믿는 동남아시아의 몇 나라 이외에는 찾아볼 수 없는 독특하고 엽기적인 풍습인 것 같다.

Part 5

고통스럽고
끔찍한 성인식

통과의례로서의
성인식

어느 부족은 소년들을 진정한 남자로 만들려고
7세 때부터 특정한 장소에서 여자와 격리해
남자아이들끼리만 생활하게 했다.

성인식(成人式), 성년식(成年式)은 청소년이 어른이 되는 것을 축하하는 통과의례다. 어린아이가 성인이 되는 나이는 민족마다 차이가 있다. 요즘의 성인식은 성인으로서의 올바른 태도, 예의범절, 책임감 등을 알려주고 음주와 흡연이 허용하는 축하 행사를 함께한다.

예전의 성인식은 고립된 생활을 하는 원시 부족을 비롯한 문명화되지 않은 부족들에게 엄격한 행사였다. 나이가 어린 소년소녀들이 성인식을 맞아 갑자기 어른이 할 수 있는 힘겹고 버거운 행위들을 감당해야 하기 때문이다. 고립 생활을 하는 부족들의 청년들은 그들 부족의 안녕을 위해 언제나 싸움에 앞장설 전사였다. 어린이가 갑자기 전사의 기능과 역할을 할 기량과 담대함, 인내력 등을 보여주어야 해서 어린이들에게는 축하의 날이기보다 온갖 고통을 이겨내야 하는 날이었다.

그들 부족은 성인식을 몹시 중요하게 생각했다. 어른이 되어 전사가 돼야 했기에 엄격하고 가혹했다. 어느 부족은 소년들을 진정한 남자로 만들기 위해 일곱 살 때부터 여자와 완전히 격리해 특정한 장소에서 남자아이들끼리만 생활하게 했는데, 10년 동안 격리된 생활을 시키면서 코에 구멍을 뚫었다고 한다. 여자의 유혹에 넘어가지 않는 자제력을 갖게 하기 위해서였는데 자주 코피를 흘렸다.

또 어떤 부족은 남자와 여자들이 지켜보는 가운데 벌거벗고 여섯 마리의 황소를 건너뛰어야 했다. 담대함과 순발력 등을 시험하는 것이지만 부족의 어른이 성인식을 맞은 소년의 성기를 보면서 과연 남자구실을 제대로 할지 살펴보기도 했다. 정말로 끔찍하고 가혹했던 몇몇 성인식만 소개하겠다.

생니를 뽑는
수단 다사나시족
성인식

어린 소녀의 아랫니 2개를
마취도 없이 뽑을 때 절대로 신음이나
울음을 터뜨려서는 안 된다.

아프리카 동북부에 있는 수단은 아프리카에서 세 번째로 면적이 큰 나라다. '수단'이라는 국호에는 아랍어로 '흑인들의 땅'이라는 의미가 담겨 있다. 수단의 흑인은 광채가 날 정도로 유난히 피부가 검다. 종교, 언어, 자원 분배 등으로 내전이 끊이지 않아 정세가 불안정하고 기후나 토양 등이 다소 열악한 나라다. 두 개의 국가로 분리되어 2011년에는 남수단공화국이 세워졌다. 그 때문에 국토 면적이 아프리카 1위에서 3위가 되었고, 최근에는 군벌들이 쿠데타를 일으켜 더욱 혼란스럽다.

수단의 남쪽 국경 지대에 다사나시(Daasanci)족이 살고 있다. 수년 동안 비가 내리지 않는 메마르고 황량한 사막지대에서 뿌리를 내리고 살아간다. 물이 부족해 모래로 목욕한다. 부족의 여인들은 '물 구하기'를 중요한 행사로 여긴다. 오래전 강물이 흘렀던 땅을 1m쯤 파내야 흙탕물이 나온다. 그것을 떠서 식수로 사용한다. 열악한 환경 때문인지 다사나시족은 생존력이 강하고 여성들도 전사로 불릴 만큼 강인해서 소녀들의 성인식도 잔인하게 느껴진다.

일부다처제의 다사나시족 여자는 10세가 되면 성인식을 치러야 한다. 어린 소녀의 아랫니 2개를 마취도 없이 뽑을 때 절대로 신음이나 울음을 터트려서는 성인이 될 수 없다. 그래야만 다사나시족의 용맹스러운 여전사가 될 수 있다는 것이다.

그뿐이 아니다. 소녀의 두 발목에 쇠붙이로 된 족쇄를 채운다. 일부다처제여서 성인이 된 소녀는 나이 많은 남자의 가장 막내 아내로 혼인하게 될 때 늙은 남편이 마음에 안 들거나 자기 위로 있는 여러 아내의 질시를 못 이겨 성인식을 마친 소녀가 도망치는 것을 막기 위해서다.

황량하기 그지없는 드넓은 사막, 물 한 모금 구할 수 없는 사막에서 어디로 어떻게 도망친다는 것인지 납득이 되지 않지만, 소녀의 발목에 족쇄를 채우는 것이 전통적인 악습이다. 이 족쇄는 아이를 낳은 뒤에야 풀수 있다.

본론과는 조금 다른 얘기지만 인도네시아 수마트라섬 서쪽에 70여 개의 작은 섬들로 이루어진 멘타와이(Mentawai) 제도의 멘타와이족은 온몸의 문신으로 유명하며 그들이 치르는 소녀 성인식도 매우 독특하다. 여자아이 12세가 되면 성인식을 하는데, 이들은 아랫니들을 뾰족하게 간다. 먼저 뜨겁게 불에 구운 바나나를 이빨로 물어 이빨의 감각을 바꾼 뒤, 마취도 없이 쇠붙이로 된 끌 등의 도구로 아랫니를 마치 상어 이빨처럼 뾰족하게 간다. 생니를 가는 고통을 이겨내야 용맹스러운 멘타와이족 여인이 된다는 것이다.

　문명 시대에 사는 현대인들로서는 이해할 수 없는 엽기적인 풍습들도 많아 그 민족과 종족의 역사나 생활환경을 알지 못하면 풍속이나 풍습도 이해하기 어렵다. 오늘날의 원시 부족들도 현대 문명과 접촉하면서 반드시 그들의 고유한 풍습에 얽매이지는 않지만, 고유의 문화 전통을 계승하려고 노력한다.

죽음을 무릅쓴
번지점프,
로만데콘족의 성인식

소년들은 높은 나무 탑 위로 올라가고
두 발목을 칡넝쿨로 묶은 다음 높은
꼭대기에서 번지점프하듯 뛰어내린다.

남태평양의 섬 국가 가운데 83개의 섬으로 이루어진 바누아투(Vanu-
atu)가 있다. 16세기경부터 포르투갈, 스페인, 영국, 프랑스의 식민
지였다가 1980년에 독립한 공화국이다. 인구 30여만 명에 불과한 아주 작
은 나라지만 크고 작은 부족이 문명을 등진 채 정글 깊숙한 곳에서 살아
간다. 공용어는 영어, 프랑스어, 고유의 토착 언어 등 세 가지로 원주민들
은 여전히 그들만의 토착 언어를 쓰고 있다.

이 나라의 원주민 가운데 '로만데콘족'이 있다. 이들의 성인식은 독특
해서 여러 나라 매스컴들의 취재를 통해 세계 곳곳에 알려져 있다. 성년,
즉 소년, 소녀가 비로소 어른이 되는 나이는 일정하지 않다. 로마데콘족
도 성인식을 하는 특정한 나이가 정해진 것이 아니며 일정한 날짜에 거

행되지 않는다. 부족의 결속력이 떨어지거나 부족 사이에 갈등이 있을 때 족장 지시에 따라 단합을 목적으로 시행한다고 한다.

성인식을 치르는 소년은 10대 중반이지만 때로는 10세의 어린이도 있다고 한다. 이들이 어른이 된다는 것은 체력과 담력을 과시해서 부족의 전사로 인정받아 결혼해서 아이를 낳을 수 있는 자격이 주어지는 뜻깊은 행사다.

그들이 난골(Nanggol)이라고 부르는 성인식의 날짜가 정해지면 부족의 건장한 남자들이 나무로 탑을 쌓기 시작한다. 가는 통나무들을 엮는데 건축 현장에서 높은 건물을 지을 때 외면에 비계를 설치해서 인부들이 밟고 다니거나 밟고 서서 작업하는 것과 비슷하다. 나무 탑은 높이가 30m쯤 될 때까지 쌓아 올린다. 대략 요즘 아파트 10층 높이다. 밑에서 쳐다보면 까마득하고 위에서 내려다보면 아찔하다. 마침내 그날이 오면 성인이 될 소년과 가족, 일가친척 등이 모여 성황을 이룬다.

소년들은 차례대로 높은 나무 탑 위로 올라간다. 그리고 두 발목을 칡넝쿨로 된 끈으로 묶은 다음 높은 꼭대기에서 번지점프하듯 아래로 뛰어내린다. 맨 밑의 땅바닥에는 진흙이 깔려 있다. 소년의 머리가 반드시 진흙에 닿아야 하고 그렇지 못하면 실격이다. 남자의 머리가 땅에 닿아야 풍년이 든다는 그들만의 미신 때문이다. 요즘 번지점프의 줄은 고무로 만들어 탄력이 있지만 그들의 칡넝쿨 끈에는 탄력이 전혀 없다. 자칫하면 큰 상처를 입어 성인식을 하다가 목숨을 잃기도 한다.

난골에서 번지점프가 유래했다고 한다. 1979년 영국 옥스퍼드대학 학생 4명이 미국 샌프란시스코의 금문교(Golden gate bridge)에서 줄을 묶고 뛰어내린 것이 오늘날 야외스포츠로 자리 잡은 번지점프의 시초다.

난골은 로만데콘족만의 독특한 전통을 지닌 성인식으로 소년들의 담력과 용기를 보여주기에 충분하다. 소년들은 성인식을 통해 강한 자긍심을 갖고 어른으로 활동한다. 난골 성인식 풍습이 외부 세계로 퍼지면서 수많은 관광객이 찾아오며 로만데콘족도 난골을 이용해서 돈을 번다. 인기 있는 관광 상품이 되어 최근에는 입장료를 지급한 관광객들을 위한 하나의 퍼포먼스로 실시된다. 그러자면 여행객의 관광 일정에 맞춰야만 하는데, 당연히 보여주기식 가짜 성인식, 그들의 전통적인 민속 공연에 불과하다. 로만데콘족뿐 아니라 수많은 원시 부족이 그렇게 순수성을 잃어가고 있다.

총알개미에게
물려야 하는
아마존 사테레 마웨족

총알개미에게 물리면 마치 발뒤꿈치에
녹슨 못이 박힌 채, 불 속을
걷는 것처럼 통증이 엄청나다.

정확하게 알 수도 없는 남아메리카 아마존 정글의 원시 부족들 가운데 원주민인 사테레 마웨(Satere Mawe)족이 있다. 아마존에 대해서는 더 이상 설명이 필요 없을 것 같다. 바로 앞을 내다볼 수 없는 울창한 정글에 숫자를 알 수 없는 수많은 동물이 서식하고 있다.

사테레 마웨족도 험하고 열악한 환경에서 사냥으로 생계를 이어가고 있다. 언제 목숨을 잃을지 모르는 위험한 환경에서 생존하다 보니 무엇보다 용맹성을 중요하게 여긴다. 앞으로 부족의 전사가 될 소년들의 성인식도 용맹성 강조에 초점이 맞춰져 있다.

이들의 성인식은 세상 어디에서도 볼 수 없는 총알개미에게 수천 번 물리기다. 총알개미는 남아메리카 열대지방에 서식하는 독침을 가진 원시 개미다. 물린다고 해서 죽지는 않지만 마치 총알에 맞은 것처럼 하루 이상 가는 통증이 심해서 붙여진 이름이다.

서양의 저명한 곤충학자는 "총알개미에게 물리면 마치 발뒤꿈치에 녹슨 못이 박힌 채, 불 속을 걷는 것처럼 통증이 엄청나다."라면서 칼로 쑤시는 듯 고통이 심하다고 했다. 악명높은 곤충으로 말벌을 제치고 세계 1위라고 한다.

아마존의 사테레 마웨족은 총알개미를 이용해서 소년들의 성인식을 거행한다. 성인식 날짜가 결정되면 먼저 부족 남자들이 동원돼 정글에서 총알개미를 채집한 다음 마취성 성분의 식물이 담긴 물에 넣어 총알개미들을 기절시킨다. 이어서 총알개미들을 그들이 직접 만든 수공예품 같은 장갑 안에 넣는다.

성인식이 시작되면 부족들이 온몸에 문신하고 행사 장소로 모여든다. 성인이 될 소년들이 차례대로 앞으로 나서서 기절했다가 깨어난 총알개미가 들어 있는 두 개의 큰 장갑에 양손을 넣는다. 총알개미들이 맹렬하게 소년의 양손을 물어대는 통증은 말로 다 할 수 없다. 그렇다고 소년이 비명을 지르면 성인식을 통과할 수 없어 이를 악물고 견뎌내야 한다.

총알개미에게 물리기는 한 번에 끝나지 않는다. 보통 한 번에 약 10분씩, 무려 20번을 계속해서 총알개미에게 물려야 한다. 그동안 부족원들은 남녀를 가리지 않고 악기 반주에 맞춰 격렬한 춤을 추며 응원한다. 엄청난 고통을 이겨내야 사테레 마웨족의 진정한 전사, 성인이 될 수 있다. 성인이 되었다고 인정받은 소년의 양손은 총알개미에게 물려 퉁퉁 붓고 심하면 상처로 굳게 되는데, 손에 상처가 있어야 용맹스러운 전사로 어른 대우를 받는다.

정글에서 살아가는 그들로서는 어려움을 이겨내는 용기와 갖가지 위험들에 맞서는 용맹성이 필요하다. 맹수들뿐 아니라 인체에 치명적인 피해를 주는 벌레들이 우글거리는 위험한 정글 환경에서 나체로 살아가는 원시 부족은 언제 갑자기 목숨을 잃을지 모른다.

총알개미에게 물리기는 상식적인 사고로는 이해할 수 없는 미련한 행동이지만 그들로서는 자기들을 둘러싼 갖가지 위험들에 대한 경고와 함께 미리 경험을 제공하는 대비책이다.

모든 생명체의 생물학적 진화는 그들에게 주어진 서식 환경에 적응하기 위한 몸부림이다. 적응하면 살아남고 적응하지 못하면 도태된다. 더없이 열악한 환경에 적응하기 위해 그와 같이 가혹한 성인식이 풍습이 됐을 것이다.

아프리카와 중동의 인권유린, 여성 할례

가장 잔혹한 여성 할례는
여성생식기를 완전히 봉합해버려
성기능을 없애는 것이다.

'할례(割禮)'란 남녀 성기에 의도적으로 상처를 냄으로써 성적 행동
에 영향을 주려는 시술이다. 남자에게는 포경수술이 바로 할례
다. 남자의 포경수술은 음경의 귀두를 덮는 표피를 잘라내어 귀두를 노
출하는 것으로 시술할 필요성이 있다. 남자는 사춘기가 지나면서 저절
로 표피가 벗겨지지만 그렇지 않은 남자들도 적지 않다. 포경 상태를 그
냥 내버려두면 표피와 귀두 사이에 진피라는 이물질이 생겨 건강상 매우
해롭다. 또한 포경은 여성과의 성관계에서 큰 장애가 된다. 문화나 종교
에 따라 태어나자마자 포경수술을 하고, 어렸을 때 늦어도 사춘기에 여
전히 포경이면 수술한다. 우리나라도 초등학교 고학년 방학 때 포경수술
을 많이 한다.

남자는 할례가 대수롭지 않지만 '여성 할례'는 의학적으로나 도덕적으로도 문제가 뒤따른다. 그러면 여성 할례는 어떻게 하는 것일까? 남자와 전혀 다른 여성의 생식기 구조를 볼 때 쉽게 짐작이 가지 않을 것이다.

여성 할례는 여성의 성기를 부분적으로 잘라내거나 봉합하는 등, 인위적으로 변형시켜 성적 행동에 제약을 준다. 이런 행위는 많은 부작용과 후유증을 발생하는 불법 의료 행위이며 여성 인권을 억압하는 비인간적, 비윤리적 행위라고 할 수 있다.

여성 할례의 역사는 매우 길다. 이미 기원전부터 이집트를 비롯한 아프리카의 여러 지역에서 자행된 잔혹한 행위로 이슬람교가 지배적인 중동에서도 보편적으로 자행, 그들 세계에서는 당연한 사회 관습이자 풍습이 됐다. 12세가 넘은 여성에게 강압적으로 실행하는 끔찍한 여성 할례는 구체적으로 어떻게 하며 왜 하는 것일까?

먼저 여성 할례의 방식은 몇 가지로 나눠볼 수 있다. 여자아이가 사춘기에 이르면 여성의 기능을 할 수 있다. 이때 성기를 의도적으로 훼손시키는 것이 여성 할례다. 훼손 방법의 하나는 여성 생식기의 돌출된 부분이자 성적으로 가장 민감한 부분인 음핵(클리토리스)을 인위적으로 잘라내 제거한다. 또 하나는 음핵과 함께 소음순도 절제해서 성적으로 아무런 쾌감도 느끼지 못하게 만든다. 가장 잔혹한 여성 할례는 여성의 생식기를 완전히 봉합해버려 성기능을 없애는 것이다.

일반적으로 비의료인들이 시술하기에 비위생적인데다가 많은 부작용과 후유증을 낳는다. 여성으로서의 성기능 상실과 과다 출혈, 지속적인 통증, 염증, 제대로 아물지 않는 상처, 배변의 불편 등과 후유증으로 여성 할례자의 약 10%가 사망한다는 통계가 있다.

듣기만 해도 끔찍하고 여성을 성불구자로 만드는 이러한 잔혹한 행위를 왜 하는 것일까?

몇 가지 이유가 있다. 첫째, 여성의 성적 욕구를 없애려는 것이 목적이다. 아프리카나 중동의 지배적인 종교 이슬람은 남성 위주의 강력한 남성 우월 사회, 가부장 사회로 여성을 철저하게 억압하고 폄훼한다. 더욱이 그들 사회는 일부다처제이며 혈통을 매우 중요하게 여기며 결혼할 여자는 반드시 처녀여야 한다. 여성의 음핵을 절제하면 성욕이 감소해서 성적 욕구가 줄어든다. 음핵이 없으면 삽입 이외에는 아무런 쾌감이 없다.

둘째, 남성 위주의 일부다처제다. 아프리카의 여러 종족의 대다수가 일부다처제이며 이슬람 율법에서도 한 남자가 4명의 아내를 거느릴 수 있다고 명시돼 있다. 그러나 실질적으로 지배층이나 부유층 남자들은 숫자와 관계없이 무한정으로 아내를 거느린다.

한 남자에게 아내가 많다 보면 어쩔 수 없이 아내들 사이에 시기와 질투, 온갖 모함이 벌어지기 쉽다. 여성 할례는 그러한 가정불화를 방지하려고 할례를 함으로써 아내들의 성욕을 감퇴시켜 성관계에 집착하지 않게 하려는 의도다.

셋째, 여성의 성기를 완전히 봉합시켜 아예 성관계를 못 하게 하려는 것이다. 봉합이란 말뜻 그대로 성관계를 못하도록 여성 성기의 질을 꿰매 막아버리는 것이다. 이런 가혹하고 잔인한 여성 할례는 여성 노예들이 대상이었다. 몇십만인지, 몇백만 명인지 정확하게 숫자를 헤아릴 수도 없는 수많은 아프리카 흑인들이 아메리카 대륙, 유럽 등지로 끌려가 노예가 됐는데 아프리카나 중동 이슬람에도 노예로 팔려나갔다.

그들의 지배층이나 부유층은 많은 흑인 노예를 거느렸다. 그들이 당면한 문제의 하나는 남녀 흑인 노예들 사이에 애정이 싹트고 은밀하게 성행위를 함으로써 흑인 여성 노예가 임신, 출산, 양육 등으로 맡은 일을 원만하게 수행할 수 없을 뿐 아니라, 불필요하게 많은 흑인 어린이가 생겨나는 것이었다. 그런 일을 미리 방지하려고 잔인하게 여성의 생식기를 봉합해버려 성행위 자체를 할 수 없게 만드니 여성들에게 가해지는 악질적인 형벌이다.

여성 할례는 아프리카와 중동 이외에도 인도네시아, 파키스탄 등에서도 자행된다. 근래에 와서 대표적인 여성 인권탄압인 여성 할례를 향한 국제적인 비난이 높아지자 이집트를 비롯한 아프리카 국가들과 이슬람 국가들에서 법적으로 금지했다. 그런데도 오랜 관습에 따라 여전히 여러 국가에서 여성 할례가 실행되고 있다. 특히 북부 아프리카 국가들이 심각하다. 여성의 98%가 할례를 하는 국가도 있다. 현재 국제사회의 30여 개국가에서는 여성 할례를 거부하고 그를 피해 망명한 여성들에게 난민의 지위를 법적으로 부여하고 있다. 국제사회가 힘을 합쳐 말살시켜야 할 여성 탄압, 여성 인권유린의 대표적인 표본 사례인 여성 할례를 이 땅에서 사라지게 해야 한다.

Part

환경에 따르는
유별난 결혼 풍속

일부다처제,
남성 위주의
잘못된 결혼 풍속

일부다처제의 결혼 풍속은 오늘날의 시각에서 보자면
남녀평등이 철저하게 배제된 여성 인권 침해이며
남존여비의 남성 중심 결혼 제도다.

모 든 동물은 자기 유전자를 널리 퍼뜨리려는 원초적 본능이 있다.
인류는 약 600만 년 전, 침팬지에서 분화됐다고 알려졌으며 침팬
지와 인간은 유전자의 약 98%가 같다. 같은 유인원 고릴라는 우두머리
수컷이 무리의 암컷을 독점하지만 침팬지는 난교로 무리의 수컷과 암컷
들이 자유롭게 짝짓기한다.

인간은 그 중간이지만 침팬지 쪽에 가깝다. 남성들은 외도를 즐기는
바람기를 지니고 있어서 일부다처제가 생긴 것은 아니지만 전혀 영향이
없지 않다. 일부다처제 결혼 풍속은 남성들이 지배하는 남성 중심 사회
가 되고부터였다.

끊임없이 이동하며 수렵 채집 생활을 하던 인류는 모계사회였다. 그

러나 약 1만여 년 전, 농경을 시작하면서 정착하게 됐다. 농경 사회에서 농사짓는 땅은 개인 소유여서 아들에게 물려주었고 여성보다 힘이 강한 남성들이 농사를 지으며 자신의 혈통을 중요시하게 됐다. 그러자면 성 경험이 전혀 없는 여자를 가족의 일원으로 받아들여야 했다. 남성이 노동력과 혈통을 유지할 권한을 가지면서 모계사회에서 남성 중심 사회로 변화했다. 남자들은 여자를 폄훼하고 복종시키는 한편, 막강한 권한을 이용해 많은 여자와 성적 본능을 즐기려 하는 풍조에서 등장한 것이 일부다처제였다.

일부다처제는 한 남성이 여러 명의 아내를 두는 결혼 풍속으로 오늘날의 시각에서 보자면 비도덕적이다. 또 남녀평등이 철저하게 배제된 여성 인권침해이며 남존여비의 남성 중심 결혼 제도다. 이러한 일부다처제는 남성 중심 사회가 되면서 전 세계 모든 문화권에서 보편적인 현상이 되어왔다.

미국의 여성 인류학자 헬렌 피셔(Helene Fischer)에 따르면 전 세계 853개 문화권에서 일부일처제를 규정한 문화권은 16%에 불과하고 무려 84%가 일부다처제를 허용했다고 지적했다.

기독교의 구약성서에서도 일부다처의 실상이 자주 등장한다. 고대 중국의 황제나 왕들은 공식적으로 정식 결혼한 4명의 왕비 이외에 9명의 빈, 소의 등과 27명의 첩여, 87명의 어처를 둘 수 있었다. 그녀들만 합쳐도 127명이다. 그 밖에 후궁들은 셀 수도 없다. 우리나라는 그보다는 훨씬 덜하지만 임금은 말할 것도 없고 사대부, 선비들조차 정식 아내 이외에 첩이라는 다른 아내를 두었다.

세계적으로 볼 때 일부다처제가 확립된 것은 이슬람교가 등장하면서

부터였다. 대부분 중동과 북아프리카에 분포된 이슬람은 그들의 율법에서 아내를 4명까지 둘 수 있다고 명시하며 합법화했으며 수십 명의 아내로 '하렘(harem)'을 형성한 지도층이나 부유층이 적지 않았다. 하렘은 여성들만의 집합 장소다. 그녀들을 거느린 남성은 관리가 무척 편하다. 하지만 하렘의 여성들은 공적 생활이 박탈되고 격리돼 구치소나 다름없는 곳에서 지낸다.

이슬람의 창시자 무함마드까지 겨우 6세 여자아이를 아내로 둘 정도여서 중동이나 북아프리카에서 일부다처는 당연한 결혼 풍습이 됐지만 여러 가지 제약이 있었다. 이슬람이 일부다처제를 실행한 것은 무엇보다 남자들이 부족했기 때문이다. 이슬람인은 투쟁적이어서 전쟁의 건수도 많았다. 그들의 거주 지역이 사막이거나 척박한 환경이었으며 기후가 좋지 않아서 남자들이 많이 죽는 바람에 과부들이 많이 생겨 그 과부들을 구제하기 위해 일부다처제를 시행하게 됐다는 것이다.

물론 갖가지 규제를 함으로써 마구잡이 일부다처를 제한하기도 했다. 아내를 두고 또 다른 아내를 맞으려면 기존 아내들의 동의를 반드시 얻어야 했으며 새로 얻는 아내에게 지참금을 지급해야만 했다. 그런데 새 아내에게 줄 지참금이 만만치 않다. 평균적으로 결혼할 남자의 연봉 3~4년치의 현금이나 현물을 줘야 한다. 4명의 아내를 얻으려면 무려 연봉 16년치다. 수입이 적은 하류층은 한 명의 아내도 얻기 힘들다.

여러 명의 아내를 모두 공평하게 대우해야 한다. 부부 동침도 공평해야 하고, 선물을 주더라도 모두 똑같이 줘야 한다. 만일 남자가 특별히 한 아내를 좋아해서 편애하면 나머지 아내들에게 이혼 사유를 제공하는 구실이 됐다. 그러면 남자의 과실로 아내에게 많은 위자료를 줘야 한다.

조사해보니 아프리카 나이지리아의 90세가 넘은 어느 이슬람교도는 아내가 97명이다. 죽은 아내 10명을 합치면 그는 107명의 아내와 결혼식을 올렸다. 자녀 수만 하더라도 무려 185명이다. 여러 해 전, 이슬람 지역 교구는 그에게 아내 4명만 놔두고 나머지 아내들과는 이혼하라고 권유했지만, 오히려 그 많은 아내가 자신들의 뜻에 따라 결혼한 것이라는 탄원서를 내 무마됐다고 한다.

참고로 〈기네스북〉에 따르면 가장 많은 아내를 거느렸던 남자는 17세기 말에서 18세기 초까지 살았던 아프리카 모로코의 물레이 이스마일(Mulai Ismail) 황제다. 그는 4명의 왕비와 30세 미만의 여성 500여 명의 처첩을 거느렸는데 아들 548명, 딸 340명 등, 모두 888명의 자녀를 낳았다고 한다.

그를 연구한 서양의 학자에 따르면 그는 32년 동안 실제로는 1,172명의 자녀를 낳았다고 한다. 그러자면 32년 동안 하루도 쉬지 않고 잠자리해야 가능하다고 했다. 또 어떤 자료에는 하루에 아내 4.8명과 매일 성관계해야 가능하다고 했다. 지금도 앞서 소개한 나이지리아의 이슬람교도뿐 아니라 인도네시아, 필리핀 같은 곳에서는 100명 이상 아내를 거느린 이슬람교도들이 있다.

남아메리카에 파라과이는 면적 약 40만km²로 한반도의 2배가량 되지만 인구는 690만여 명뿐인 개발도상국이다. 더욱이 파라과이는 남미의 한가운데 있는 내륙국으로 브라질, 아르헨티나, 볼리비아 등 강대국들에 둘러싸여 있다. 오랫동안 스페인의 식민지였기 때문에 국민의 약 90%가 가톨릭 신자다.

파라과이는 지정학적으로 브라질과 아르헨티나를 경계로 하는 불리한 위치에 있어 간섭을 많이 받았다. 특히 강대국 브라질의 간섭이 갈수록 심해지자 1865년 브라질과 전쟁을 벌였는데, 그 과정에서 뜻하지 않게 아르헨티나 영토를 침범하면서 아르헨티나까지 전쟁에 끌어들이고 말았다. 작은 나라 파라과이는 두 강대국과 필사적으로 싸웠으나 전쟁이 벌어진 지 5년 만인 1870년 굴복했는데, 오랜 전쟁으로 나라가 완전히 황폐해진 데다 수많은 파라과이 남자들이 전장에서 죽거나 포로가 돼서 노예로 끌려갔다.

그 무렵 파라과이 인구는 무려 92%가 여성이었다고 하니까 전투를 할 수 없는 노약자들을 빼놓는다면 속된 말로 남자의 씨가 말랐던 것이다. 젊은 여성들은 남자가 없어서 결혼할 수가 없었고 거리에서 어쩌다 남자를 만나면 여자가 달려들어 남자를 강간하고 결혼하자고 졸라대는 경우가 흔한 일이었다.

외국 노동자들도 대상이었다. 하지만 그것으로도 남자가 모자라 산속에 사는 원시 부족의 남자까지 끌어내는 지경에 이르자 파라과이 정부는 일부다처제를 허용했다. 가톨릭 국가에서는 있을 수 없는 일이었지만 이 나라의 일부다처제는 1950년까지 계속됐다고 한다. 파라과이 일부다처의 풍속은 어쩔 수 없는 선택이었다.

일부다처제가 줄어드는 경향을 보인 것은 11세기에 들어와 기독교가 유럽을 지배하기 시작할 무렵이었다. 중동, 북아프리카의 이슬람 국가들에서도 일부다처제의 문제점 중 가장 큰 문제는 재산상속이었다. 여러 명의 아내와 그녀들이 낳은 자녀들에게 어떤 기준으로 재산을 분배할 것인가가 가장 심각한 문제였다. 그럴 뿐만 아니라 남자들의 정력도 문제가 됐다. 많은 아내와 공평하게 성관계를 갖는 것이 쉽지 않았고 남자의 정력에는 한계가 있어서 공평성 문제로 아내들이 자주 불만을 터뜨렸다. 수많은 자녀의 양육비, 교육비 등도 문제가 됐으며 아내를 얻을 때마다 줘야 하는 지참금도 부담됐을 뿐 아니라, 3번째나 4번째로 얻는 아내는 대부분 어린 소녀여서 조혼도 문제가 됐다.

이슬람의 여론도 양분되어 일부다처제를 부도덕하다며 반대하는 이슬람교도와 도덕과는 아무 관련이 없는 일이라며 옹호하는 이슬람교도가 팽팽하게 맞섰다. 하지만 앞에 설명한 여러 이유로 아내 숫자가 줄어들어 일부일처에 만족하거나 아내를 2명만 두는 경우가 늘어났다고 한다.

오늘날 국가는 일부일처제를 법률로 규정하고 있다. 일부다처제가 완전히 사라지지 않았지만 크게 줄어드는 것은 사실이다. 일부다처제에 타당한 사유보다 남성 중심 사회가 만들어낸, 성차별로 인한 그릇된 결혼풍속이라는 사실을 부인할 수 없다.

일처다부의
여인 천국,
중국의 먼바족

먼바족 여자들은 16세의 성인이 되면
평소 관심을 뒀던 건장한 청년 4~5명을
한꺼번에 데려와 그들과 결혼한다고 한다.

인구가 14억 명인 중국은 그들의 주 구성원인 한족 이외에도 조선족을 비롯한 무려 55개의 크고 작은 소수민족들이 섞여 산다. 그 가운데 먼바(門巴)족이 있다. 인구가 1만 명도 안 되는 소수민족으로, 여기의 성인 여성은 여러 명의 남편을 둘 수 있는 일처다부의 여인천하에서 살고 있다. 이슬람 문화권의 '일부다처'는 잘 알려졌지만, '일처다부'는 현대사회에서는 좀처럼 볼 수 없는 특이한 혼인 형태이다.

먼바족은 중국 남서쪽 시짱자치구(티베트) 남동부 히말라야 산자락의 산림 지역에 집단 거주하는데 여성이 가족의 중심이 되는 모계사회다. 아이가 태어나도 어머니의 성을 따른다. 일반적으로 모계사회에서는 남편이 없거나 있어도 존재가 희미한데 먼바족 기혼 여성들에게는 남편이 있다. 다만 남편이 한 명이 아니라 여러 명이 특징이다.

먼바족 여자들은 16세의 성인이 되면 평소 관심을 뒀던 건장한 청년 4~5명을 한꺼번에 데려와 그들과 결혼한다고 한다. 애초부터 일처다부이다 보니 여자가 선택하는 청년들은 일 잘 할 것 같은 튼튼한 청년, 잘생긴 청년, 섹스를 잘 할 것 같은 청년 등 여성 자신이 원하는 대로 선택한다.

먼바족 여성들은 4~5명의 청년과 결혼 생활을 시작한다. 그들의 주택은 2층 구조의 토담집이 대부분이다. 아래층에는 가축우리와 여러 남편이 함께 쓰는 방이 있고 위층에는 비교적 깔끔하게 잘 꾸며진 여인(아내)의 방이 있다. 아내는 위층을 혼자서 쓴다. 하루의 일과가 끝나고 밤이면 여성은 자기 침실에서 남편들을 차례로 불러들여 성관계를 갖는다. 남편들은 아래층에서 술을 마시거나 음식을 먹으며 자기 차례를 기다린다. 때로는 가족들이 모두 저녁 식사를 함께하면서 아내가 남편 중 한두 명에게 자기 침실의 청소를 부탁한다. 그것은 잠자리를 같이하는 순서이다. 지명을 받은 남편은 깨끗이 목욕하고 아내의 침실에 들어가 청소를 마친 뒤, 침대에 누워서 아내를 기다린다. 그러면 아내도 목욕하고 잠자리를 같이한다. 그렇게 해서 정사가 끝나면 남편은 재빨리 침실을 빠져나와야 한다.

그러면 다음 차례의 남편이 들어오고 아내는 첫 남편과 정사를 끝낸 벌거벗은 상태로 두 번째 남편을 맞아 정사를 갖는다. 결국 아내는 하룻밤에도 4~5명의 남편과 정사를 갖는다.

아내는 4~5명의 남자와 결혼한 지 1년이 지나면 또 4~5명의 남편을 새로 맞이할 수 있어서 적게는 4명부터 많게는 10명까지 남편을 둘 수 있다

여성들을 위한 혜택은 그것만이 아니다. 남편이 아무리 여러 명이어도

아내가 1년 이내에 임신을 못 하면 다른 여자의 정력적인 남편을 빌려와 성관계를 가질 수 있다. 부인들끼리의 합의에 2~3명의 남편을 한두 달 동안 서로 바꾸기도 하는 부부 교환, 집단 성행위까지 할 수 있다.

반면에 먼바족 남자들에게는 제약이 많다. 일단 결혼하면 아내 이외에 다른 여자, 남의 여자를 탐해선 안 된다. 다만 아내의 허락이 있으면 다른 여자와 정을 통하는데 아내의 허락 없이 다른 여자를 유혹하다가 들통이 나면 부족사회에서 추방당한다. 한 명의 아내를 공유한 여러 명의 남편도 함께 살면서 화목하게 지낸다고 한다. 나이에 따라 서로 호형호제하면서 별다른 불평 없이 아내의 가정을 위해 헌신적으로 생업에 매달린다는 것이다.

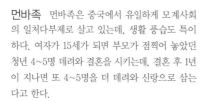

먼바족 먼바족은 중국에서 유일하게 모계사회의 일처다부제로 살고 있는데, 생활 풍습도 특이하다. 여자가 15세가 되면 부모가 점찍어 놓았던 청년 4~5명 데려와 결혼을 시키는데, 결혼 후 1년이 지나면 또 4~5명을 더 데려와 신랑으로 삼는다고 한다.

먼바족은 여자가 귀하다고 한다. 전통적으로 남녀의 출생 비율은 8대 2, 즉 남자가 절대다수이고 여자는 20%밖에 되지 않는다. 그에 대한 생물학적 이유는 모르겠지만 그 때문에 여성 우위의 모계사회가 되고, 여자들에게 성적으로 자유를 주는 것이 아닌가 싶다.

중국 정부에서는 이들에게 일부일처제를 요구하고 있지만 큰 효과가 없다고 한다. 그러나 먼바족 남자들이 근래에 이웃 나라들과의 무역에 참여하는 경우가 늘어나 외국에 나가면 돌아오지 않는 경우가 많아졌다. 그러면 먼바족 아내는 남편 가운데 한두 명을 잃게 되는 것이다. 그들은 왜 돌아오지 않을까?

먼바족의 일처다부제는 여성 위주다. 남녀의 애정 관계에는 사랑이 핵심 요소다. 한 여자가 여러 명의 남자를 남편으로 두는 가정생활에 참사랑이 가능할까? 남자는 여자에게 성을 제공하는 씨앗 뿌리는 수컷에 불과해질 수 있다. 남자로서 한 여자를 여럿이 함께 공유한다는 것을 수용하기 어려운 일이다.

다부다처의
아마존
조에족

조에족은 다부다처로 남녀가 모두 여러 명의 배우자를
둘 수 있지만, 정글에서 고립된 생활을 하는
그들로서는 같은 부족끼리의 족내혼이 많다.

남아메리카의 아마존강은 이집트의 나일강과 세계 1위를 다투는
7,000km 가까운 긴 강이다. 이 강의 지류만도 1,000개가 넘는다.
세계에서 가장 넓은 유역과 수량을 자랑하며 강 주변은 광활한 열대성 정
글로 '세계의 허파'로 불린다.

남미 북부 페루의 안데스산맥에서 발원해서 브라질, 콜롬비아, 에콰
도르, 베네수엘라, 볼리비아를 지나 대서양으로 흐른다. 넓은 강 유역과
울창한 정글에는 수많은 동식물이 생태계의 보물 창고를 이룬다. 아마존
지역에 숫자를 정확히 알 수도 없는 숱한 부족들이 강 유역과 숲속 깊숙
이 흩어져서 사는데, 그들은 문명 세계에서 완전히 격리된 원시 부족들
이 대부분이다.

브라질 정부는 이들 원시 부족이 2,000~3,000개쯤 되는 것으로 파악하지만 정확히는 아무도 모른다. 수백 명이 되는 부족들도 있지만 대다수가 불과 몇십 명이어서 차츰 소멸(멸종)하는 부족도 많다고 한다. 최근 마지막으로 남았던 한 명마저 죽어 소멸한 부족이 세상에 알려지기도 했다.

생물학에서 남녀로 이루어진 한 집단의 구성원 수가 최소한 30명은 돼야 종족 보존이 가능하다고 본다. 그런데 아마존 원시 부족 가운데는 30명도 안 되는 부족이 많아서 지구상에서 사라지는 것은 시간문제이다. 그들은 정글 깊숙한 곳에서 흩어져 살아서 다른 부족과의 접촉도 어렵거니와 낯선 부족을 만나면 적대감이 앞서 치열하게 싸움을 벌여 사상자를 발생시켜 그나마 부족한 인구마저 더 줄어들게 만든다.

근래에 이르러 벌목, 벌채, 도로 건설 등의 난개발로 원시 부족들의 거주 지역이 줄어들고, 원시 부족들은 자기들의 영역을 지키고 생존을 위해 이들 개발업자와 맞서 싸우면서 희생자들이 늘어나고 있다. 그들은 개발업자들의 현대식 무기를 당해내지 못하고 맥없이 희생되었고 개발업자들은 무참히 학살하는 것도 서슴지 않아 국제적으로 큰 우려를 자아내고 있다. 아마존 지역의 난개발은 '세계의 허파'를 파괴하는 것이라 인간의 생존 환경에 큰 영향을 미친다. 많은 국제환경단체가 개발업자들과 맞서고 있으며, 원시 부족(원주민) 보호 단체들과 봉사 단체들도 강력하게 맞서고 있다.

아마존 원시 부족들에게도 많은 변화가 있다. 아마존 지역의 세계적인 관심이 높아지자 수많은 탐사대와 매스컴의 취재진이 몰려들어 원시 부족의 생활상을 소개하면서 관광객들이 방문하게 되었다. 그 영향으로 아마존강 유역에 거주하는 부족들은 고기잡이나 사냥 따위의 생업을 버리고, 관광객들을 상대로 자신들의 실생활을 보여주거나 사진 찍기, 민속 공연 등의 관광 사업에 치중하는 사례가 늘어났다. 그 외에도 아마존 난 개발로 터전을 잃은 부족들은 국가에서 마련해준 원주민 보호구역에서 살거나 보호단체들의 지원을 받으면서 원시적인 생활에서 벗어나고 있다.

그럼에도 아마존 정글에는 여전히 외부와의 접촉을 거부하고 문명을 등진 채 살아가는 소수 부족이 훨씬 더 많아 이들과는 접촉하기도 힘들 어 실상을 잘 알지 못한다. 그나마 다행스럽게 몇몇 부족은 접근할 수 있 어서 실상이 알려졌는데 그 가운데 조에족이 있다.

조에(Zoe)족은 아마존의 브라질 정글 속에서 사는 원시 부족으로 인 구가 약 130여 명이라고 한다. 하지만 아마존 원시 부족으로서는 규모가 작은 부족은 아닌 것 같다. 아마존의 원시 부족 가운데 그나마 외부인들 의 접근이 허용된 몇 안 되는 부족 가운데 하나다.

그 때문에 그들의 특이한 풍습인 뽀뚜루가 외부 세계에 널리 알려졌 다. 뽀뚜루는 아랫입술과 턱 사이에 둥근 나무토막을 끼워 넣은 것을 말 한다. 이들은 열 살쯤 되면 아랫입술을 원숭이 뼈로 뚫고 대략 20cm쯤 되는 나무토막을 끼워 넣고 평생을 살아간다. 우리도 다큐멘터리 프로그 램을 통해 그 모습을 보았다. 특히 MBC-TV에서 오래전 특집으로 〈아마 존의 눈물〉을 방영하면서 조에족의 생생한 모습을 소개했다.

조에족은 그들에게 주어진 자연에 순응하며 자연과 더불어 산짐승처 럼 살아간다. 남녀노소 가릴 것 없이 온몸에 뽀뚜루 이외에는 아무것도 걸치지 않고 나체로 지낸다. 때에 따라 남자는 야자수 잎으로 성기를 가 리고 여자는 앉을 때 다리를 구부려 음부를 가리지만, 스스럼없이 나체로 살아간다.

이들에게는 시간개념이 없다. 해가 떠서 날이 밝으면 활동하는 낮이고, 어두워지면 잠을 자는 밤이다. 태양의 움직임에 따라 대략의 시간을 짐작하는 것이 전부다. 남자는 주로 사냥하고, 여자는 식물채집으로 먹거리를 해결한다. 동물이나 다름없는 단조로운 생활에 특이한 것은 없지만 이들의 결혼 방식이 특별해서 주목받는다.

이들의 결혼은 다부다처(多夫多妻)다. 인류의 결혼 형태는 일부일처, 일부다처, 일처다부, 집단혼 등 몇 가지 특징이 있지만 다부다처는 드문 결혼 형태로 일종의 집단혼이며 복혼(複婚, polygamy)이다. 복혼은 한 사람이 둘 이상의 남편 또는 아내를 맞이하는 혼인 형태로 중혼(重婚, bigamy)과는 다르다. 중혼은 이미 배우자가 있는 사람이 다시 또 결혼하는 것으로 대부분의 나라에서 법적으로 금지하고 있다. 복혼은 합법적으로 한 사람이 두 명 이상의 배우자를 두는 결혼 형태를 말한다. 일부다처나 일처다부도 엄밀히 말하자면 복혼(집단혼)이며, 우리나라를 비롯한 동양의 남성 우월 사회에서 남자들이 본처 이외에 첩을 둘 수 있었던 것도 일종의 복혼이다.

조에족은 10대 중반 성인이 되면 자유롭게 이성 간의 성행위를 할 수 있다. 결혼하려면 서로 동의해야 하는데 한쪽이 동의하지 않는 예는 없다고 한다. 남녀가 자유롭게 성행위를 하더라도 몇 번 이상 성관계를 가지면 반드시 결혼해야 한다. 결혼한 남녀는 배우자가 아닌 다른 남녀와는 성관계할 수 없다. 성은 개방적이지만 난교는 아니다. 이러한 불문율을 잘 지켜 부족 내에서 성폭력과 같은 성적 갈등은 없다고 한다. 조에족은 남녀가 모두 여러 명의 배우자를 둘 수 있지만, 정글에서 고립된 생활을 하는 그들로서는 같은 부족끼리의 족내혼이 많아서 조에족의 혈액형은 모두 A형이다.

아마존의 원시 부족들은 아프리카에서 이동한 현생인류의 몇몇 무리가 시베리아를 거쳐 베링해를 건너서 아메리카 대륙으로 진출한 고아시아계 종족의 후손들이다. 그들의 일부가 아마존 정글에 들어가 고립된 생활을 하면서 오늘날에 이른 것이다. 조에족도 예외가 아니다.

조에족의 성적 개방은 부족 전체 인원이 130여 명에 불과하니까 미혼 남녀도 적다. 그들에게 성을 개방함으로써 젊은 남녀들이 성적 욕구를 해소할 수 있고, 복혼을 함으로써 임신 확률도 높아져 종족 번식에 도움을 준 것이 '다부다처'의 기원이 아닐까 생각된다.

아마존 원시 부족들은 일찍이 문명과 고립돼 그들끼리 살아와서 오직 자기들만의 언어가 있고 풍속과 풍습이 있다. 그들이 소통하는 언어는 스페인이나 포르투갈 같은 정복자들의 언어가 아니다. 그들의 언어, 풍속, 풍습도 그들만의 삶 속에서 만들어져 계승됐지만, 차츰 절멸돼가면서 고유의 언어도 문화도 함께 사라져가고 있다. 인류에게는 큰 손실이 아닐 수 없다.

마지막 모계사회,
모수오족의
주혼(走婚)

모수오족에게는 결혼이란 개념조차 없으며
여성이 남자와 성관계로 아이를 낳지만,
남편은 없고 아이는 어머니의 성(姓)을 따른다.

머거리를 찾아 끊임없이 이동하며 떠돌이 생활을 하던 원시 인류는 모계사회였으며 인류가 정착 생활을 시작하고 남성이 주도하는 가부장 사회가 되기 전까지도 모계사회였다. 가부장 사회가 된 이래, 모계 사회는 사라지기 시작했으며 이제는 그 모습을 찾아보기 어렵다. 그런데 여전히 모계사회를 유지하는 민족이 있다.

중국의 서남부에 있는 원난성은 베트남, 미얀마, 라오스 등과 국경을 맞대고 있는 곳으로 소수민족이 가장 많이 살고 있다. 중국 55개 소수민 족 가운데 무려 25개 소수민족의 터전이다. 그들 가운데 모수오(Mosuo)족이 있다. 전체 인구가 겨우 4만여 명으로 규모가 크지 않다. 티베트계의 소수민족인 나시족의 일파로 알려졌다.

인류학자들은 모수오족의 모계사회를 인류의 '마지막 모계사회'라며 큰 관심으로 지켜보고 있다. 모수오족이 모계사회를 유지하는 것은 그들의 전통적인 혼인 방식인 주혼(走婚) 때문이다. 무척 낯선 '주혼'은 남녀의 성관계로 여자가 임신하고 아이를 낳지만, 남자는 전혀 책임이 없는 독특한 혼인 관계로 국어사전에도 나오지 않는다. 많은 동물이 암컷과 수컷이 교미하고 새끼를 낳지만, 수컷은 아무런 책임도 지지 않고 떠나버리면 그만인 것과 같다. 가버린다는 주(走)가 붙은 주혼이다.

모수오족에게는 결혼, 결혼식, 부부 등은 개념조차 없으며 성인 여성이 남자와 성관계로 아이를 낳지만, 남편은 없고 아이는 어머니의 성을 따른다. 모수오족의 삶은 건강하고 긍정적이다. 또한 성폭력과 같은 성범죄는 전혀 없다고 알려졌다.

모수오족의 여자는 16세가 되면 성인으로서 남성과 관계를 맺는다. 모수오족의 거주 지역에는 대형 호수가 있다. 젊은 남녀는 호숫가를 산책하거나 친구들끼리 어울려 놀이를 즐긴다. 그러다가 남녀가 눈이 맞으면 여자가 자기 집으로 향한다. 눈이 맞아 뒤따르는 남자에게 아무 말 없이 자기 집을 알려준다. 남자는 여자의 집을 확인하고 돌아갔다가 한밤중에 도둑처럼 여자의 집 담장을 넘는다. 여자의 방을 찾아가 날이 밝아오는 새벽에 다시 담을 넘어 돌아간다. 여자도 눈이 맞은 남자가 밤에 담을 넘어올 것을 예상하고 그를 맞을 준비를 하고 기다린다.

남자가 자기와 마음이 통한 여자의 집 담을 넘는 것을 파팡즈(爬房子)라는데, 이는 모수오족의 오랜 풍습이다. 남자는 반드시 여자의 집 담을 넘어 들어간다. 여자의 부모는 자기 딸과 감정이 통한 젊은 남자가 담을 넘어올 것을 알고 모른 척하고 내버려둔다. 오히려 딸이 자꾸 나이를 먹어가는데 담을 넘는 남자가 없으면 걱정한다.

이들에게는 반드시 지켜야 할 불문율이 있다. 여성의 집에 담을 넘어가서 함께 밤을 보낸 남자 또는 주혼하는 남녀를 그들의 표현으로 아샤(阿夏)라고 하는데, 부부라고는 할 수 없고 그들은 자식이 태어나도 함께 살지 않는다. 모계사회인 만큼 아기의 양육권을 여성이 갖는다. 낮에는 아샤와 서로 마주쳐도 모른 척한다. 같은 마을의 젊은 남녀끼리는 주혼하지 않는다. 남자가 어떤 여자와 주혼하고 싶어도 여자가 거부하면 관계가 이루어지지 않으며, 여자에게 남자 선택권이 있다.

아샤는 결혼이 아니라 서로 교제하는 사이다. 남녀가 모두 일생 몇 번이고 자유롭게 여러 명의 아샤를 만나지만 그러기 위해서는 먼저 아샤와는 헤어져야 한다. 쉽게 말해 양다리 걸치기는 안 된다. 이 규칙은 무척 엄격하게 지켜지며 여자가 거부하거나 담을 넘던 남자가 다시 찾아오지 않으면 그것으로 아샤 관계는 끝난다. 남자가 특정한 여자의 집에 여러 번 담을 넘고 관계했어도 성격이 맞지 않고 감정이 식어버리면 언제든지 관계를 끊을 수 있다. 요즘 흔한 이별 범죄는 그들에게는 절대 없다.

모수오족은 모든 경제권과 결정권이 어머니에게 있고 딸이 가계를 이어받는다. 또 아버지는 존재하지 않고 대신 외삼촌이 아버지 역할을 한다. 모계사회는 당연히 대가족이다. 아기가 태어나도 모계가족의 구성원이 되기에 그들의 가족은 몇십 명이 함께 모여 산다. 가족 구성원들은 모두 외할머니의 후손들이다. 분가는 노인에 대한 불손과 재산 분쟁을 뜻해서 분가하지 않는다.

모수오족이 모계사회가 되고, 기이한 주혼 풍습이 이어지는지는 정확하게 알 수 없다. 중국의 옛 사서에 따르면, 고대에 이곳에 여왕이 다스리는 여인 왕국이 있었다는 전설이 이어져 내려온다고 한다. 여성들이 주도권을 가진 그러한 전통 때문인지도 모른다.

모수오족이 거주하는 산간 지역에도 문명이 밀려들고, 그들의 독특한 주혼이 널리 알려져 관광객이 찾아오고 개방이 가속화되면서 지금은 모수오족의 젊은 남녀도 정식 결혼을 선호한다고 한다. 중국의 문화대혁명 당시, 일부일처제를 강요했지만, 여전히 오랜 풍습을 이어가고 있다.

모든 형제가
한 명의 아내를
공유하는 인도 록파족

여자가 어느 가족의 장남과 결혼했다면
함께 사는 남동생들과도 잠자리를 할 수 있다.
물론 무질서하게 혼음(混婬)을 하는 것은 아니다.

거대한 히말라야산맥 기슭은 사람이 살 만한 환경이 아니다. 나무 한 그루, 풀 한 포기 없는 민둥산들과 황량한 사막 같은 벌판이 끝없이 이어지는 삭막한 고원지대로 해발 5,000m가 넘는 곳이어서 숨조차 쉬기 힘들다.

인도는 아열대의 더운 나라지만 히말라야 자락의 겨울은 영하 40도까지 내려가며 몹시 춥다. 이렇듯 열악한 환경의 오지에 록파족이 살고 있다. 그들은 이곳에서 2천 년 이상을 살아왔다는데 모습은 영락없는 티베트인이다. 어쩌면 그들의 먼 선조들이 티베트에서 이곳으로 흘러들었는지 모른다.

록파족은 황량한 벌판, 히말라야 자락의 민둥산에서 양과 염소를 키우면서 유목 생활을 한다. 몹시 추운 겨울철에는 돌을 쌓아 만든 볼품없는 돌집에서 생활하고 나머지 계절은 풀을 찾아 떠돌며 유목 생활을 한다. 워낙 척박한 벌판에서 살아서 외부와의 접촉도 없이 모든 것을 자급자족으로 해결한다. 양, 염소의 젖으로 우유, 치즈 따위를 만들고 육류를 얻으며 가축의 가죽, 털로 의상을 해결하고 이동 생활하는 허름한 천막을 만든다. 여기에도 상인들이 가끔 찾아온다. 록파족은 양털에서 뽑아낸 털실 등을 밀가루나 견과류, 의류 그리고 생활용품, 손목시계 등과 물물교환한다.

부모와 형제자매들이 함께 살며 여성이 무척 귀해 성 비율도 5:3 정도로 남자가 많다. 젊은 남자들이 결혼하기가 힘든 상황이다. 록파족의 결혼 풍습은 일처다부제로 함께 사는 모든 형제가 한 명의 아내를 공유한다. 예컨대 여자가 어느 가족의 장남과 결혼했다면 함께 사는 남동생들과도 잠자리를 할 수 있다. 물론 무질서하게 혼음을 하는 것이 아니고 형식적이지만 정식으로 결혼 예식을 올리는 복혼이다. 이 결정은 여자만 할 수 있어 남편의 형제들은 무조건 여자(형수)의 결정에 따른다.

이를 두고 형제들은 아무런 불만이 없다. 여자들이 얼마든지 복혼을 할 수 있는 일처다부제여서 다른 남자와 두 번, 세 번 결혼하는 것보다 오히려 형제가 낫다고 본다. 여자는 형제들이 성적으로 불만이 없도록 공평하게 잠자리를 함께한다. 여자가 임신하고 아이를 낳으면 낳은 아이의 아빠는 누구인가? 형제들은 느낌으로 누가 그 아이의 아빠인지 안다고 하며 절대로 내 아이라고 주장하지 않는 것이 불문율이다. 여자는 확실하게 아이의 아빠를 알지만 절대로 얘기하지 않고 누구의 아이든 똑같은 자녀로 함께 키운다. 록파족에게 어쩌다가 이런 일처다부, 복혼의 풍습이 생겼을까?

첫째, 앞서 설명한 것과 같이 여자가 부족하기 때문이다. 그렇지 않으면 많은 남자가 성적 욕구를 해소할 방법이 없어 각종 성범죄를 피하기 어렵다.

둘째, 재산 분배다. 재산이라고 해봤자 양, 염소 따위의 가축이 전부인 가난한 대가족에서 장남이 아닌 동생들이 결혼하면 분가해야 한다. 그러자면 재산을 나눠야 하는데 그럴 만한 형편이 못 된다. 가축을 나눠 가지면 모두 더욱 궁핍해지므로 결국 일처다부는 그들의 어쩔 수 없는 생존방식이다.

인도 북부 히말라야산맥 기슭에 사는 많은 부족의 생활 형태도 록파족과 비슷하고 궁핍하기도 마찬가지다. 따라서 토다(Toda)족이나 나이르(Nair)족 등 많은 부족이 일처다부제를 유지하고 있다. 인근 국가 네팔에도 일처다부의 풍습이 남아 있다.

록파족은 척박한 환경에서 힘들게 살아가지만, 티베트 불교를 믿는 신앙심은 돈독하여 틈만 있으면 마니차(또는 마니륜)를 돌리며 불경을 암송한다. '마니차'는 티베트 불교에서 경전이 들어있는 수행 도구다. 글을 읽지 못하는 사람들이 작은 원통 안에 경전을 넣고 돌리면 경전을 통독한 듯한 공덕을 얻는다고 하여 온 가족이 저마다의 마니차를 가지고 있다.

무척 오래전이지만 KBS-TV의 〈다큐멘터리 극장〉에서 록파족의 생활상을 현지 취재해서 생생하게 소개했다. 다큐멘터리에서 인상 깊었던 것은 일처다부의 실태가 아니라 한 노인의 죽음이었다. 황량한 벌판을 떠도는 록파족은 보통 보름에 한 번씩 풀을 찾아 이동한다. 그런데 가족 중 거동이 몹시 불편한 노인이 있다면 어떻게 할까? 노인은 가족들과 동행하지 않는다. 노인 스스로 자신이 얼마 살지 못할 것을 충분히 예감하고 당연하다는 듯이 홀로 남는다. 황량한 벌판에 아주 작은 허름한 천막을 세우고 그곳에 혼자 남아 제 죽음을 기다린다. 노인은 자기 부친도 이렇게 죽었다고 체념한다. 가족들은 노인에게 한 달 정도 먹을 음식을 남겨주고 작별한다. KBS 다큐멘터리에서는 노인의 아들과 손자가 천막 밖에서 몇 차례 절을 하고 떠난다. 그들이 돌아왔을 때까지 노인이 살아있으면 또 한 달치 정도의 음식을 마련해주고 다시 떠난다고 한다.

쓸쓸하고 허망한 죽음임에도 혼자 남겨진 노인은 담담하게 '죽음은 몸을 두고 가는 것'이라고 했다. 가족이 돌아왔을 때 노인이 죽었으면 그들의 전통에 따라 풍장(風葬)을 지낸다.

열 살이면
결혼하는
아프리카 피그미족

피그미족은 신장도 작고 평균수명은 17세라고 한다. 남자는 20세, 여자는 23세만 넘으면 노인 취급을 받는다.

피그미족은 성인 남자 평균 키가 150cm, 여자는 137cm로 키가 작은 소인종이어서 유명해졌다. '피그미'도 고대 그리스신화에 나오는 난쟁이에서 유래했다. 영화와 소설 등으로 유명한 〈반지의 제왕〉에 등장하는 난쟁이 호빗(Hobbit)과 비유해서 호빗족이라고도 부른다.

피그미족은 콩고 등 중앙아프리카 적도 지역에 널리 분포해 있고 오세아니아, 남태평양, 동남아시아 등지에서도 산다. 피그미족은 그들을 총칭하지만, 일반적으로 아프리카의 피그미족을 말한다. 그들의 거주 지역이 콩고 내전, 르완다 내전 등 종족 분쟁이 극심한 지역이라 약 7만여 명이 학살당했다고 한다.

그런데도 현재 약 25~60만 명의 피그미족이 10여 개의 부족으로 살아간다고 하는데 이들 10여 개 부족들은 모두 혈통이 같지 않다. 다른 언어를 쓰고 대부분 상호 연관성이 없다.

피그미족이 주목받는 것은 이들이 현생인류, 호모사피엔스의 가장 오래된 직계 조상이기 때문이다. 현재 아프리카에는 1,000~2,000개의 부족이 있는데 그들 중 두 종족만이 호모사피엔스의 순수한 직계 혈통이라고 한다.

하나는 아프리카 남부 보츠와나, 나미비아, 칼라하리사막 등에 사는 코이산(Khoisan)족이다. 이들은 코이코이족과 산(San)족을 합친 종족으로 흔히 부시맨(Bushman)으로 부르는 종족이다. 영화를 통해서도 우리에게 잘 알려진 이들도 키가 작아 피그미족과 혼동한다. 코이산족은 약 15만 년 전, 인류의 공통 조상 어머니인 '미토콘드리아 이브'의 순수한 직계 후손으로 알려졌다. 피그미족도 13만 년 전, 적어도 6만 년 전부터 다른 혈통과 섞이지 않고 현생인류의 순수 혈통을 이어왔다고 알려졌다. 유전학적으로 피그미족이 유라시아 여러 민족의 선조라고 한다.

피그미족이 많은 인류학자의 관심을 끄는 것은 그들의 수명이다. 신장도 무척 작거니와 이들의 평균수명은 겨우 17세라니 믿어지지 않는다. 남자는 20세, 여자는 23세만 넘으면 노인 취급을 받으며 신체 성장도 빨라 정상적으로 성장하다가 12세가 되면 성장판이 닫히고 성장하지 않는다. 여자는 10세만 되면 월경을 시작하고 결혼하고 남자는 대개 13세에 10세의 신부를 맞이한다. 여자가 일찍 결혼하지만, 아이를 많이 낳아 오래 살아야 20대에 죽을 때까지 연년생으로 5명 이상의 아이를 낳는다. 그런데도 피그미족의 인구가 늘지 않고 평균수명이 20세가 안 될 정도로 짧은 것은 열악한 환경으로 유아사망률이 매우 높기 때문이다.

그들은 가족 간 우애가 깊고 화목해서 서로 껴안는 신체 접촉이 일상이며 다투는 예는 없다고 한다. 부족의 우두머리나 지도자도 없고, 치안을 맡은 경찰 같은 조직도 없다. 이웃 간에도 노인과 어린이를 먼저 배려하며 남녀가 평등하고 본성적으로 낙천적이다. 그들 고유의 악기와 음악도 있으며 춤추고 노래하는 것을 즐긴다. 그들의 춤과 노래 등은 즉흥음악으로 문자가 없으므로 어린이 때부터 참여해서 구전으로 전승된다.

많은 인류학자가 피그미족과 함께 살며 그들이 왜 수명이 짧고 키가 작은가를 연구하고 있다. 물론 학자들은 자기의 견해를 인정받기 위해 끊임없이 논쟁을 벌여서 지배적인 정설은 없지만 몇 가지 설득력을 가진 견해가 있다.

중앙아프리카의 무덥고 습기 있는 서식 환경(주거 환경, 생활환경 등)에 적응하도록 진화했기 때문이라는 주장이 우세하다. 열악한 환경에서 성적 조숙이 진화하여 아이를 빨리 낳아 종족 번식의 본능을 도모하고 빨리 죽는다는 것이다. 최근에는 서식 환경이 아니라 피그미족 성장호르몬의 수용체와 관련이 있다는 견해도 나왔다. 즉 말라리아, 결핵 등의 열대지역 질병의 면역력을 강화하는 대신, 신체가 작아지고 수명이 짧아지는 유전적 진화가 원인이라는 것이다.

피그미족은 키가 작다는 이유로 핍박을 받아왔다. 아프리카 종족 분쟁에서 수만 명의 희생자가 발생했고 아프리카를 모두 식민지화한 유럽인들도 그들을 경멸해서 노예로 삼으려고 했다. 심지어 동물 취급받으며 동물원에 전시되었다.

미국 뉴욕의 브롱크스 동물원은 새끼 오랑우탄과 함께 피그미족 남자를 같은 우리에 넣고 전시해서 많은 비난을 받았다. 그 때문에 일주일만의 전시를 철회했지만, 100년이 훨씬 지나서야 잘못을 인정하고 공식적으로 사과했다.

인도네시아에 플로레스(Flores)라는 큰 섬이 있다. 여기에 불과 1만여 년 전에도 키가 평균 1m밖에 안 되는 소인종이 살았다. 키와 머리통도 작아서 학자들은 염색체 이상이나 영양 대사 질환에서 오는 소인증(小人症) 환자들이었다는 견해를 내놓았지만 꾸준한 연구로 그들은 정상적이었으며 호모에렉투스의 후예들이란 결론을 내렸다. 그들에게는 호모에렉투스도 아니고 호모사피엔스도 아닌 독자적인 인종으로 호모 플로레시엔시스(Homo floresiensis)라는 학명을 붙였다. 플로렌스섬에는 그곳에서 서식하는

불을 피우는 피그미족 피그미족은 가족 간 우애가 깊고 화목해서 서로 껴안는 신체 접촉이 일상이며 다투는 예는 없다고 한다. 따라서 부족의 우두머리나 지도자도 없고, 치안을 맡은 경찰 같은 조직도 없다. 이웃 간에도 노인과 어린이를 먼저 배려한다. 남녀가 평등하고 본성적으로 낙천적이다.

코끼리도 몸집이 아주 작다. 호모 플로레시엔시스든 코끼리든 서식 환경에 적응하면서 몸집이 작아지는 쪽으로 진화됐을 것이라는 견해가 우세하다. 피그미족의 작은 신장과 짧은 수명도 환경조건과 무관하지는 않다.

피그미족과 관련해서 한 가지 참고해볼 만한 것이 있다. 피그미족이 가장 많이 사는 콩고의 콩고강 유역에 유인원 보노보(Bonobo)가 서식한다. 그곳이 보노보의 유일한 서식지다. 침팬지와 비슷하지만 몸집이 훨씬 작아서 한때 침팬지의 아종으로 분류됐었으며 보노보 원숭이라고도 불렸다. 그러나 보노보는 약 300만 년 전, 침팬지에서 분화된 것으로 알려졌다. 보노보는 침팬지보다 훨씬 온순하며 사교적이다. 보노보에게 키스는 일상이고 보노보의 사교 수단은 섹스다. 무리의 수컷과 암컷이 수시로 교미하면서 친목을 다지는데 인간처럼 정상위 체위의 섹스도 하고 먹을 것을 주고 섹스하는 성매매도 있다. 인간의 애정 행위와 너무 비슷하다.

인류는 약 600만 년 전에 침팬지에서 분화됐지만 침팬지와 98% 이상 DNA가 같듯이 보노보도 비슷하다. 보노보와 피그미족은 같은 지역, 같은 서식 환경에서 산다. 어쩌면 생활 형태도 비슷한 점들이 많다고 본다. 피그미족이 신체 접촉으로 우애를 다지는 것도, 보노보의 끊임없는 섹스가 사교 수단인 것과 비슷하다고 할 수 있다. 모두 침팬지에서 분화됐으니까 많은 부분에서 형질이 비슷하고 수명이 길지 않다. 평균 35~40년이다.

사하라사막
유목민
베두인족의 결혼

베두인족은 자기 혈통의 6~7대 선조 이름까지
외울 만큼 씨족의 단결과 결속력이 강하다.
이슬람교도답게 일부다처제다.

베 두인족은 베르베르족과 함께 북아프리카의 대표적인 종족으로 사
하라사막, 북아프리카, 중동의 전 지역에 흩어져 사는 유목민이
다. 세계 곳곳에 약 2천만 명, 사하라사막 주변 북아프리카에 100만 명
이상이 유목 생활을 하는 것을 보면 부족이라기보다 민족이라고 봐도 무
방하다. 그들은 기원전부터 이 지역에서 살아왔고 요르단, 시리아, 이라
크, 팔레스타인, 이스라엘을 비롯한 중동의 전 지역에서 위세를 떨쳤다.
이들의 조상은 셈족이다.

구약성서의 〈창세기〉에 노아의 방주가 있다. 노아에게는 아들 3형제
가 있었는데 '셈'이 장남으로 이 지역에 많은 후손을 퍼뜨렸다. 유대교, 기
독교, 이슬람교는 모두 한 뿌리이며 근본이 베두인족이다. 현재 베두인족

은 대부분 이슬람교도이다.

구약성서에는 모세가 이스라엘 백성들을 이끌고 수십 년 동안 광야를 헤매다가 마침내 가나안 땅에 정착했다고 한다. 그동안 가나안에서 수많은 싸움을 벌였는데 명칭이 어떻든 광야에서 그들과 싸운 족속은 베두인족이다. 특히 베두인족은 사막에서 살아가는 것을 좋아해서 사하라사막이 자신들의 고향이라고 말한다.

그들은 유목 생활을 하지만, 오아시스나 그 주변에서 농사를 짓는 무리도 있다. 자신들을 여러 신분으로 나누는데 가장 높은 신분이 사하라사막, 시리아, 아라비아사막 등 광활한 지역에서 낙타를 사육하는 유목민이다.

그다음은 요르단이나 시리아, 이라크 등 농경 지역 주변에서 양과 염소를 키우는 유목민이고, 그다음 신분이 남아라비아, 수단 등지에서 소를 키우는 부족으로 하위층에 속한다. 가장 하위층은 정착 생활을 하며 농사를 짓는 집단이다. 베두인족 스스로 정착 생활하는 집단을 베두인족이 아니라고 헐뜯는다.

이들은 사막이나 척박한 황야에서 가축을 이끌고 풀을 찾아 이동하고 천막에서 자급자족하며 생활한다. 물이 부족하여 불편한 점은 많지만 가축의 우유로 수분을 섭취하고 치즈, 요구르트 따위를 만든다. 가죽으로 옷을 만들어 입고, 천막을 만들고 가축에서 육류를 얻고 뼈로는 연장을 만든다. 가축의 분뇨는 말려서 땔감으로 활용한다.

부족한 채소, 곡식, 과일 따위의 식물성 식품은 약탈한다. 선천적으로 용맹스러워 싸움을 잘하며 같은 베두인족끼리도 혈통이 다른 부족과 무자비하게 싸운다. 근래에는 총기류까지 들여와 전투가 벌어지면 수많은 사상자가 발생한다.

이슬람교를 신봉하는 베두인족은 철저한 남성 위주의 가부장 사회다. 부계 혈통으로 이어지는 씨족사회로 대가족제다. 자기 혈통의 6~7대 선조 이름까지 외울 만큼 씨족의 단결과 결속력이 강하다. 또 이슬람교도답게 일부다처제다.

베두인족의 결혼 풍습은 이색적이다. 자기가 속한 씨족사회에서 누군가 결혼을 하면 씨족 전체의 축제가 된다. 드넓은 사막에 흩어져 사는 그들에게 어떤 연락망이 있는지 결혼 축제에 참여해서 성황을 이루는 것이 신기하다. 여성들은 남성의 소유물에 불과하며 대가족의 남성들로부터 철저한 통제를 받고 낯선 남자를 만날 수가 없으며 불가피하게 외출할 때는 온몸을 가리는 부르카를 착용한다. 당연히 낯선 남자와의 연애, 사랑 따위는 있을 수 없다.

여성들은 11~12세가 돼서 첫 월경을 시작하면 결혼을 준비해야 한다. 조혼이어서 대부분 10대에 결혼하는데 여자의 나이가 어리고 일부다처제다 보니 배우자가 되는 남성은 여자보다 훨씬 나이가 많은 중년이다. 남성은 아버지가, 여성은 어머니가 배우자감을 고른다. 그러나 최종 결정은 아버지가 하며 외부와 단절된 채 독자적으로 살아가는 씨족사회라 같은 씨족끼리 결혼이 가능해서 여성이든 남성이든, 배우자는 같은 혈통의 씨족사회 안에서 선택한다. 대부분이 사촌끼리 결혼하고 근친혼은 아니라도 중매로 이루어지는 족내혼이다. 배우자가 이슬람교가 아닌 이교도는 안 된다.

여성은 자기 뜻과 상관없이 아버지가 결정한 신랑감이 마음에 들지 않으면 거절할 수는 있고, 자기가 좋아하는 친척 남자가 있더라도 결정은 마음대로 못하고 어찌 됐든 부모의 선택에 따라야 한다. 결혼이 결정되면 신랑은 신부에게 결혼 지참금을 준다. 결혼 지참금을 그들의 말로 마흐르(Mahr)라고 하며 대개는 자기 가족이 사육하는 가축을 주는데 양 50마리쯤 줘야 한다. 신랑이 신붓집에 들어가 노동으로 대신하기도 했다. 노동 기간이 몇 년씩 걸려 양가의 결혼이 성사되면 혼인 서약식을 한다. 대개 씨족사회의 연장자나 성직자가 주관하는 혼인 서약식은 서류에 서명하지 않고 신랑과 신부가 엄지손가락을 맞대면 끝난다.

그런 다음 신랑은 신부의 집 근처에 초막을 짓고 그곳에 신방을 차리고 신부의 집에서는 초막의 둘레에 양의 피를 뿌리는 것이 풍습이다. 이들의 결혼식은 3일간 씨족사회의 축제가 된다. 신랑과 신부가 함께 결혼식 축제에 참석하지 않고 신랑 집에서는 남자들만 모이고 신붓집에서는 여자들만 모여 제각기 성대한 파티를 연다. 연주단이 흥겨운 곡을 연주하고 하객들은 술을 마시고 춤춘다. 대부분의 결혼식 파티는 밤 9시쯤 시작해서 새벽 1~2시에 끝난다.

결혼식 첫날이 끝나면 둘째 날, 신랑은 신붓집에 예물을 보내고 양가의 상견례가 이루어진다. 셋째 날은 신랑이 신붓집에 가서 신부를 데려온다. 이때 신랑의 친척들이나 친구들이 따라가고 신붓집에서는 역시 신부의 가족, 일가친척들과 친구들이 요란하고 흥겨운 분위기 속에서 신랑 일행을 맞이한다. 신랑집도 신랑이 데려오는 신부를 맞이하는 절차를 거친다. 밤늦게 거행되는 예식에서는 초콜릿이나 케이크 조각, 차 한 잔을 제공하며 축제와 같았던 결혼식이 끝난다.

신혼부부의 첫날 밤, 신랑과 신부는 각자 물로 목욕한다. 물 목욕? 목욕은 당연히 물로 하는 것 아닌가? 하지만 베두인족은 아니다. 황량한 사막과 메마른 광야를 떠돌며 유목하는 이들의 가장 큰 고통은 물 부족이

오만 지역의 베두인 유목민 베두인족이 많이 사는 중동 국가에서는 베두인족의 정착을 위해 토지를 제공하고 이슬람 사원과 학교를 세워주고 부족한 물과 전기를 공급하는 등 갖가지 혜택을 주고 있지만, 베두인족 중에는 여전히 아무것도 소유하지 않고 황야를 떠돈다.

다. 베두인족은 평생 두 번 물로 목욕한다고 한다. 한 번은 태어났을 때, 또 한 번은 결혼 첫날밤이다. 그러면 이들은 평생 목욕을 안 하고 살아가는가? 그렇지 않다. 이들은 모래로 목욕을 한다.

결혼하면 여자는 완전히 남편 가문과 남편의 소유물이 된다. 외부와의 의사소통도 단절되고 아무것도 가질 수 없으며 남편 가문의 일원으로서 많은 일을 해야 한다. 남편은 그녀를 데려오기 위해 많은 지참금을 냈기에 잡다한 노동은 여자에게 맡긴다. 결혼한 여자는 빨리 아이를 많이 낳아 씨족사회를 번성시켜야 한다.

베두인족은 아들 선호 사상이 지배적이다. 결혼한 여성은 반드시 아들을 낳아야 하고 딸을 낳으면 멸시당한다. 딸을 계속해서 낳으면 이혼 조건이 된다. 강력한 이슬람 남성주의 사회에서 남편이 아내를 향해 "당신과 이혼하겠다."라고 잇따라 세 번만 외치면 합법적으로 이혼이 된다. 딸을 낳으면 살해하는 경우가 종종 있고, 여자가 마음에 없는 결혼을 했더라도 남편에게 복종해야 한다. 불륜이 발각되면 이슬람의 이른바 '명예살인'으로 가족의 남자들이나 씨족의 남자들에게 살해당한다. 더욱이 이슬람이 아닌 이교도와 불륜을 저질렀다면 대낮에 공개적으로 살해한다. 남자들이 여성을 끌어내 마구 돌을 던져 때려죽인다. 이슬람 베두인족 여성들의 삶은 비참하다.

다만 한 가지, 눈여겨볼 만한 것은 베두인족의 끈질긴 생존력과 함께 무소유의 삶이다. 사막과 메마른 황야의 벌판에서 살아가는 그들에게 무엇인가 소유한다는 것은 별 의미가 없다. 모두 내 땅인 광야에 천막 치고 가축을 기르며 살다가 초지의 풀이 떨어지면 다른 곳으로 이동하면 그뿐이다. 그들에게 재산이 무슨 소용이 있겠는가.

유목민 베두인족이 많이 사는 중동 국가에서는 베두인족의 정착을 위해 토지를 제공하고 이슬람 사원과 학교를 세워주고 부족한 물과 전기를 공급하는 등 갖가지 혜택을 주고 있지만, 베두인족 중에는 여전히 황야를 떠도는 이들이 많다. 바로 사하라사막이 고향이라는 그들의 행복감 때문이다.

예멘 어린이의
가혹한
조혼

여자아이들이 부모의 일방적인 결정으로
12세에 결혼하는 조혼이 성행한다.
예멘의 조혼은 대부분 가난 때문이다.

중동 지역과 북아프리카의 아랍 국가에는 몇 가지 공통점이 있다. 이슬람교도이며 일부다처제 그리고 조혼 풍습 등이 그것이다. 이들의 조혼(早婚)에는 몇 가지 이유가 있다. 일부다처제가 가장 큰 이유겠지만 빈부 격차도 빼놓을 수 없는 이유이다. 대표적인 경우가 국제사회에 널리 알려진 예멘의 전통적인 조혼 풍습이다.

예멘은 큰 나라 사우디아라비아가 대부분을 차지하는 아라비아반도의 끄트머리 홍해 입구 쪽의 나라다. 그 옆에는 오만과 국경을 맞댄다. 인구는 3천만 명이 넘지만, 빈부의 격차가 심하다. 교육 수준도 낮아서 문맹률이 높다. 초·중등학교가 무상의 의무교육이지만 취학아동의 절반 정도만 입학한다. 출생률이 높은 만큼 유아사망률도 높다.

예멘은 옛 바빌로니아, 페르시아 문명 등이 합류하던 지역이라 한때는 여러 왕국이 번성했으며 많은 문화유산을 가졌지만 지금은 경제적으로 낙후된 나라다. 넓은 국토의 절반은 아라비아 사막지대여서 유목민들이 많고, 비옥한 지역에서는 농사를 짓는다. 국민은 아랍 계통의 민족으로 전체 국민의 약 98%가 이슬람교를 믿는다. 이 나라가 국제사회에서 관심을 끄는 것은 전통적인 조혼 풍습 때문이다.

조혼은 국가나 민족마다 차이가 있지만, 여자아이가 월경을 시작하기도 전에 결혼하는 것을 말한다. 여자는 월경해야 성인이 되며 결혼과 임신, 출산이 가능하다. 조혼은 어린 여자아이와 나이 많은 남성의 강제적이고 일방적인 결혼을 말하지만 반대로 여자가 나이가 많은 성년이고 남자는 미성년인 경우도 조혼이다.

예멘에서는 법적으로는 17세 이상이 돼야 결혼할 수 있지만, 여자아이들이 부모의 일방적인 결정에 따라 12세에 결혼하는 조혼이 성행한다. 조혼은 가난 때문에 하는데 대부분 나이가 많은 남자와 결혼을 한다. 여자의 부모로서는 어린 딸을 교육시키지 않아서 교육비가 들지 않고, 남자에게서 결혼 지참금을 받아 경제적으로 도움을 받고자 한다. 남자의 처지에서도 성인 여성보다 여자아이의 결혼 지참금이 훨씬 싸기 때문에 조혼을 선호한다는 것이다.

법적으로는 불법이어서 밤중에 몰래 결혼식을 치르거나 먼 친척의 아이를 데려다 키우는 것이라고 속이다가 17세가 돼 결혼을 허용하는 나이가 되면 밝히는 경우가 많다.

조혼했더라도 부부 관계를 곧바로 갖지는 않고 여자아이가 첫 월경을 할 때까지 기다렸다가 성관계를 갖는다.

예멘의 조혼 풍습을 악용하는 사례도 많이 늘어나고 있다. 외국인들이나 나이 많고 부유한 남자들이 여자아이를 돈으로 사들여 결혼하고 마치 애완견처럼 자기 성적 취향에 맞게 길들여간다. 불법이지만 남자가 외국 국적이어서 처벌이 어렵다고 한다.

예멘의 악질적인 조혼 풍습을 국제사회에 알리며 없애려고 적극적으로 활동하는 예멘 여성이 있다. 그녀는 올해 26세의 젊은 여성 누주드 알리(Nujood Ali)다. 그녀도 10세에 강제적으로 조혼했다가 이혼한 후 자기 조혼 경험을 〈나, 누주드/열 살 이혼녀〉라는 자서전을 발간하는 등 저술 활동을 통해 조혼의 악습을 고발했다.

가난에 시달렸던 아버지는 그녀가 겨우 10세가 됐을 때 20세 연상의 남자와 강제로 조혼시켰다. 다만 한 가지, 그녀의 사춘기가 지날 때까지는 성관계하지 않겠다는 남자의 약속이 있었지만 남자는 약속을 어기고 지속해서 성폭행하고 이을 거부하면 폭행을 일삼았는데 이러한 사실을 고발하고 이혼했다.

예멘과 함께 중동이나 북아프리카의 아랍 국가들은 대다수 조혼 풍습이 있다. 인도네시아, 파키스탄 등 이슬람 국가들에도 있고 중국을 비롯한 아시아나 유럽, 아메리카에도 그런 풍습이 있었다. 우리나라에도 조혼이 있었다. 〈꼬마 신랑〉이라는 영화로도 잘 알려졌지만 나이가 어린 남자아이와 성숙한 여성이 결혼했다.

신라에는 색공지신(色供之臣)이라는 왕실의 성교육을 담당한 여성 신하가 있었다. 어린 왕세자나 왕자들이 연상의 여성들과 결혼했을 때, 아직 성을 잘 모르고, 알더라도 미숙한 그들을 위해 색공지신이 자기 몸으로 온갖 성적 기교들을 가르쳤다고 한다.

고려 말기에는 중국의 원나라, 조선 초기에는 명나라의 압력을 받아 이들에게 굴복하면서 여성들을 바쳐야 했다. 특히 고려 때 공녀로 끌려가는 것을 피하려고 어린 딸들을 서둘러 혼인시키는 조혼이 생겨났다.

중세까지만 해도 세계 여러 나라의 왕족이나 귀족들은 정치적 계산 아래 두 나라의 미성년 왕자나 공주를 정략적으로 결혼시켰다. 정치적인 이유도 있지만 평균수명이 짧았던 고대, 중세에는 왕족은 물론, 많은 귀족이 빨리 혈통을 잇기 위해 조혼시켰다. 그 같은 정략결혼은 아니지만, 우리나라 조선 시대에도 부모들끼리 합의해서 어린 자녀들을 미리 정혼시키고 그들이 어느 정도의 나이에 이르면 조혼시켰다.

오늘날에도 세계 곳곳에서 결혼하는 여성의 약 20%가 조혼한다고 한다. 레바논에서는 부모의 동의가 있으면 9세에도 결혼하며, 14세가 되면 부모의 동의 없이도 자기 의지에 따라 자유롭게 결혼할 수 있다. 한편 인도의 천민 계급은 결혼할 때 신부에게 주는 결혼 지참금은 없지만, 노동력을 확보하려고 조혼한다.

성적 조숙으로 10대 미혼모들이 생겨나기도 하는데, 이들이 정식으로 결혼하지 않았으면 조혼이 아니다. 아랍 국가들 일부에서 일부다처제와 빈곤 때문에 조혼이 성행하고 있다. 여자 어린아이와 나이 많은 남자의 조혼은 분명한 여성 인권침해이며 성 착취다. 예멘의 누주드 알리와 같은 조혼을 반대하는 사회운동가들이 실질적 성과를 거두기를 기원한다.

유목민의 전통적인 약탈혼

약탈혼은 남성 위주의 가부장 사회에서나 보게 되는 여성 인권 박탈이었지만 납치당한 여성들은 자신의 운명으로 받아들인다.

남녀의 결혼 방식 가운데 '약탈혼'이 있다. 사전적으로 약탈혼(掠奪婚)은 '전쟁 따위의 방법을 통해 다른 부족의 여자를 빼앗아 아내로 삼는 혼인 방법'으로 풀이하지만, 반드시 그렇지만은 않다. 유목민들에게는 오랜 역사를 지닌 전통적인 결혼 풍습이다.

약탈혼은 여자를 약탈해서 결혼하는 것이어서 영어로도 Bride kidnapping이다. 이러한 남녀의 결합, 즉 여자의 의지와는 전혀 상관없이 오로지 남자의 의사로 이루어지는 약탈혼은 긴 역사를 지녔다.

원시인류는 같은 핏줄의 남녀 10~30명쯤이 무리를 이루고 아프리카의 더없이 황량한 사바나(관목 지대)에 흩어져 먹거리를 찾아 끊임없이 이동했다. 같은 인류의 무리끼리 만날 확률은 매우 희박했다. 근친혼을 피할 수 없었는데 근친혼은 생물학적으로 열성이어서 큰 후유증이 뒤따르므로 원시인류는 다른 무리를 만나면 싸움을 벌여 상대방 무리의 성숙한 여자를 약탈한 것이 약탈혼의 유래라고 볼 수 있다. 그 결과 근친혼이 줄어들고 다른 유전자들과 섞이면서 인류가 번성할 수 있었다.

약 1만여 년 전, 인류가 농업혁명을 이룩하고 정착 생활을 시작한 이래, 생활 방식은 크게 농경민족과 유목 민족으로 나뉘었다. 가축들을 이끌고 여전히 떠돌이 생활을 하는 유목민들은 원시인류의 삶과 크게 다르지 않았다. 중앙아시아나 몽골 등의 드넓은 초원에서 이동 생활을 하는 유목민들 역시 다른 유목민 가족을 만나기가 쉽지 않았다. 그 때문에 결혼에서 문제가 생겼는데 남자들로서는 배우자가 될 여자를 구하기가 하늘의 별 따기였다. 그래서 다른 유목민 가족과 우연히 만나거나 멀지 않은 곳에 유목민 가족이 있다는 사실을 알면 성인 여성을 약탈해 억지 결혼을 하게 됐다.

약탈혼이 빈번해지면서 유목민들의 관습으로 굳어져 다른 무리에서 납치돼 끌려온 여성도 순응하면서 약탈혼이 정착됐다. 세계에서 강력했으며 가장 넓은 영토를 가졌던 원나라를 세운 몽골족 칭기즈칸의 어머니도 결혼할 남자가 있었지만 납치돼 약탈혼으로 칭기즈칸을 낳았다.

근래에 이르러 유목국가들도 도시화가 이루어지면서 인적 교류가 빈번해지고, 이슬람을 받아들이면서 그런 관습은 사라졌다. 약탈혼은 남성 위주의 가부장 사회에서나 볼 수 있는 여성 인권 박탈이다.

인적 교류가 원만하지 않은 두메산골의 소수민족들 가운데도 약탈혼이 성행했다. 동남아시아는 아열대 지역으로 깊은 두메산골이 많아 소수민족들도 많다. 특히 베트남 북부 산악 지대에 사는 흐몽(Hmong)족에게 약탈혼이나 다름없는 결혼 형태가 알려져 있다. 흐몽족은 소수민족이지만 규모가 크다. 베트남에 약 140만 명을 비롯한 동남아 일대와 중국 등에 약 550만 명이 있다. 그들의 바틱(염색한 옷감), 수공예품 등은 유명해서 관광객들에게 인기가 많다.

그들이 국제사회에 잘 알려진 것은 흔히 러브마켓(Love Market)이라는 그들만의 축제 때문이다. 특별한 이 축제는 한 해에 하루, 특정한 날에 열리는데 사랑의 시장이 열리는 광장으로 흐몽족 젊은 남녀들이 모여든다. 전통 의상을 입은 그들은 친구들끼리 몰려다니며 축제를 즐기는 것 같지만 공개적으로 이성을 사냥한다.

미혼 남성이 자기 마음에 드는 젊은 여성을 보았을 때 일방적으로 그녀에게 달려들어 어깨에 둘러메고 빠져나가면 그들은 인연을 맺는 것이 된다. 젊은 여성들이 행사에 자발적으로 참여하는 것은 남자에게 납치당할 각오가 됐음을 말해준다. 이런 과정을 거쳐 결혼까지 하게 되는데, 이는 남성들이 주도하는 일종의 약탈혼이다.

약탈혼은 우리나라에도 있었다. '보쌈'이 그것이다. 우리 역사에서 보쌈은 조선 시대에 성행했다. 조선이 숭상한 유교 사상은 남녀를 철저히 구별하고 가부장적 윤리와 도덕으로 여성을 노골적으로 헐뜯었다. 삼종지도(三從之道)라고 해서 여자는 어렸을 때 아버지의 뜻에 따라야 하고, 결혼하면 남편, 남편이 죽으면 아들을 따라야 했다.

여필종부(女必從夫)로 남편에게 순종하고 남편을 하늘같이 섬겨야 하고 남편이 일찍 죽더라도 불경이부(不更二夫), 즉 여자는 두 남편을 섬기지 않아야 열녀가 되었다. 남성 위주의 윤리와 도덕으로 여자는 재혼도 하지 못하고, 평생 남편의 가족(시댁)을 위해 헌신하고 수절해야 열녀가 되었다. 친정에서도 여자는 결혼하면 가족이 아니라 출가외인으로 여겼으므로 소박을 맞아도 갈 곳이 없었다. 경직된 가부장 사회에서 여성들의 숨통이 트인 편법이 '보쌈'이었다. 어찌 보면 보쌈은 자연발생적이다. 보쌈에는 여러 가지 형태가 있었으며 그 대상이 여성뿐만 아니라 남성을 대상으로 하는 경우도 있었다.

유교 사상에 충실하면서도 전통적인 민간신앙, 즉 무속(巫俗)도 백성들의 일상생활에 굳게 뿌리를 내렸다. 남녀를 가리지 않고 자신들의 운명이나 운세를 점쳤고, 결혼하려면 반드시 궁합을 봤다. 미혼 여성이 남편을 두 명 또는 세 명을 섬겨야 할 팔자라고 하면 본인은 물론, 가족이 크게 걱정했다. 해결 방안의 하나가 보쌈이었다.

지체가 높은 양반이나 부잣집에서는 자신들의 딸이 두 번 이상 남편을 바꿔야 할 팔자라면 이것을 액땜하려고 보쌈했다. 전문적인 보쌈꾼들도 있었다. 이들에게 의뢰해서 좀 허름한 젊은 남자나 떠돌이를 납치해서 자기 딸과 동침을 시켰다. 세 남자를 섬길 팔자라면 두 번이나 남자를 납치해서 딸과 합방했다. 억지 약탈혼이나 다름없었다. 그런 다음, 딸과 동침한 남자에게 두둑이 돈을 줘서 철저하게 입막음시키거나 때에 따라서는 죽였다. 그렇게 다른 남자와 동침한 뒤, 그런 일이 없었던 것처럼 정식으로 결혼했다. 가장 흔했던 보쌈은 남편이 일찍 죽은 과부와 혼기를 넘긴 노총각이나 홀아비의 재혼이었다.

여자의 재혼이 불가능했던 유교 사회에서 남편이 일찍 죽은 젊은 과부가 평생 수절한다는 것은 가혹한 일이었다. 그리하여 인품이 너그러운 시부모는 가련한 젊은 며느리를 재가시켜 주려고 했지만, 공식적인 방법이 없었다. 단 한 가지 방법이 보쌈이었는데, 은밀하게 사방에 수소문해서 노총각이나 홀아비를 물색한 뒤, 사람을 보내 의사를 타진했다. 그렇게 합의되면 약속된 날짜에 과부를 보쌈해갔다. 여자 쪽에서는 남자의 출입이 쉽도록 문단속을 허술하게 해놓고 여자는 보쌈당할 준비를 하고 기다리는 것이다. 그러면 남자 쪽에서 몇 명의 보쌈꾼들이 도둑처럼 침입해서 준비해온 큰 자루나 홑이불 등의 보자기로 과부를 덮어씌워 둘러메고 도망친다. 곧이어 과붓집의 하인이나 가족들이 몽둥이를 들고 일부러 큰소리로 고함을 치며 보쌈꾼들을 뒤쫓는 척한다. 요즘 표현으로 쇼한다.

또 하나의 경우는 소박맞은 여인이다. 남편이나 시댁으로부터 소박맞은 여인은 갈 곳이 없었다. 친정, 친부모에게서도 출가외인으로 문전박대를 당한 여인이 선택할 수 있는 단 하나의 방법이 역시 보쌈당하는 것이었다. 그런 여인들이 늘어나자 그들 사이에 하나의 불문율이 만들어졌다. 옷고름을 나비 모양으로 만들고, 밤에 서낭당 근처를 서성거리면 나는 소박맞은 여자이니 납치당해도 좋다는 표시를 하기도 했다.

약탈혼은 부인할 수 없는 여성 인권침해지만 그것이 관행이었던 사회에서는 필요악이었다. 그 때문에 납치당한 여성들은 운명으로 받아들였으며 자진해서 납치당하기도 했다. 약탈혼을 하나의 관습 또는 관행으로 묵인했으며 당사자를 처벌하지 않았다. 스토킹조차 처벌받는 현대사회에서는 문명을 등진 원시 부족이나 외딴 오지의 소수 부족이 아니면 약탈혼은 상상조차 할 수 없다.

족내혼과 결혼이
자유로운 여성,
아프리카 하우사족

부모가 정해준 첫 남편과의 동거가
3년이 지나면 또 다른 남자를 만나서
두 번째 결혼을 할 수 있다.

아 프리카 사하라사막 동남부, 나이지리아 북부와 니제르 남부를 비롯해 아프리카 중앙부에 널리 분포된 하우사(Hausa)족은 소수 부족이 아니다. 아프리카에서 가장 규모가 큰 부족이다. 한때는 그들의 왕국을 세웠던 강력한 종족으로 그들만의 언어와 전통적인 문화도 지니고 있다. 나이지리아에서는 정치를 주도했던 종족으로 자신들의 민간신앙도 있지만 지금은 모두 이슬람 수니파 교도가 됐다.

호전적이어서 주변의 다른 종족들과 분쟁을 일으켜 수많은 희생자를 야기시킨 아프리카 종족 분쟁의 주역 가운데 하나로 잘 알려져 있다. 아프리카의 이슬람 극단주의 테러 단체인 '보코하람'도 하우사족이 중심이 된 무장 조직이다. 보코(Boko)는 하우사족 언어로 서양식 비이슬람 교육을 의미하고 하람(Haram)은 죄, 금기라는 의미로 보코하람은 서양 교육은 죄악이라는 뜻이 된다.

하우사족은 가부장 부계 사회로, 자녀들도 분가하지 않고 온 가족이 함께 사는 대가족제를 유지한다. 여성들은 12~14세, 늦어도 15세 이전에 부모가 정해준 남성과 결혼한다. 이들의 결혼은 대부분 '족내혼'으로 같은 혈족끼리 결혼한다.

원시인류는 20~30명의 무리가 이동 생활을 하면서 드넓은 아프리카에서 다른 무리를 만나기가 어려웠기에 근친혼으로 종족을 보존시켰다. 고대사회에서도 왕족이나 귀족은 자신들의 혈통을 유지하기 위해 근친혼이 보편적이었다. 친남매나 친사촌, 이종사촌, 고종사촌, 숙부와 조카, 심지어 자기 어머니와 결혼한 서양의 황제도 있었다. 근세에도 서양에서 근친혼은 예사로운 일이었다.

근친혼은 우생학적으로 적지 않은 후유증을 낳고 윤리적으로도 인륜에서 벗어난 일이었기에 오래전에 금지된 결혼 방식이다. 족내혼은 혼인 상대의 대상을 조금 넓게 잡아도 역시 근친혼일 뿐이다. 하우사족은 전통적인 족내혼을 이어가고 있다. 하우사족 여성들은 가까운 친척과 결혼한다. 가부장 사회여서 여자는 결혼하면 남편의 집(시댁)에 들어가 가족 구성원이 된다. 남편의 가족은 대가족으로 남편의 형제들도 함께 살고 있다. 시댁에 들어간 여성은 그 집 남편의 여러 형제와도 잠자리를 가질 수도 있다는데, 그 결과 임신해서 아이를 낳아도 아무 문제가 없다고 한다.

고대사회에는 동서양 구별 없이 특히 유목 민족은 결혼한 형이 죽으면 남동생이 형수를 아내로 맞이하는 전통이 있었다. 기독교 성서의 〈창세기〉에도 형이 죽자 동생 오난이 아버지 유다의 지시에 따라 형수 다말과 잠자리를 같이하는 대목이 나온다. 우리나라도 고대에 부여, 고구려 등에 '형사취수제(兄死娶嫂制)'가 있었다. 혈통을 잇고 재산을 지키기 위한 것이었다. 하우사족의 여성이 남편의 형제들과 잠자리를 같이하는 것도 혈통을 지키려는 것이다.

하우사족 여성들의 성적 자유는 여기서 끝나지 않는다. 부모가 정해준 첫 남편과의 동거가 3년이 지나면 또 다른 남자를 만나서 두 번째 결혼을 할 수 있다. 그 대상은 혈족 가운데 한 명이거나 여성이 좋아하던 남성일 수도 있고 기타 다른 이유일 수도 있다. 어찌 됐든 하우사족으로서는 합법적이기 때문에 첫째 남편도 거부할 수 없다.

오히려 첫 남편은 자기 아내가 두 번째 남편과 살 수 있는 집을 마련해 줘야 하기 때문에 첫 남편은 부지런히 일해서 자금을 마련해야 하고, 두 번째 남편이 될 남자는 아내에게 줄 결혼 지참금을 마련하기 위해 일한다는 것이다. 두 번째 남편과 결혼해서 살다가 또 3년이 지나면 세 번째 남편을 맞는다. 그러면 이번에는 두 번째 남편이 아내에게 세 번째 남편과 살 집을 마련해줘야 한다. 하우사족으로서는 합법적이어서 남성들은 거부할 수도 없다. 여성들에게 결혼의 자유, 성의 자유가 그만큼 보장돼 있고 그들만의 특이한 이러한 결혼 방식을 자가(Zaga)혼이라고 부른다.

이슬람교도들은 일부다처제인 것으로 알려졌는데 하우사족은 특이한 경우로, 그들에게 왜 이런 풍습이 유래됐는지는 알 수 없다. 혈통 유지가 목적인지, 종족 번성이 목적인지 정확하게 모른다. 하우사족 대다수가 이슬람교도여서 지금은 이슬람의 결혼 의식을 따르지만 일부 부족 사회에서는 여전히 옛 전통을 이어간다고 한다.

죽은 자를
위한
영혼결혼식

죽은 자가 여성이라면 남자,
남성이라면 여자가 있어야 하며
나이와 신분이 엇비슷해야 한다.

모 든 동물이 그렇듯이 인간도 태어나서 언젠가는 죽는다. 자기 수
명을 다하고 노환으로 자연사하면 유족들은 그나마 덜 슬프지만,
수명을 다하지 못하고 죽었을 때는 더없이 슬프다. 모든 사람이 자기 수명
대로 살지 못하고 뜻하지 않은 사고, 각종 질환, 전염병 등 여러 가지 요
인으로 일찍 죽는 경우도 적지 않다.

인간의 통과의례, 관혼상제 가운데서 인생의 꽃은 결혼이다. 태어나서
성인이 되고 적령기에 이른 남녀가 배우자를 만나 짝을 짓고 결혼을 한
다는 것은 가슴 벅찬 새로운 인생의 출발이다. 그러나 이와는 다르게 결
혼 적령기가 됐지만, 결혼하지 못한 채 여러 이유로 죽음을 맞았다면 얼
마나 안타깝겠는가.

이는 부모나 가족들에게도 한이 맺힌다. 남녀가 만나 짝을 짓고 새로운 가정을 이루는 결혼은 예로부터 '인륜지대사(人倫之大事)'로 일컬을 만큼 인생 최고의 이벤트다. 결혼해서 자식을 낳아 가문의 혈통을 잇는 것은 조상에 대한 후손의 도리이며 부모에게 효도하는 일이다. 반대로 결혼할 나이에 결혼도 못 하고 죽는다는 것은 불효가 된다.

중국에서는 미혼자가 죽는 것을 불길하게 여겨 조상들이 묻힌 가족묘지에도 묻지 못했다. 남녀 모두 마찬가지였다. 부모나 유족들의 처지에서는 결혼도 못 하고 죽은 자식이 불쌍하고 죽은 자의 한을 조금이라도 풀어주고 선영에 묻히게 해주고 싶었다. 그래서 등장한 것이 영혼결혼식이었다.

영혼결혼식은 죽은 미혼자들의 혼례이기에 '명혼(冥婚)'이라고도 한다. 영혼결혼식을 치르면 선영에도 묻혔다. 중국에서 영혼결혼식이 하나의 풍습으로 자리 잡은 것은 오래됐다. 춘추전국시대에도 이런 풍습이 있었다니까 약 2,500년 전이다. 기록에 따르면 〈삼국지〉에서 위나라의 통치자였던 조조도 13세의 아들이 죽자 영혼결혼식을 치렀다고 한다. 그 뒤 금지되었다가 송나라 때는 보편화됐으며 원나라에서는 영혼결혼식을 공식적으로 허락했다. 국가의 시책과는 관계없이 민간인들 사이에서는 꾸준히 이어져 최근에도 영혼결혼식의 실제 사례가 있었다.

영혼결혼식을 치르려면 죽은 미혼자의 짝이 있어야 한다. 죽은 자가 여성이라면 남자, 남성이라면 여자가 있어야 하며 나이와 신분이 엇비슷해야 한다. 또한 비슷한 날짜에 죽어야 했고 상대방도 영혼결혼식을 원해야 한다. 하지만 그런 영혼의 배우자를 구하기란 쉽지 않았으므로 중매인이 있었다. 영혼 결혼의 중매인은 항상 인근의 사망자들을 파악하고 있어야 하고, 혼기가 됐지만 결혼하지 못하고 죽은 미혼 남녀의 나이와 신분, 죽은 사유까지 상세하게 파악했다가 남녀 양쪽에 영혼결혼식을 주선했다.

죽은 남녀의 영혼결혼식을 치르면 합장했다. 유족끼리 서로 친분이 있기도 하고 모르는 사람일 수도 있는데, 영혼결혼식을 치르고 나서 마치 진짜 사돈지간인 것처럼 가깝게 지냈다.

중매인이 없이도 영혼결혼식이 치러졌는데 죽은 자가 부모들에 의해 정혼했거나 약혼한 상태였을 경우다. 예컨대 죽은 미혼자가 여성일 경우, 정혼 또는 약혼한 남자가 있었는데 이 남자가 살아있다면 어찌할 것인가? 죽은 자의 영혼과 살아 있는 사람이 영혼결혼식을 거행한 예도 적지 않았다. 죽은 미혼자 가문의 힘이 결정적인 영향을 미쳤다. 대부분 큰돈이나 재산을 제공하며 상대방을 사들여 영혼결혼식을 치렀다. 말하자면 죽은 자의 영혼과 살아 있는 사람의 결혼식으로 죽은 자 측에서는 그렇게 영혼결혼식을 치르면 정식으로 결혼 문서를 작성하고 당국에 혼인신고를 했으며 호적에도 죽은 자를 기혼자로 올려 선영에 묻을 수 있었다. 문제는 죽은 자의 영혼과 결혼한 살아 있는 상대방이다. 그는 정식으로 결혼도 못 해보고 기혼자가 됐으며 배우자는 죽은 홀아비, 과부가 됐다. 그가 다시 정식 결혼하자면 죽은 자와 이혼 절차를 거쳐 재혼하는 것이었다.

1992년, 중국 산시성(陝西省)에서 17세의 여자가 열병을 앓다가 죽었는데 그녀는 일 년 전에 약혼했다. 남자는 19세였다. 그때만 해도 동서양 모두 조혼이 관습이 있었다. 17세에 죽은 미혼 여성의 가문은 지주로서 상당한 재력이 있고 신분이 높은 가문이었다. 그녀의 부모는 살아 있는 약혼남과 영혼결혼식을 시키려고 했는데, 남자로서는 죽은 약혼녀와 결혼해야 한다니, 도저히 받아들일 수 없었다. 그래서 남자는 도망쳤지만 죽은 약혼녀의 가족들에게 붙잡혔고 영혼결혼식을 피할 수 없었다.

약혼녀가 죽은 지 6일 만에 영혼결혼식을 치렀는데, 약혼녀의 유골이나 시신이 담긴 관을 놓고 결혼식을 하는 것이 아니었다. 약혼녀 측에서는 시신의 얼굴에 진한 화장을 하고 받침목으로 여성의 시신을 세워놓았다. 얼른 보면 남녀가 나란히 서서 혼례를 치르는 것 같다. 이 영혼결혼식의 실제 사진이 인터넷 등에 공개돼 있다.

중국인들에게는 영혼결혼식과 관련된 특이한 풍습도 있었다. 결혼하지 못하고 죽은 여자의 머리칼이나 손톱, 발톱을 빨간 봉투에 담아 길거리에 던져놓고 숨어서 지켜보다가 지나가던 남자가 봉투를 주워가면 그 남자는 무조건 죽은 여자와 영혼결혼식을 해야 한다. 상대방의 의사는 전혀 고려하지 않는다. 중국이나 대만에서 성행했는데, 중국인들은 풍습을 알고 있어서 빨간 봉투를 봐도 그냥 지나치는데 외국 관광객들이 많이 걸려들었다고 한다. 중국에서는 공식적으로 길거리의 빨간 봉투를 줍지 말라는 공지까지 내렸다고 한다.

부모의 가장 큰 슬픔은 자녀가 자신들보다 먼저 세상을 떠나는 것이다. 자녀가 성장해서 결혼할 나이에 이르렀는데 세상을 떠나면 슬픔은 헤아릴 수 없으며 평생 지워지지 않는 한이 된다. 이런 부모의 마음은 이 세상 어디서나 마찬가지인데 특히 동양의 부모들이 더 큰 고통을 겪는다. 자녀가 성인이 되면 독립하는 서양과는 달리, 동양에서는 자녀들이 결혼하기 전까지 부모와 함께 살기에 자식을 먼저 보낸 여한이 클 수밖에 없다.

우리나라도 예외가 아니다. 과거는 말할 것도 없고 근래에도 있었다.

통일교 교주 고 문선명의 둘째 아들이 미국에서 유학 생활을 하다가 18세에 교통사고로 죽음을 맞게 되자, 당시 통일교의 이인자였던 박보희의 딸과 영혼결혼식을 치렀다고 한다. 또한 1982년에는 5·18민주항쟁 당시 시민군의 대변인이었던 윤상원이 사망하자 연탄가스 중독으로 사망한 여성 노동운동가와 영혼결혼식을 올렸는데 이때 노래굿 '넋풀이'에서 두 사람에게 헌정된 노래가 〈임을 위한 행진곡〉이다. 그 밖에도 유명한 탤런트로 여러 드라마에 출연했던 정다빈 양은 그녀가 세상을 떠나고 4년 후인 2011년, 그녀보다 훨씬 먼저 세상을 떠난 남성과 영혼결혼식을 치러 화제가 되었다.

약혼녀가 갑자기 죽자 약혼한 남자가 그녀의 장례식에서 결혼식을 올리는 사례도 있었다. 죽은 자녀의 영혼결혼식을 올린 부모는 혼인신고까지 마쳐 부부가 되는 경우가 있으나 죽은 자와 살아 있는 사람의 영혼 결혼, 죽은 자들끼리의 영혼 결혼은 법적으로 혼인신고가 되지 않는다. 양가 부모가 영혼 결혼을 정식 결혼으로 인정했을 때도 적지 않은 문제가 있었다. 대표적인 분쟁이 유산상속이다. 죽은 자와 살아 있는 사람이 영혼결혼식을 올렸을 경우, 죽은 자의 유산이 적지 않다면 양쪽 집안의 갈등과 분쟁이 커진다.

영혼결혼식이 정식 결혼식은 될 수 없다. 그럼에도 오늘날까지도 이어지는 것은 안타깝게 죽은 자녀의 한을 풀어주고 싶은 부모의 애절한 심정 때문이다. 어느 집단에 이미 뿌리내린 풍속이나 풍습은 쉽게 사라지지 않는다. 어떤 형태로든 영혼결혼식도 쉽게 사라지지 않을 것이다.

슬픈 장례식과
흥겨운 장례식

더할 수 없이
처절한
순장(殉葬)

순장은 주로 동양, 특히 중국에서 이어져왔다.
우리나라에서도 가야 시대와
삼국시대까지 순장 풍습이 있었다.

수백만 년 전 아프리카에서 기원한 인류의 진화는 도구 사용, 직립 보행, 뇌용량의 증가 등에 근거해서 오스트랄로피테쿠스, 호모하빌리스, 호모에렉투스, 호모사피엔스로 이어지는 이른바 '계통수(系統樹)'가 정설이었다. 최근에 와서 인류의 초기(Homo)에는 수많은 종류가 명멸했기에 과연 어느 종(種)이 오늘날의 현생인류로 진화했는지 알 수 없다는 것이 정설이다. 그 가운데 네안데르탈인도 있다. 네안데르탈인은 수십만 년 전, 중동 지역과 유럽 등지에 생존했으며 이 지역으로 진출한 현생인류와 한때 공존하다가 약 3만 년 전에 절멸했다.

네안데르탈인은 호모에렉투스의 아종(亞種)으로 분류했었는데 최근에는 현생인류인 호모사피엔스의 아종으로 정정됐다. 이들은 현생인류와도

PART 7 슬픈 장례식과 흥겨운 장례식 309

교접해서 우리에게 네안데르탈인의 유전자가 전해진다는데 그 증거로 네안데르탈인에게서 물려받은 것 가운데 하나가 당뇨라는 것이다.

새삼스럽게 인류의 진화를 얘기하는 것은 네안데르탈인에게 죽은 자를 매장하는 풍습이 있었다는 점 때문이다. 약 7만 년 전, 네안데르탈인은 동료나 가족의 죽음을 슬퍼하며 시신을 매장하고 묘지에는 꽃으로 장식도 했고 묘지를 파헤치지 못하게 깊은 동굴 속에 매장했다는 것이다.

그 이후로 인간의 장례는 매장과 화장으로 대부분 치러졌지만 반드시 그런 것은 아니다. 수많은 민족이 그들의 정체성, 신앙관, 가치관, 내세관 등에 따라 독특하고 기이한 장례 풍습을 이어왔다. 그 가운데 몇 가지를 간추려 본다.

'순장'은 왕이나 귀족이 죽었을 때, 그의 아내, 첩(후궁), 신하, 시종, 하인, 하녀, 심지어 가족까지도 함께 매장하던 고대의 장례 풍습이다. 죽은 지도자나 귀족이 사후에도 지위를 누리며 살아 있을 때와 다름없이 부귀영화를 기원하는 데서 비롯된 '순장'이라는 풍습은 고대 최악의 비인간적인 악습 가운데 하나이다.

순장의 역사는 무척 오래됐다. 약 2~3천 년 전, 청동기시대부터 근세에 이르기까지 수천 년 동안 이어진 순장 풍습은 서양에도 있었지만 주로 동양, 특히 중국에서 이어져왔다. 우리나라에서도 가야 시대와 삼국시대에까지 순장 풍습이 있었다. 사망한 지도자나 귀족과 함께 적게는 몇 명에서 많게는 수백 명의 측근을 매장했으며, 기본적으로는 살아 있는 사람을 생매장하는 것이 가혹했기 때문인지 대체로 살해하고 나서 매장했다. 자진해서 살아 있는 채로 생매장당한 일도 있었고 자결하거나 독약,

질식사, 무기로 살해해서 함께 묻는 경우가 많았다.

왕이나 귀족이 생전에 서로 대립하던 정적(政敵) 또는 앙숙이나 원수를 순장하도록 유언을 남기는 일도 있었다. 어떤 경우도 강제적인 장례 풍습은 인권이 무시된 비인륜적인 고약한 악습이었다.

순장 풍습이 가장 성행했던 중국의 고사에는 그 기록들이 남아 있다. 기원전 7세기경, 춘추전국시대 진(秦)나라 임금이었던 목공(穆公)은 왕비와 후궁, 시종, 하인, 하녀는 물론 목공에게 절대 충성하던 충신들까지 무려 177명을 순장했다. 그 때문에 국정이 혼란에 빠져 국가가 큰 위기에 빠졌다.

훗날 송나라 최고의 시인이었던 소동파(蘇東坡)는 "목공은 어질고 관대한 군주였는데 설마 그랬겠나? 신하들이 자발적으로 자진해서 목숨을 끊은 것이 아니겠는가."하고 그릇된 풍습에 그 책임을 돌리며 목공을 두둔했다고 한다.

중국의 고사성어에 결초보은(結草報恩)의 유래는 순장과 관련이 있다. 고대 중국 진(晉)나라에 위무자(魏武子)라는 대신이 있었다. 그에게는 무척 총애하는 애첩이 있었는데 아들 위과(魏顆)에게 자기가 죽으면 애첩을 개가시켜 순장을 면하게 하라고 미리 유언한 적이 있었다. 그러나 위무자가 병들어 죽음을 앞두고 자기가 죽으면 애첩을 순장시키라고 유언을 바꾸었다. 아들 위과는 부친이 맑은 정신이었을 때 했던 유언대로 자기 의붓어머니이기도 한 아버지의 애첩을 개가시켰다.

그 뒤 진(秦)나라가 진(晉)나라를 공격했는데, 위과가 왕명으로 군사를 거느리고 진(秦)나라의 장수 두회(杜回)와 맞섰다. 두회는 소문난 장수로 당대에는 아무도 그를 당할 수 없을 만큼 명장이었다. 치열한 전투가 벌

어지며 위기에 몰린 위과가 위험해졌을 때 어떤 노인이 두회가 이끄는 진
(秦)나라 군대의 앞길에 풀을 엮어놓았다. 그런 사실을 모르는 두회가 앞
장서 위과를 향해 달려들다가 묶어놓은 풀에 말의 발목이 걸려 넘어지는
바람에 말에서 떨어져 사로잡혔다.

뜻밖에 이 전투에서 승리하고 개선한 위과는 그날 밤 꿈을 꾸었는데
전쟁터에서 풀을 엮어놓았던 노인이 나타났다. 노인은 위과가 개가시킨
위무자의 애첩 아버지인데 위과가 자기 딸을 순장시키지 않고 개가시켜준
은혜에 보답하기 위해 풀을 묶어놓아 두회의 말이 걸려 넘어지게 했다고
말하는 것이었다. 그때부터 '결초보은'이라는 성어가 탄생했다.

기원전 221년, 진(秦)나라가 중국을 통일했다. 초대 황제가 진시황이
다. 그는 영생을 꿈꾸며 불로초를 구하려고 중국은 물론, 우리나라에까
지 사람을 보냈다. 자신은 죽어서 묻히더라도 부활할 것으로 믿었고 자신
의 무덤을 살아있을 때와 똑같이 생활할 수 있도록 꾸몄다. 자연히 엄청
난 순장이 뒤따랐으며 진시황의 장례는 2대 황제 호해(胡亥)가 진행했는
데 여기에는 여러 가지 정치적 변수까지 작용했다. 호해는 진시황의 18번
째 아들이다. 후궁이 낳은 서자였다. 진시황은 죽을 때 유언장을 통해 맏
아들이 뒤를 잇도록 했다.

당시 국정을 마음대로 농락하던 희대의 간신 조고(趙高)와 승상 이사
(李斯)가 결탁하여 진시황의 유언장을 위조해서 호해를 2번째 황제로 등
극시킨 것이다. 호해는 처음에는 사양했으나 어쩔 수 없이 조고와 이사의
결정에 따르다 보니 진시황의 장례도 조고와 이사가 좌지우지했다.

수많은 후궁을 비롯한 왕자와 공주들, 시종, 하인, 하녀, 노예 들이 순

장을 당했고 조고와 이사는 자기들의 정적들까지 진시황의 충신이라는 구실을 붙여 순장했다. 어마어마한 규모의 진시황릉을 축조했던 장인들과 노역자들까지 살해했다. 진시황릉의 위치를 안다는 것이 이유였고 진시황이 사후에도 부활해서 군사를 거느리도록 병사들과 마차까지 매장했는데 수천 명이 넘는 살아 있는 병사들을 매장하지 못하고 병마용(兵馬俑)으로 만들었다. 병마용이란 흙으로 빚은 대형 인형을 말한다.

진시황릉은 크기가 여의도의 10배 가까이 되며 4개의 갱으로 이루어져 있는데, 지금까지 약 8천 개의 병마용을 발굴했으며 앞으로 얼마나 더 발굴될지 정확히 알 수 없다. 이 병마용들은 정교하게 만들어져 당시의 병사들 계급과 지휘 체계까지 알 수 있다.

5세기경 고대 중국은 남북조시대로 이때 남조에 유유가 세운 송나라(흔히 유송이라 함)가 있었다. 황제의 나이 어린 누이가 산음공주(山陰公主)였는데 그녀는 일찍이 최고의 미남과 혼인했다. 그녀는 음란하고 남자관계가 복잡했는데 남동생인 황제를 찾아가서 하소연했다.

"폐하는 남자이고 저는 여자여서 처지가 다르기는 하지만, 폐하는 6궁에 궁녀가 1만 명이나 되는데, 저는 남편 한 남자뿐입니다. 이것은 매우 공평하지 못합니다."

하소연을 들은 황제는 공주의 말을 수긍하면서 그녀에게 무려 30명의 남자 첩(男寵)을 주었다. 산음공주는 남편을 비롯한 30명의 건장한 남성들과 공공연하게 온갖 쾌락을 즐기다가 죽었는데 그녀의 나이 불과 19세였다. 이를테면 10대의 소녀가 수십 명의 남자와 향락을 즐긴 것도 그렇지만 그녀가 죽자 30명의 남총을 함께 순장했다니 그야말로 어처구니없는 처사였다.

고대 중국에 공자의 유교 사상이 확산하면서 순장 풍습에 대한 비판이 쇄도했다. 공자는 순장을 반인륜적인 악습이라고 맹비난했다. 중국에 거란, 여진족 등 북방 민족들의 왕조가 세워지면서 그들도 순장 제도를 시행했다. 거란족이 세운 요나라에서는 태조 야율아보기가 죽자 그의 아들이 뒤를 이어 황제가 됐다. 하지만 나이가 어려 태조의 왕비였던 모후가 섭정했다. 당연히 많은 신하가 반발하자 모후는 자신의 섭정에 반대하는 신하들을 모조리 태조와 함께 순장해버렸다. 그 때문에 나라가 혼란에 빠졌다. 순장이 한창 진행될 때 용기가 있는 신하가 모후에게 항의했다.

"모후께서는 태조의 왕비였는데 왜 순장을 안 하십니까?"

갑작스러운 항의에 모후가 당황했다.

"나이 어린 아들이 황제가 됐으니 그를 보살펴야 해서 순장을 할 수가 없다. 그 대신 내 팔을 하나 잘라서 순장하도록 하겠다."

모후는 자기 팔 한쪽을 잘라 순장하도록 했다.

순장은 명나라 시대에도 유지됐다. 명나라의 3대 황제는 영락제로 조선과 교류하며 공녀를 받아들여 여러 명을 후궁으로 두었다. 그녀들 가운데 한씨(韓氏)가 있었다. 그녀는 조선왕조 성종의 어머니 인수대비의 큰고모였다. 영락제가 죽자 그녀는 불과 24세의 나이로 다른 30명의 후궁과 함께 순장됐다. 명나라의 순장은 살아 있는 사람을 죽은 자와 함께 매장하는 것이 아니라 목을 매달아 죽게 한 뒤 시신을 순장하는 것이었다.

명나라 조정에 사대했던 조선왕실이었지만 유교를 신봉하고 있어서 많은 유학자와 신하들이 영락제의 순장을 비판했다. 더욱이 한씨 등 조선의 여인들도 포함돼 있어 더욱 가열찼다. 하지만 명나라의 뒤를 이은 만주족의 청나라에서도 한동안 순장 제도가 남아 있었다.

우리나라에도 순장 제도가 있었다. 상고시대 고조선의 뒤를 이은 부여에서도 순장이 있었다고 하니까 그 역사가 길다. 순장이 보편화된 것은 가야 시대와 삼국시대에 이르러서였지만 중국에서 유교가 확산하면서 대략 6세기경부터 순장 제도는 차츰 사라지게 됐다. 순장은 하되, 사람 대신 모형(인형)을 함께 매장했다. 우리나라의 삼국시대 신라에서는 토우(土偶)를 함께 매장했다. 토우는 흙으로 빚은 작은 인형을 말한다. 작은 인형

한국의 전통 장례 한국 전통 방식의 장례에서는 상여를 썼다. 상여는 관을 장지로 옮기려고 쓰던 가마이다. 외관은 가마와 비슷한데, 관을 옮기는 거라서 가마보다는 크다. 상여를 옮기는 사람을 상여꾼으로 부르는데, 상여꾼은 조선 시대의 8개 천민 중 하나였다. 그리고 죽은 사람을 옮기는 가마인 상여를 보관하는 곳을 곳집 또는 상여집이라 불렀다.

은 토우, 진시황의 병마용 같은 큰 인형은 '용(俑)'이라고 했다. 신라의 토우는 민속적으로도 큰 가치를 지녔으며 사람의 형상뿐 아니라 동물이나 기물들을 빚은 토우도 있다.

토우의 용도도 죽은 자와 함께 묻는 부장품, 애완용, 제사용, 신앙적 주술용 등 여러 가지가 있다. 신라의 토우에는 인간의 희로애락이 묘사돼 있으며 대담한 성생활의 갖가지 형태들을 숨김없이 보여주었다. 죽은 자가 사후에도 생전과 똑같이 온갖 향락을 즐기라는 염원을 담았다.

공자는 토우나 용까지도 비난하며 토우를 만든 사람들까지 저주했다. 그 때문인지 중국에서 6세기 순장이 차츰 사라지듯이 우리나라에서도 그때부터 순장이 사라졌다. 신라 토우의 전성기도 5~6세기경이었고 그 뒤부터 토우도 자취를 감추었다.

동서양에서 보편적이었던 풍장(風葬)

풍장은 시신을 그대로 자연에 방치해서
소멸시키지만, 초분은 시신을 관에 넣어서
내놓는 것에 차이가 있다.

동 서양을 가릴 것 없이 장례는 중요한 의식이었다. 죽은 자의 가족
이나 그가 속한 공동체에서 오랜 세월을 함께했던 사람이 죽었을
때 영원히 떠나보내는 장례식만큼 중요한 의식도 드물다.

애통한 마음은 같지만, 장례 의식이 어디서나 똑같지 않고 민족의 전
통적인 가치관이나 그들의 신앙 등에 따라 의식과 절차에는 차이가 있
다. 가장 보편적인 매장이나 화장을 제외하고 저마다 차이가 있는데 그
가운데 동서양 어디서나 보편적인 장례 풍습의 하나가 '풍장'이다. 우리나
라도 예외가 아니다.

풍장은 기본적으로 죽은 자의 시체를 태워 뼈를 추려 가루로 만들어
바람에 날리는 장례 의식으로 풀이한다. 요즘도 흔히 볼 수 있듯이 시신

을 화장하고 유골을 분쇄해서 산이나 바다에 뿌린다. 전통적인 풍장은 사람이 죽으면 시신을 풀잎이나 볏짚으로 엮은 이엉 등으로 덮어서 집 밖의 특정한 장소에 놓는다. 시신이 자연 상태에서 강한 햇빛과 비바람을 맞으며 부패하고 마침내 소멸하는 장례 풍습이다. 시신을 들판에 내놓아 새들의 먹이로 하는 조장(鳥葬)과는 다르다. 풍장은 짐승이나 외부에서 훼손하지 못하도록 반드시 덮어놓는다.

'복장(復葬)'이라는 장례 풍습이 있다. 복장은 장례를 두 번 치르는 것으로 '이중장'이라고도 한다. 먼저 죽은 자의 시신을 풍장처럼 집 밖의 특정한 장소에 내놓아 육신이 완전히 사라지면, 남아 있는 유골을 산이나 바다에 뿌리거나 매장한다. 그런데 집 밖에 시신을 내놓아 육신이 사라지게 하는 과정이 풍장과 같아서 혼동하는 때가 많다. 복장과 풍장과는 엄연한 차이가 있다. 풍장은 자연에 방치한 시신을 수습하지 않고 자연적으로 소멸시키는 것이다.

풍장이 성행했던 여러 이유가 있다. 풍장의 기원과 관련해서 확실한 이유는 옛사람들의 원시적 신앙과 내세관이다. 그들은 사람의 육신은 죽어도 영혼은 살아 있다고 믿었다. 그러한 내세관은 오늘날 모든 종교의 근원으로 죽은 자의 영혼을 자유롭게 저승으로 가도록 자연에 시신을 맡겨 처리한 것이다.

또한 갖가지 사정으로 풍장을 치르는 일도 있었다. 매장하려고 해도 가난해서 묘지 터를 구하지 못해 풍장을 하는 일도 있고 도서 지방에서는 먼 곳으로 여러 달 동안 고기잡이를 떠났던 자식이 돌아와서 부모의 시신을 보도록 풍장을 하는 일도 있다. 각종 전염병에 속수무책이던 시대, 자기 수명을 다하지 못하고 전염병으로 죽었을 경우 일가친척이나 이웃들이 감염을 우려해서 장례에 참여하기 어려울 때도 풍장을 지냈다는 것이다.

풍장과 비슷한 장례 의식으로 '초분(草墳)'이 있다. 삼국시대부터 장례 풍습이었다는 초분은 초장(草葬), 소골장(掃骨葬), 세골장(洗骨葬) 등 지역에 따라 다양한 이름으로 불렀다. 얼핏 풍장과 비슷해서 풍장으로 불리는 곳도 있지만 정확하게 말하면 앞에서 설명한 '복장'이다.

남태평양의 섬 국가들을 비롯해서 주로 해안 지역의 전통적인 장례 풍습인 초분은 우리나라에서도 적어도 1천여 년 전부터 남해안 지역에서 보편화됐다. 우리나라에서도 죽은 자를 땅에 곧바로 매장하지 않고 풍장처럼 시신을 풀잎이나 짚으로 만든 이엉 따위로 덮어 집 밖의 특정한 장소에 안치한다. 그 때문에 풍장이라고 일컫기도 한다. 풍장은 시신을 자연에 방치해서 소멸시키지만, 초분은 시신을 관에 넣어서 내놓는 것에 차이가 있다.

죽은 자의 기일에는 초분 앞에서 유교식으로 제사를 지내고 대략 2~3년이 지나 죽은 자의 육신이 완전히 소멸하고 뼈만 남으면 두 번째 장례를 치른다. 먼저 이엉으로 덮어놓았던 관을 열고 남아 있는 뼈만 간추려 깨끗이 씻은 후, 분쇄해서 만들어 다음 장례 절차를 거행한 뒤 매장한다. 이를테면 장례를 두 번 치르는 복장이다. 우리나라는 일반적으로 음력 윤달에 매장한다고 한다.

우리나라 초분의 유래에 대해서는 두 가지 견해가 있다. 하나는 전파론이고 또 하나는 자생론이다. 전파론은 남방 국가들의 복장 풍습이 전파된 것이며 자생론은 우리나라에서 독자적으로 발생했다는 것이다. 하지만 어느 것도 확정되거나 통설이 된 것은 없어서 확실한 기원은 알 수 없다. 그런데 왜 초분을 하는 걸까?

사후 세계가 있다고 믿는 우주관이나 가치관 등에서 근거를 찾을 수 있는데, 사람은 언젠가 반드시 죽기 마련이며 육신은 소멸하지만 뼈는 영원하므로 따라서 뼈에 죽은 자의 영혼이 깃들어 있다고 생각한다. 초분으로 육신이 소멸하면 뼈만 간추려 매장하면서 죽은 자의 영혼이 천국에 가기를 기원한다. 사람이 죽으면 육신은 불과 며칠 뒤부터 부패하기에 불결하다고 생각하기 때문에 불결한 육신을 땅에 묻지 않고 완전히 소멸시키는 것이다.

초분이 특히 해안 지역, 도서 지역에서 성행한 것은 그들의 생활환경과 관련이 있다. 이들 지역의 주민들은 먼 곳으로 고기잡이를 나갔다가 여러 날 뒤에야 돌아온다. 따라서 그사이에 부모나 가족의 누군가가 죽었을 때 장례에 참여할 수가 없으므로, 어로 작업을 끝내고 돌아온 뒤에도 시신을 보도록 한 것에서 비롯됐다는 견해도 만만치 않다.

극작가 오태석이 쓴 〈초분〉이 연극으로 공연됐었다. 향토적이고 토속적인 소재로 관객들로부터 큰 호응을 얻었으며 해외 공연도 했다. 우리나라 고유의 장례 풍습으로 인식될 수 있지만 한민족만의 장례 풍습은 아니다. 우리나라, 특히 남부 해안 지역에서 성행했던 초분은 이미 1970년대 폐지됐지만 일부 섬마을에서는 2000년대에도 유지됐었다고 한다. 우리 법률에서는 장례법으로 매장, 화장, 자연장으로 구분하고 있다. 자연장은 시신을 화장한 뒤 유골을 어딘가에 묻는 것이다.

절벽에 관을
매다는
필리핀 이고로트족

이고로트족이면 누구든지 절벽 묘지에 안치되는 것은
아니다. 죽은 자는 반드시 결혼했고 자녀와 손자들까지
있어야 절벽 묘지에 안치될 자격이 있다고 한다.

필리핀은 7천여 개의 크고 작은 섬들로 이루어졌으며, 세계적으로 손꼽히는 깊은 바다에 둘러싸인 인근 해역은 온갖 태풍이 생성되는 근원지여서 자연재해가 끊이지 않는다.

그 가운데 가장 큰 섬은 제일 북쪽에 있는 루손섬이다. 필리핀 수도 마닐라도 여기에 있다. 대부분이 산악 지대이며 무덥고 습한 열대성 기후로 울창한 정글을 이룬다. 숲이 울창한 고산지대의 곳곳에는 수많은 소수 부족이 흩어져서 살고 있다.

루손섬 북부 지방 사가다(Sagada)라는 지역에 이고로트(Igorot)족이 있다. 이들은 하나의 부족이 아니라 여러 개의 작은 부족들이 합쳐져 형성되었다. 여러 개의 작은 부족들도 저마다의 부족 명칭이 있고 그들만의 전통적인 풍습과 원시 신앙을 가졌다. 고산지대에서 오랜 세월을 고립되어 살아와서 풍속이나 풍습도 독특하다. 그런 풍습 중 이고루트족에 속한 어느 부족의 장례 풍습은 특이해서 시선을 끌고 있다.

우리나라 TV의 다큐멘터리 프로그램에서도 몇 차례 소개했지만 절벽에 죽은 사람의 관을 매다는 장례 풍습이 그것이다. 관을 매단다는 표현이 적절한지는 모르겠지만 높은 바위 절벽에 구멍을 뚫어 긴 쇠막대 두 개를 꽂아 받침대를 만들어놓고 그 위에 관을 올려놓는다. 높은 절벽이어서 밑에서 올려다보거나 조금 떨어져서 바라보면 절벽에 관을 매달아놓은 것처럼 보인다. 영어로도 '매달린 관'이란 뜻으로 Hanging Coffins라고 한다.

그럼 어떻게 깎아지른 듯이 아찔한 절벽에 관을 올려놓았을까? 절벽의 널따란 벽면을 부족이 공동묘지로 사용하고 같은 부족의 사람이 죽으면 관에 넣어 부족민들이 바위 절벽으로 관을 옮긴다. 그다음 건장한 남자 몇 명이 관을 들거나 어깨에 멘 채로 험준한 길로 힘겹게 절벽의 제일 꼭대기까지 올라간다.

몇몇 남자들이 절벽에 매달리듯 구멍을 뚫어 쇠막대기로 받침대를 만들어놓으면 절벽 꼭대기에서 긴 밧줄을 이용해 조심스럽게 관을 밑으로 내리고, 절벽에서 작업했던 남자들이 위에서 내려오는 관을 조정하여 안전하게 받침대 위에 올려놓는다. 그러면 이고로트족은 관을 왜 하필 바위 절벽에 올려놓는 것일까?

그들의 내세관과 관련이 있다. 그들은 인간이 죽으면 하늘로 올라가 다시 태어난다고 믿는다. 죽은 자의 시신을 눕혀놓는 것이 아니라 어머니의 자궁 속에 있는 아기처럼 웅크린 자세로 만들어 관에 넣는데 그것은 또 죽은 자가 원래 자신이 태어난 모습으로 돌아간다는 의미도 있다.

처음에는 관의 크기가 1m 정도에 불과했다. 많은 관이 매달린 바위 절벽에는 나무 의자도 매달려 있다. 죽은 자들이 의자에 앉아서 휴식을 취하다가 하늘로 올라가 부활하라는 의미이고 높은 절벽에 관을 매다는 것은 그만큼 하늘이 가깝고 죽은 조상들과도 가깝기 때문이라고 한다. 아무도 손을 대거나 접근할 수 없는 아슬아슬한 절벽이어서 도둑은 물론, 짐승들조차 접근할 수 없다.

이고로트족이라고 해도 아무나 절벽 묘지에 안치하지 않는다. 죽은 자가 반드시 결혼했고 자녀와 손자들까지 있어야 안치될 자격이 있다고 한다. 독특한 장례 풍습은 대략 약 2,000년 전부터라고 하니까 긴 역사를 가지고 있다. 누구도 접근하지 못하기 때문에 현재 절벽에 매달린 관들 가운데 1천 년이 넘는 것들도 수두룩하며 오랜 풍화작용으로 관이 썩어 아래로 떨어지기도 한다.

바위 절벽 아래에는 관을 지키는 감시원도 있다. 특이한 장례 풍습이 알려져 이곳을 찾는 관광객들이 많기 때문이다. 그전에는 이고로트족이 아니면 그곳에 접근할 수도 없었다. 죽은 자의 후손들은 기일이 되면 절벽 아래에서 제사를 지낸다.

필리핀은 인구의 약 80%가 가톨릭을 믿는다. 장례는 가톨릭 의식에 따라 현대식으로 치러지고 공동묘지에 매장되지만 깊은 산악지대에는 소수 부족이 많아서 그들의 원시 신앙과 전통적인 풍습에 따라 장례를 치른다.

이고로트족의 이 풍습은 지금은 거의 사라졌다고 하지만 완전히 소멸된 것은 아니다.

새가 시신을
쪼아먹게 하는
조장(鳥葬)

산등성이 높은 지역, 독수리들이
많이 날아오는 특정한 자리에 돌탑을 쌓아
받침대를 만들고 그 위에 시신을 옮겨놓는다.

중국의 서쪽에 있는 티베트는 높은 산맥들에 둘러싸여 있으며 대부분이 고원지대다. 평균 해발고도가 4,000m가 넘고 기후는 건조하고 대부분이 사막처럼 척박하다. 그런데도 이곳에 약 1만여 년 전부터 사람들이 살기 시작했는데 바로 티베트족, 티베트인이다. 그들은 약 2,000년 전에 나라를 세운 후 여러 왕조가 이어졌지만, 몽골족 그리고 중국의 끊임없는 침입으로 마침내 중국에 복속되고 말았다.

현재 중국의 행정구역으로 '티베트 자치구' 또는 중국어로 서쪽에 있다고 해서 '시짱자치구(西藏自治區)'로 돼 있다. 잘 알려진 달라이라마가 주도하는 티베트 망명정부는 중국에서 쫓겨나 현재 인도에 있다.

중국에서는 티베트족을 장족(藏族, 짱족)이라고 부른다. 장족은 티베트

뿐 아니라 중국에도 많이 살며 국경을 마주하는 네팔이나 부탄도 장족들이 대다수를 차지한다. 이들에게는 독특한 장례 의식인 조장이 있다. 또는 천장(天葬)이라고도 한다.

조장(Sky burial)은 주로 건조한 고원지대, 고산지대에 거주하는 부족들의 전통적인 장례 풍습이다. 죽은 자의 시신을 매장하거나 화장하지 않고 들판이나 바위 위에 올려놓아 독수리나 까마귀 같은 새들이 시신을 먹어 치우게 함으로써 시신을 처리하는 방식이다. 새들이 시신을 처리한다고 해서 조장이라고 불렸다.

1만여 년 전에 조장했던 흔적이 있으며 약 4,000년 전부터 중동의 페르시아(현재 이란)에서 창시된 일신교로 손꼽히는 조로아스터교에서 조장이 일반화됐다는 기록이 있다. 조로아스터교는 불을 숭배하기에 한자로는 배화교(拜火敎)라고 하는데, 불을 숭배한다지만 모든 불을 숭배하는 것이 아니라 그들의 종교 의식에 쓰이는 성스러운 불을 숭배한다. 그들은 인간의 죽은 육신은 부정하다고 생각해 성스러운 불로 태울 수 없다는 종교적 판단 아래 조장(천장)을 한다는 것이다. 그들은 이 세상 창조주의 피조물인 땅까지도 더럽히지 않으려고 매장도 하지 않았다.

티베트처럼 황량하고 척박한 고원지대에는 관을 짜거나 화장에 필요한 나무와 기름을 구하기 어려워서 조장을 했다는 견해가 상당한 설득력이 있다. 아울러 그들의 종교관, 내세관 등도 큰 영향을 미쳤다.

불교를 숭상한(티베트 불교) 티베트인들은 인간은 죽어서 극락에 갔다가 다시 태어난다는 윤회 사상을 믿어, 죽은 자의 시신을 독수리와 같은 새들이 먹게 해서 천국으로 보내려고 조장을 한다. 비록 죽었지만, 시신을 새들의 먹이로 내줌으로써 공덕을 쌓게 한다는 종교적 의미와 함께 시신을 묻거나 태우지 않고 자연에 맡김으로써 죽은 자를 자유롭게 한다는 의미도 있다고 한다.

조장은 시신을 야외 아무 곳에나 갖다놓지 않고 일정한 장례 절차가 끝나면 유족들이 산등성이의 높은 지역, 독수리들이 많이 날아오는 특정한 자리에 돌탑을 쌓아 받침대를 만들고 그 위에 시신을 옮겨놓는다. 티베트는 기후가 건조해서 오래 두어도 시신이 좀처럼 썩지 않는다. 더욱이 시신에는 옷이 입혀져 있어서 새들이 쪼기가 힘든 탓에 시신의 옷을 벗기고 새들이 먹기 좋게 토막을 내고 잘게 썰어 뼈까지도 분쇄한다. 이 충격적인 모습을 담은 사진이 공개되었다. 티베트족은 지금은 대부분 불교 의식에 따라 장례를 치르고 화장해서 유골을 사찰에 봉안하지만 조장 풍습이 완전히 사라지지 않았다. 지금도 오지에 사는 티베트족은 조장의 풍습을 이어간다는 것이다.

조로아스터교가 기원한 이란은 현재 이슬람 종교국이다. 이슬람에도 여러 종파가 있는데 대표적인 종파가 수니파(Sunni)와 시아파(Shia)다. 이란은 국민의 약 83%가 시아파이다. 이슬람에서는 조로아스터교를 배척할 뿐 아니라, 조장을 공식적으로 금지한다. 하지만 여전히 조로아스터교를 믿는 사람들이 있으며 외딴 고원지대나 사막지대 등에서는 조장 풍습을 이어간다고 한다.

조장이 티베트나 중동의 고산지대에만 있었던 장례 풍습은 아니다. 아메리카 대륙의 척박한 곳에서도 그러한 장례 풍습이 있었다. 북극지방에 사는 이누이트족은 사람이 죽으면 밖에 내놓아 곰 따위의 육식동물이 먹어 치우게 하는 풍습이 있었으며 티베트 인근의 소수민족 가운데서도 조장 풍습이 있는 부족들이 있었다고 한다.

　장례는 인간만이 치르는 가장 엄숙한 의식이다. 어느 민족이든 그들의 기후를 비롯한 거주환경이나 자신들의 내세관에 따라 장례 풍습이 저마다 다를 수밖에 없다. 현대화라는 것은 이러한 특징적 요소들을 사라지게 하고 동서양 모두 똑같이 살아 있는 사람들이 편리하게끔 일반화, 규격화시키고 있다.

아프리카 가나의
흥겨운 장례 풍습
관짝춤

장례식에 참석한 사람들도 춤을 춘다.
작은 축제와 같은 흥겨운 분위기에서
관짝 댄서들은 검은 정장에 모자까지 썼다.

서 아프리카 가나는 개발도상국가지만 경제적으로는 빈곤에서 벗어
나지 못한 나라로 국민의 99%가 흑인이다. 15세기 포르투갈이 처
음 유럽에 소개한 이래 스페인, 네델란드, 영국 등 서구 열강의 각축장이
되었으며 황금이 발견돼 치열하게 경쟁을 벌였던 나라이다.

가나의 남쪽 대서양과 이어진 해안은 황금을 실어나르는 황금해안
(Gold Coast)이라는 이름이 붙었으며 가장 많은 흑인 노예들이 아메리카 대
륙으로 끌려간 곳이다. 영국의 지배를 받아 공용어가 영어와 토착어다.
서아프리카의 대부분 국가와는 달리 국민의 3분의 2가 기독교도(개신교)
이며 이슬람은 약 16% 정도다.

가나에는 약 75개의 부족이 있으며 그들 고유의 전통적인 풍습들이

남은 나라인데 특히 그들의 이색적인 장례 풍습이 많은 사람들의 관심을 끌고 있다.

가나뿐 아니라 서아프리카 국가의 흑인들은 사람이 죽으면 천국에 간다고 믿는다. 수명을 다하고 노환 등으로 편안하게 자연사하면 유가족들이 슬퍼하지 않고 오히려 기뻐한다. 우리도 천수를 다하고 죽으면 그의 장례를 호상(好喪)이라고 하는 것과 비슷하다. 유족들은 죽은 자가 천국에서 행복한 삶을 이어가도록 유쾌한 장례식을 준비하며 축제처럼 생각한다.

그러자면 비용을 많이 들여 떠들썩하고 흥겨운 분위기를 만들어야 한다. 가난한 사람이 축제 같은 장례식을 치르려면 돈을 끌어모아야 한다. 그러기 위해서 시신을 병원의 영안실에 맡겨놓고 돈을 모으기까지 얼마나 걸릴지 알 수 없다. 며칠이 걸릴 수도 있고 몇 달이 걸릴 수도 있다.

시신을 넣을 관은 죽은 자의 취미 또는 생전에 좋아하던 모양으로 만든다. 이를테면 자동차를 좋아했다면 관을 자동차 모양으로, 악기 연주를 좋아했다면 악기 모양으로, 낚시를 즐겼다면 물고기 모양으로 만든다. 이러한 관을 팬시 관(fancy coffin)이라고 하는데 주문 제작, 맞춤 제작해야하고 시일도 오래 걸려 유족들은 그만큼 기다려야 한다.

가나의 장례식은 특이해서 장례식에 꼭 참석해야 할 유족과 그의 친지들, 일가친척, 관련자들이 모여야 장례식을 거행하며 참석자 명단을 작성하고 한 사람이라도 빠지면 안 된다. 꼭 참석해야 할 사람이 아프다면 그가 완쾌될 때까지 기다려 전원이 참석할 수 있는 날로 장례식 날짜를 결정한다. 장례식이 언제 거행될지 알 수 없고, 죽은 자의 시신을 병원에 안치해놓고 몇 달을 기다려야 할 경우가 흔하다.

마침내 장례식 날짜가 결정되면 유가족들은 장례식이 아닌 축제 준비를 한다. 우선 상조회사에 장례 절차와 진행을 의뢰하는데, 상조회사 역시 유쾌한 축제가 되도록 최선을 다한다. 병원 영안실에서 시신을 특수 제작한 관에 넣고 매장할 곳으로 이동하는데, 이때 펼치는 이른바 관짝춤(Coffin Dance)이 볼거리자 큰 화제가 된다. 관짝춤은 관짝 댄서가 나서는데 리더가 앞에 서고 6명의 댄서가 관을 어깨에 멘 채 먼저 흥겹게 춤을 춘다. 그 때문에 BTS 방탄소년단에 빗대어 '관짝 소년단'이라는 말까지 나왔다.

관짝 댄서들은 흥겨운 음악에 맞춰 갖가지 춤을 기가 막히게 잘 춘다. 그러면 장례식에 참석한 사람들도 어울려 춤을 추며 작은 축제와 같은 흥겨운 분위기가 된다. 관짝 댄서들은 똑같은 검은 정장에 모자까지 써서 누가 보더라도 전문적인 댄스그룹 같다. 관짝춤을 추다가 댄서들이 실수로 관을 떨어뜨리기도 한다.

그들은 전문 댄서들이 아니라 상조회사 직원들이다. 우리도 전통 장례 풍습에 상여를 맸던 상여꾼들 중 제일 앞에 요령을 흔드는 길잡이가 있다. 그 뒤에는 여러 개의 만기(挽旗)가 뒤따르고 다른 상여꾼들은 관이 놓인 큰 가마를 어깨에 메고 뒤따르며 상복을 입은 유가족, 친척들과 수많은 참석자가 뒤따르는 장례 행렬이 있었다. 상여 행렬은 앞에 선 리더가 요령을 흔들며 구슬픈 만가(挽歌)를 부르면 상여꾼들이 따라서 부르거나 추임새를 넣는다.

가나의 관짝춤은 구슬픈 상엿소리(만가)가 아니라 흥겹고 경쾌한 음악이다. 상여꾼 같은 관짝 댄서들은 상여꾼들이며 상조회사의 장례지도사들이다. 모든 참석자가 어울린 축제 같은 분위기가 한바탕 펼쳐지고 시신을 매장함으로써 장례식은 끝나지만 참석자들은 반드시 의무 선물을 내야 한다. 의무 선물이란 조위금 용도이며 의무적으로 현금을 낸다. 유족들은 그 돈으로 장례식을 치르느라고 대출받은 은행대부금을 상환한다.

물론 가나에서 모든 장례가 그런 것은 아니다. 각종 사고로 죽거나, 갑자기 질병으로 죽거나, 젊은 나이에 죽거나, 수명을 다한 자연사가 아니면 일반적인 장례식처럼 엄숙하고 슬픈 분위기에서 장례를 치른다. 특히 최근에는 코로나 팬데믹으로 가나에서도 많은 사람이 희생됐다. 이들의 장례는 특별한 절차 없이 빠른 시간에 치러졌다.

장례란 죽은 자와 영원히 작별하는 엄숙하고 슬픈 의식이지만, 민족이나 국가마다 차이가 있다. 가나처럼 죽음을 놀이처럼 즐기는 종족도 있고, 자기 손가락을 잘라가며 애통해하는 종족도 있다.

축제와 같은
인도네시아
토라자족의 장례

토라자족은 죽음을 두려워하지 않는다.
그들은 장례식을 성대하고 화려하게 거행한다.
마을 축제처럼 떠들썩하게 거행한다.

인 도네시아는 자바, 수마트라, 보르네오 등 수많은 섬으로 이루어졌
으며 적도가 국토를 관통하는 무더운 나라다. 인구는 약 2억 8천
만으로 세계 4위다. 국토 대부분이 고원지대와 열대우림이어서 일찍부터
뿌리가 다른 수많은 부족이 거주했다. 지금도 정확하게 파악하기 어려울
정도로 수백 개가 넘는 부족들이 고원지대나 열대우림 곳곳에서 살아간
다. 인도네시아 공용어는 인도네시아어지만 이들 부족이 사용하는 고유
언어만 하더라도 수백 개가 넘는다고 한다.

역사적으로 인도네시아에서 유명한 것은 지진, 쓰나미, 화산 폭발 등
자연재해다. 화산 폭발은 놀라운 기록을 가지고 있다. 지금도 120개가 넘
는 활화산이 있어서 언제 폭발할지 모른다. 약 7만 4천 년 전 수마트라

섬의 토바(Toba) 화산 폭발은 인류 역사상 최악의 재앙 가운데 하나였다. 인도네시아는 물론이고, 인도와 인도양에 15cm의 화산재를 덮었으며 1천 년 동안이나 지구의 기온이 평균 3.5도가 낮아졌다고 한다.

지구에는 6~10년 동안 혹독한 화산재 겨울이 이어지면서 수많은 포유류 동물들이 멸종했고, 아프리카를 벗어나 여러 대륙으로 진출하던 인류도 멸종할 뻔했다. 다행히 아프리카에 남아 있던 극소수의 현생인류가 이동하면서 오늘날의 인류가 됐다. 그때 시차를 두고 아프리카를 떠난 현생인류는 약 2천 명에 불과했다고 한다. 우리 모두 그들의 후손이다.

인도네시아에서 또 한 번의 화산 대폭발은 1815년에 일어났다. 오늘날 숨바섬에 있는 탐보라(Tambora) 화산은 높이가 2,821m라고 한다. 워낙 강렬한 화산 폭발로 산의 꼭대기 부분 1,470m가 날아가고 흩어지면서 지금의 높이가 됐다. 화산 폭발의 위력이 얼마나 대단했던지 무려 높이 4km까지 치솟았으며 약 150억 톤의 화산재가 인도네시아 전역을 덮어 3일 동안이나 캄캄한 밤과 같았다. 이 위력은 일본의 히로시마를 잿더미로 만들었던 원자폭탄 17만 개에 해당한다. 오늘날 지구의 기온이 1도만 높아져도 지구 온난화를 넘어 열대화 현상으로 기후 재난을 겪는 현실을 보면 화산 폭발의 위력을 충분히 짐작할 것이다.

화산 폭발 얘기를 하려는 것은 아니다. 인도네시아의 보르네오섬은 세계에서 3번째로 큰 섬으로 동쪽에 술라웨시섬이 있다. 술라웨시섬도 세계에서 11번째로 크며 면적이 남한의 약 1.7배나 되고 인구는 약 1,500만 명이 된다. 열대우림 지역인 술라웨시섬의 깊은 숲 곳곳에 살아가는 부족 중 토라자(Toraja)족이 있다. 제법 규모가 큰 부족으로 술라웨시의 도심 지역에도 많이 진출해 있다. 이들이 유명해진 것은 그들의 독특한 장례 풍습 때문이다.

토라자족은 죽음을 크게 두려워하지 않는다. 그들에게는 윤회를 굳게 믿는 전통적인 원시 신앙이 있어서 장례식을 성대하고 화려하게 거행한다. 온 주민들이 참여해서 마을 축제처럼 떠들썩하다.

마을 전체가 참여하는 성대한 장례식을 치르려면 막대한 비용이 들 수밖에 없다. 평균적으로 가난한 토라자족들로서는 어느 가정도 엄청난 비용을 감당하기 어렵다. 이들은 2~3년 또는 그보다 더 오랜 시간 동안 장례를 치를 비용을 모아가는 와중에 그들만의 독특한 장례 풍습이 만들어졌다.

토라자족의 누군가가 죽으면 짧게는 몇 개월, 길게는 몇 년 동안 시신을 집 안에 안치해놓은 뒤에 성대한 장례를 거행한다. 장례식에는 인도네시아 전역에서 수많은 구경꾼이 몰려들고 외국 관광객들로 장관을 이룬다. 그러면 긴 기간에 죽은 자의 시신은 어찌할 것인가? 열대의 나라여서 시신이 부패할 텐데 몇 년 동안이나 집 안에 안치한다니?

토라자족은 누군가 죽으면 우선 전문가들을 불러 시신이 부패하지 않게 방부 처리한 다음 집 안의 방 한쪽에 시신을 모셔놓고 마치 살아 있는 사람처럼 가족들은 매 끼니 밥상을 올린다. 일가친척이나 이웃들은 죽은 자의 문상을 멈추지 않고 성대한 장례를 치를 비용을 모은다. 가난한 사람은 몇 년이 지나야 장례를 거행할 비용을 마련한다. 그다음부터 장례 준비가 시작해 장례를 치를 전통 가옥을 짓고, 화려한 상여를 만든다. 그 기간도 여러 날 또는 몇 달이 걸리고 모든 준비가 끝나면 마을에 장례 날짜를 알린다. 온 마을이 곧 축제가 시작될 것처럼 들썩이며 누구도 슬퍼하지 않는다. 유족들도 마찬가지다.

여러 해 전에, 또는 몇 달 전에 죽은 사람의 장례이기에 슬프지도 않거니와 죽은 자의 환생을 믿어 오히려 축복하는 분위기라서 잔치를 벌이는 것 같다. 주민이 장례식장에 모이면 유족은 정성껏 대접한다. 돼지를 잡고, 심지어 귀한 물소까지 잡는다. 물소는 신성한 동물이며 저승에서 풍요롭게 살게 해주는 동물이기에 비싸고 귀중하게 여긴다. 물소를 많이 잡을수록 죽은 자의 저승 생활이 편안하다고 믿는다.

집 안에 방부 처리해서 안치된 시신은 미라 상태로 유족과 마을 주민들에 의해 꽁꽁 담요로 싸서 장례식장에 옮겨지는데 곧바로 장례를 거행하지 않고 며칠 동안 계속된다. 유족들은 미라 상태가 된, 앉은 자세의 시신 곁에 있고 마을 주민들은 악기 연주에 맞춰 춤을 추는 등 잔치가 이어지며 죽은 자를 성대하게 보낸다.

장례식 날이 되면 시신을 상여로 옮겨 간단한 의식을 치른 뒤에 장지로 향하고 마을 주민이 뒤따르기 때문에 얼핏 축제 행렬과도 같다. 우리나라처럼 봉분이 있는 묘가 아니라 콘크리트로 된 석묘로 콘크리트 뚜껑을 열면 지하에 빈 곳이 나온다. 미라가 돼서 작아진 담요에 쌓인 시신을 그곳의 한쪽에 놓고 다시 뚜껑을 닫으면 장례가 끝난다.

이러한 토라자족의 장례 풍습은 무척 독특해서 외국 다큐멘터리 채널들에서 여러 차례 소개되었고 많은 관광객이 몰려들어 관광 상품이 됐다. 인도네시아는 종교 국가는 아니지만 전 국민의 약 88%가 이슬람교를 믿는다. 따라서 대부분의 장례식을 이슬람식으로 치르지만 일부 부족들은 여전히 그들만의 독특한 장례 풍습을 이어가고 있다.

선박과 함께
시신을 태우는
바이킹의 독특한 장례

나는 아버지와 어머니를 뵙노라.
나는 모든 죽은 조상들이 앉은 것을 보았노라.
나는 주인님이 천국에 앉은 것을 보았노라.

8세기에서 11세기까지 번성했던 바이킹은 스칸디나비아반도의 덴마크, 노르웨이 남부, 스웨덴 남부 등에 자리를 잡았던 북게르만족 계통의 노르드(Norseman)인들이다. 바이킹은 어느 특정한 종족 집단은 아니다. 바이킹이라는 표현도 어떤 의미가 있는 것이 아니라 그냥 물(바다, 강)이 있는 곳에서 온 사람들이라는 뜻이다.

스칸디나비아반도는 유럽의 북쪽이어서 춥고 척박하다. 이곳에 정착한 노르드인들은 농업과 어업 등으로 생계를 이어갔으나 여전히 궁핍했다. 그런데 인구가 늘어나 생계를 잇기가 더욱 어려워졌다. 태생적으로 호전적이고 매우 거칠며 모험을 좋아했고 바닷가에 살아서인지 조선술과 항해술이 뛰어난 그들은 이런 강점을 이용해서 콜럼버스보다 몇백 년 앞선 11세기에는 북아메리카 대륙까지 진출했다. 그곳에서 토착 원주민들인 아메리카 인디언들을 만나 여러 차례 전투를 벌였지만, 잇따라 패배하면서 물러나고 말았다.

스칸디나비아의 바이킹들은 궁핍한 생활에서 벗어나려면 어디론가 진출하지 않을 수 없어서 구체적인 대책으로 유럽의 중부 지역 국가들, 영국, 프랑스 등 비교적 부유한 기독교 국가들을 노렸다. 바이킹은 북유럽 신화에 등장하는 최고의 신 오딘(Odin)을 숭배했다. 오딘은 전쟁의 신이어서 전쟁에서의 승패를 결정하고, 기독교의 하느님과 같은 존재다. 전투에 참여한 병사들이 용감하게 싸우다가 죽으면 영웅적인 전사가 돼 그들의 천국인 발할라(Valhalla)에 간다고 믿었으므로 죽음을 두려워하지 않았다.

그들은 갑옷과 방패, 손도끼 등으로 완벽한 무장을 하고, 성능이 뛰어난 선박을 이용해서 영국을 공격했다. 첫 공격은 수도원이었는데 그들의 기습적인 침입에 속수무책으로 당했다. 바이킹은 닥치는 대로 보물과 값진 물품은 말할 것 없고 온갖 먹거리까지 약탈했다. 굶주렸던 그들은 약탈한 음식들을 넓은 좌판에 잔뜩 모아 놓고 마음껏 배를 채웠다고 한다. 이것이 뷔페(buffet)의 기원이다. 뷔페는 프랑스어지만 갖가지 음식들을 늘어놓은 것을 바이킹이 뷔페라고 하면서 그 기원이 됐다는 것이다.

승승장구하는 바이킹의 침략을 막아내지 못하자 프랑스에서는 바이킹 무리에게 봉토를 내주고 바이킹 지도자에게 귀족의 지위를 주었다. 프랑스를 침략했던 바이킹들은 그곳에 정착하고 프랑스에 동화했다. 프랑스에 진출한 바이킹은 별도의 이름으로 구분한다. 특별한 민족의식이나 정치적 목표, 이념이 없었고 오직 생존 투쟁을 펼쳤던 바이킹은 약 300년 동안의 전성기를 누리며 그들이 침략한 유럽의 여러 나라의 생활 여건이 풍족하여지자 그들에게 동화돼 소멸하고 말았다. 끊임없이 유럽 침략을 이어가며 죽음을 두려워하지 않는 용감한 바이킹 전사들도 죽음을 피할 수는 없었고 그들만의 독특한 풍습으로 장례를 엄숙하게 거행했다.

평범한 바이킹이 죽으면 먼저 작은 조각배를 마련하여 배 안에 장작을 가득 채워 장작 더미를 만든 뒤 시신을 그 위에 옮겨놓고 바다나 강으로 흘려보낸다. 그런 다음 배를 향해 불화살을 쏘으면 불이 붙은 배에서 시신까지 활활 타오르다가 서서히 침몰하고 시신도 재가 돼서 배와 함께 사라진다. 이것이 바이킹의 장례 풍습이다. 이러한 바이킹의 장례는 죽은 자가 새로운 미래를 향해 끊임없이 항해하기를 기원하는 의미를 담는다. 그것은 평범한 바이킹의 경우이고, 바이킹의 지도자나 유력한 인물이 죽었을 때는 장례 절차에 큰 차이가 있다.

10세기 무렵, 아랍의 시인이자 탐험가인 이라크의 아흐마드 이븐 파들란이 바이킹 지도자의 장례를 직접 목격하고 남긴 기록에 따르면 순장까지 더해지는 가혹하고 독특한 장례 방식이었다.

바이킹 사회구성체의 지도자나 유력자, 부유한 한 인물이 죽었을 때는 장례를 거창하게 치른다. 죽었다고 장례를 곧바로 치르는 것이 아니고 먼저 시신을 덮어 묘역으로 옮긴 후 지붕까지 설치된 임시 무덤을 만들어 열흘 동안 안치한다. 열흘은 죽은 자에 대한 애도 기간이며 장례 준비 기간이다. 죽은 자가 부유한 인물이라면 그의 재산을 세 부분으로 나눈다. 한 부분은 그의 유가족들에게 상속하고, 또 한 부분으로 매우 화려한 수의를 만들고, 마지막 한 부분으로 독한 증류주를 제조하고 장례식에서 사용할 각종 악기를 사들인다.

바이킹 구성원들은 독한 술을 인사불성이 될 때까지 마시는데 독주를 마시다가 죽는 사람도 있다고 한다. 장례 기간에 죽은 자와 함께 화장할 노예 한 명을 남녀 노예들 가운데서 선발하는데 여성 노예를 선정한다고 한다.

그때부터 주인과 함께 순장할 여성 노예는 노예의 신분을 벗어나 최대한의 쾌락과 사치를 즐긴다. 독주를 쉴 새 없이 마시며 춤추고 노래하고 귀부인 못지않게 화려하게 치장시키는데 순장할 노예에 대한 배려라고 할 수 있다. 마지막 가는 길에 생전에 누리지 못했던 모든 쾌락을 즐기고 귀부인처럼 대우해주며 두 명의 여성을 배치한다. 그 후 그녀의 모든 요구를 들어주고 도주하지 못하도록 감시한다.

열흘간의 애도 기간이 끝나면 유족들이 남녀 노예들을 모두 모아 놓고 주인과 함께 순장할 노예를 선정한다. "너희들 가운데 누가 주인님과

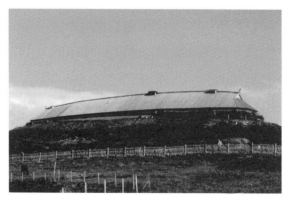

복원한 바이킹 족장의 집 노르웨이 로포트르 바이킹 박물관에 있는 이 저택은 1,500년 전 지어진 바이킹의 가옥을 복원한 것이라고 한다. 마치 배를 뒤집어놓은 모양을 하고 있으며 매우 크다.

함께하겠느냐?"고 물으면 여성 노예 한 명이 "저요!" 하고 대답한다. 이미 정해져 있지만 자발적으로 주인을 따라가는 것처럼 꾸미는 형식적인 절차다.

11일째 되는 날, 남자들이 임시 무덤에 안치된 시신의 덮개를 치우고 갖가지 치장을 하고 화려한 수의를 입힌 다음 강가로 옮긴다. 강가에는 바이킹의 유력한 인물들, 죽은 자의 친구들이 저마다 천막을 치고 기다리고 있다. 강변 가까이 배가 한 척 떠 있다. 보통 바이킹들이 죽었을 때의 작은 조각배가 아니라 신분에 걸맞게 크고 화려한 배다.

열흘의 장례 준비 기간에 천막을 갑판에 설치하고 시신을 눕힐 매트리스가 놓이고 술과 꽃장식이 화려하게 설치돼 있다. 먼저 신에게 바치는 제물들이 등장한다. 죽은 자가 기르던 개를 끌고 와 도살한 후 배를 가르고, 죽은 자가 아끼던 말 두 마리를 끌고 와서 마찬가지로 도살한 후 말의 사체를 토막 내 배 위에 늘어놓는다. 또 수탉과 암탉도 죽여 함께 늘어놓는다.

그런 다음 시신을 배로 옮겨 매트리스 위에 눕혀놓고 함께 순장할 여성 노예를 데려오는데, 곧바로 배로 데려가지 않고 강변에 설치된 죽은 자의 친구들이나 유력자들의 천막으로 들여보낸다. 여성 노예는 그들과 차례로 성관계를 하고 나면 남자들이 여성 노예에게 말한다.

"너의 주인에게 가서 내가 그를 사랑한 마음에서 이 일을 했다고 전하거라."

배 위에 많은 사람들이 모인 곳으로 여성 노예가 올라온다. 그 가운데는 여성 노예를 처형할 이른바 '죽음의 천사'라는 나이 많은 강인한 인상의 여성이 있다. 여성 노예는 '죽음의 천사'에게 자신이 착용했던 양쪽 발목의 발찌를 풀어서 준다. 또 자기를 시중했던 여성들에게는 자기 반지를 뽑아 준다. 그런 뒤 여성 노예가 소리높이 외친다.

"나는 아버지와 어머니를 뵙노라. 나는 모든 죽은 조상들이 앉아 있는 것을 보았노라. 나는 주인님이 천국에 앉아 있는 것을 보았노라. 천국

오슬로 박물관에 있는 오세베르그 선박의 뱃머리 바이킹 고위 신분의 사람은 노르웨이 오세베르그의 매장된 선박들에서 확인되었듯이, 이따금 짐승 공양, 무기, 비축물 및 다른 물건들과 같이 배에 묻혔다.

은 아름답고 푸르도다. 주인님이 나를 부른다. 어서 나를 주인님께 데려가다오."

노예 여성의 외침이 끝나면 남자들이 술을 건네고 그녀는 단숨에 술잔을 비운 다음 죽음의 천사가 그녀의 머리를 감싸쥐고 배 위의 천막 안으로 끌고 들어간다. 이어서 6명의 남자가 들어간다. 그들은 여성 노예와 관계를 맺고 천막 밖에서는 악사들이 요란하게 북을 두드린다. 천막 안에서 들려오는 여성 노예의 신음을 밖에서 듣지 못하게 하기 위해서다. 여성 노예와 남자들의 성적 교접이 끝나면 남자들이 여성 노예를 시신 옆으로 옮겨 나란히 눕혀놓는다. 이어서 죽음의 천사가 다가와 여성 노예의 목에 밧줄을 감고 밧줄의 양쪽 끝을 남자들이 붙잡게 한다. 죽음의 천사가 단검으로 여성 노예의 급소를 찌르면 남자들이 그녀의 목에 감긴 밧줄을 죽을 때까지 힘껏 끌어당긴다.

죽음의 행사가 끝나면 장작들을 배 위로 옮기고 유족들이 횃불을 들고 와서 장작 더미에 불을 붙이고 모든 사람이 배에서 내린다. 배는 곧바로 불길에 휩싸이며 물결을 따라 흘러간다. 죽은 자와 여성 노예의 시신도 불길에 휩싸인 채 흘러가던 배가 차츰 잿더미로 변해 가라앉는 것으로 장례가 끝난다.

순장할 여성 노예에게 왜 그처럼 여러 남자와 성관계를 갖게 하는지 정확히 알 수 없다. 그녀에게 마지막으로 성적 쾌락을 누리게 하는 것인지, 죽은 자의 친구들이 말하듯이 죽은 친구를 사랑해서 여성 노예를 성적으로 공유한다는 의미인지, 죽은 자가 저승에 가서도 성적 쾌락을 누리도록 기원하는 것인지, 죽음을 바로 눈앞에 둔 여성 노예에게 죽음의 공포감을 없애주기 위한 것인지 알 수 없다. 죽은 자의 화장이 끝나면 바이킹 지도자가 신하들에게 죽은 자가 천국에 갔는지, 못 갔는지 묻는다고 한다. 만약 그에 대한 의견이 엇갈리면 서로 결투를 벌이게 해서 승리한 자의 주장이 정답이 된다는 것이다.

이런 장례 풍습은 10세기 아랍인 탐험가 아흐마드 이븐 파들란이 직접 목격하고 기록한 내용을 바탕으로 정리한 것이다. 장례가 끝나자 바이킹들은 그에게 비웃듯이 말했다고 한다.

"당신들은 고귀한 사람이 죽으면 땅에 매장해서 온갖 벌레들에게 뜯어먹히게 하지만, 우리는 시신을 불 태워 바람에 실어 보내 순식간에 죽은 사람을 천국에 들어가게 한다."

물(바다, 강)이 삶, 생존의 터전인 바이킹이 화장하는 풍습은 형식은 화장이지만 시신을 배에 실어서 불태우는 것은 일종의 수장(水葬)이다. 하지만 노예를 순장까지 하는 복잡한 장례 풍습은 독특하고 가혹해보인다. 바이킹이 소멸하면서 이러한 그들의 장례 풍습도 사라졌다.

손가락을 잘라
슬픔을 나타내는
뉴기니의 다니족

자기 손가락 하나를 잘라 비통함을 나타내는 것은
그들에게 대수롭지 않다. 슬픔에 비하면 손가락
하나쯤 자르는 고통은 별것이 아닐 수 있다.

남태평양 호주 대륙과 인도네시아 사이에 뉴기니라는 큰 섬이 있다. 이 지역에는 크고 작은 원시 부족들이 열대우림 곳곳에 살며, 문명과는 격리돼 아직 석기시대의 생활을 하는 부족도 있다.

이들 가운데 다니(Dani)족이 있다. 오랜 전통을 지닌 부족으로 여러 분파로 나뉘어 열대우림에서 원시적 생활을 한다. 남녀가 나체 상태로 살아가며 돌도끼를 사용하는 등 석기시대의 생활을 하는 용맹하고 호전적인 부족이다. 누군가 다른 부족에게 죽임을 당했을 때 만약 복수하지 않으면 귀신들이 화를 내 불상사가 생긴다고 귀신들을 진정시키기 위해 복수한다.

그러나 이들의 놀랄 만한 기이한 풍습은 여자들에게 있다. 많지 않은 부족민 가운데 나이가 많아 자연사하든 사냥하다가 사고로 죽든 부족 전체가 슬퍼하며 침통한 분위기에 빠지는데, 이때 여자들은 자신의 슬픈 심정을 나타내고 죽은 자를 진심으로 애도하는 표시로 손톱이 있는 첫 마디를 자르거나 손가락 한 개의 전체를 자른다. 자기 스스로 또는 다른 사람에게 부탁해서 절단한다. 말할 수 없을 정도로 아플 텐데 죽은 사람에 대한 애통함과 비교하면 손가락 자르는 고통은 아무것도 아니라고 말한다.

다니족은 손가락이 없는 여인들이 많다. 늙어가면서 여러 차례 가족이나 일가친척 또는 부족 일원의 죽음을 맞이한 할머니들은 열 손가락 거의 첫 마디가 없거나 아예 손가락이 여러 개 없다.

다니족 여인들이 왜 손가락을 잘라 애통함을 표시하는지 알 수 없지만, 지적 사고나 교감의 방식이 아무래도 뒤떨어질 수밖에 없는 원시 부족으로서 슬픔을 가시적으로 표시하고 싶을 것이다. 현대인들도 가까운 사람이 죽었을 때 장례식장에서 유족들과 함께 밤샘도 하지만 보편적으로 조위금을 낸다. 죽은 사람과 관계가 가까울수록 많은 조위금을 내듯이 원시 부족인 다니족도 가까운 사람이 망자가 되었을 때 자기 신체 일부에 고통을 가함으로써 충정을 나타내게 됐다.

원시 부족들은 대부분 소수 구성원으로 이루어져 있어서 결속력이 대단하다. 다니족도 공동생활을 한다. 식사를 함께하고, 잠도 남자는 남자끼리, 여자는 여자끼리 같이 잔다. 사냥이나 일상사도 함께하고 다른 부족과 싸우면 자기 부족을 위해 기꺼이 목숨을 내놓을 만큼 죽음을 두려워하지 않는다. 동고동락하던 일원이 죽었으니 손가락 하나를 잘라 비통함을 나타내는 것은 그들에게 대수롭지 않을 수 있다. 슬픔에 비하면 손가락 하나쯤 자르는 고통은 별것이 아니라고 여길지도 모른다.

울음소리로
슬픔을 가늠하는
뉴질랜드 마오리족

마오리족은 대성통곡하며 슬픔을 나타냈다.
그렇게 크게 울어야만 죽은 자가
편안하게 저승으로 간다고 믿었다.

뉴 질랜드는 약 1천여 년 전에 발견된 섬이다. 섬을 처음 발견한 사
람이 마오리족이다. 마오리족은 뉴질랜드의 원주민으로, 그들이
처음 뉴질랜드를 발견했을 때는 무인도였다. 유럽의 탐험대들도 17세기에
와서야 남섬과 북섬, 두 개의 섬으로 이루어진 뉴질랜드를 발견했다. 그
렇다면 뉴질랜드를 처음 발견한 마오리족은 어디서 왔으며 왜 왔는가?

그들은 남태평양의 폴리네시아계 종족이다. 남태평양의 크고 작은 섬
들에 흩어져 사는 폴리네시아인의 유래에 대해 여러 견해가 있다. 대만
(타이완)에 살던 그곳 원주민들이 남태평양까지 진출했다는 견해가 오랫
동안 지배적이었다. 그러나 꾸준한 연구로 약 6천~7천 년 전, 아시아 본
토(동남아시아)에 살던 종족들의 이주민이라고 한다. 그러한 폴리네시아계

의 종족 가운데 마오리족은 남태평양 한가운데 있는 타히티섬에 살았던 부족으로 밝혀졌다.

현재 뉴질랜드는 영국의 연방국으로 인구는 약 500만 명으로 대부분 유럽인이고 약 10% 정도가 마오리족이다. 유럽인과 마오리족의 혼혈이 많고 영어와 마오리어가 공용어다. 원주민에 대한 차별이 없으므로 다양한 분야에 진출해 있다. 또한 국가적으로 원주민 보호 정책을 펼쳐서 마오리족의 민속과 문화 예술도 잘 보존되고 있어 뉴질랜드 관광 일정의 하나로 어김없이 마오리족의 민속 공연을 볼 수 있다.

마오리족의 전설에 따르면 어느 부족의 족장 부부가 카누를 타고 바다로 고기잡이를 나갔다가 우연히 구름을 보고 접근한 것이 뉴질랜드를 발견한 계기라고 한다. 타히티섬에는 많은 부족이 살아서 먹거리가 부족해 고통을 겪다가 새로운 섬을 발견하고 마오리족들이 앞을 다투어 뉴질랜드로 이주했다. 아무것도 없는 무인도여서 생활환경이 안 좋았다. 바다에 나가 고기를 잡거나 사냥으로 생계를 유지했지만, 마오리족 인구가 늘어나면서 자기들의 영역을 놓고 충돌하기 시작했다.

마오리족은 용맹하며 전투를 두려워하지 않는다. 널리 알려진 그들의 독특한 인사법인 서로 '코 비비기'는 동물들이 코와 주둥이를 맞대며 교감하는 것과 다르지 않다. 17세기에 유럽 해양탐사대가 뉴질랜드를 발견한 이후 18세기에는 특히 금광을 발견하면서 유럽인들이 몰려들기 시작했다. 마오리족은 자기들의 영역을 지키기 위해 유럽인에 맞섰지만 활이나 창 등의 원시적인 재래 무기를 가지고 총으로 무장한 유럽인들을 당해내기 어려웠다.

유럽인들은 마오리족을 닥치는 대로 학살했다. 당시 뉴질랜드에는

마오리족의 청년 마오리족은 평상시에는 고구마 농사를 짓고, 돼지를 기르며 살았지만 이런저런 이유로 갈등이 붙으면 그야말로 무자비하게 싸웠다. 부족 간의 전쟁이 끝나면 이기는 쪽은 규모가 커졌다.

20만~50만 명의 마오리족이 있었는데 학살뿐 아니라 유럽인에게서 전파된 천연두, 홍역 같은 전염병에 속수무책으로 희생돼 겨우 4만 명 정도밖에 남지 않았다. 아메리카 대륙의 원주민(아메리카 인디언)들이 서양의 정복자들에게 절멸될 정도로 희생된 것과 같았다. 슬픈 역사를 갖게 된 마오리족은 결속력이 강화되고 호전적으로 변했다. 죽음에 매우 민감해져 가족이나 일가친척, 같은 부족민이 죽으면 온몸으로 슬퍼하며 그들만의 독특한 장례 풍습을 만들어냈다.

마오리족은 누군가 죽으면 시신 상반신이 보이게 투명한 창이 반쯤 되어 보이는 관에 넣는다. 그리고 마오리족의 집회 장소인 재래식 가옥으로 된 마래라는 공회당으로 관을 옮긴다. 요즘은 도시의 장례식장이나 개인

주택을 이용한다. 시신이 마래에 옮겨지면 그때부터 3일 동안 마오리족 언어로 탕가항가(Tanga hanga)라는 장례 의식을 치르는데 이를 '통곡 의식'이라고 한다. 조문객들이 올 때마다 유족들은 대성통곡을 해야 하며 얼마나 크게 우는지가 슬픔의 잣대가 된다고 한다.

사람이 죽으면 누구나 슬프고 당연히 울음이 터져나올 수밖에 없지만 장례식이 끝날 때까지 울음을 지속할 수는 없다. 하루만 지나도 눈물이 말라버릴 수 있다. 그런데 조문객들은 계속해서 찾아오고 그들 앞에서 억지로라도 울어야 한다.

동서양 가릴 것 없이 어느 문화권에서든 곡녀(哭女)가 있었다. 곡녀는 유족을 대신해서 크게 울어주는 전문직 여성이다. 유교식 장례를 치렀던 우리 선조들은 베옷으로 된 상복을 입고 조문객이 들어오면 곡(哭)을 했다. 눈물이 나오지 않으니까 "아이고, 아이고!" 목소리만 내는 경우가 대부분이었다.

마오리족은 진짜로 대성통곡하며 슬픔을 나타내야 했다. 그렇게 크게 울어야만 죽은 자가 편안하게 저승으로 간다고 믿었다. '통곡 의식'은 죽은 자가 좋은 곳으로 가기를 기원하는 의식이었다. 그렇다고 해도 무척이나 힘겨웠을 것이다.

마오리족의 장례식은 요란하다. 유족, 일가친척, 친지들이 시신 옆에서 밤을 지새우며 쉴 새 없이 기도하고 슬픈 노래를 불러야 죽은 자의 영혼이 축복받으며 저승으로 간다고 믿었다. 그들은 대성통곡을 강조해서 탕가항가(통곡 의식) 중에서도 특별히 탕기(Tangi)라고 불렀다. 3일간의 탕가항가가 끝나면 발인식을 한다. 샤먼(무당) 또는 성직자가 주재하며 죽은 자를 영원한 고향으로 돌아가도록 기원한다. 그들의 신화에 죽은 자의 영혼은 벽돌(Cape Reinga)이라는 북쪽 해안가의 돌출된 곳으로 여행을 떠난다고 생각한다. 그들의 조상이 남태평양에서 바다를 건너왔기에 그런 의식을 갖는다.

매장할 장지는 부족의 연장자들이 의논해서 결정하고 합의가 안 되면 유족의 연장자가 결정한다. 묘지는 보편적으로 산등성이의 평평한 곳을 선택하는데 죽은 자의 신분이 높을수록 산 위쪽으로 올라간다. 부족장 같은 높은 지위의 지도자는 마오리족이 신성시하는 산에 안장한다.

장지 입구에는 매장이 끝나고 돌아가는 참석자들이 손을 씻어 액운을 막기 위한 작은 물그릇이 놓여 있다. 과거에는 시체나 유골을 만진 사람, 시신을 묘지로 옮긴 사람 등은 일정 기간 격리되고 나서야 다른 사람들과 접촉할 수 있었다. 이것을 위반하면 시신을 만지거나 옮긴 사람들에게 죽은 자의 악령이 씌운다고 생각한다는 것이다.

장례식이 끝나면 장례식에서 사용했던 많은 식기를 모두 깨뜨려버리고 입었던 옷들도 모두 찢어버리는데 죽은 자의 악령이 깃들지 못하게 하기 위해서다. 장례식이 끝나면 유족과 조문객들이 만찬을 갖는데 음식은 유족을 위해 조문객들이 마련한다. 죽은 자를 추모하기 위해 집 주변에 나무를 심는 풍습이 있다고 한다.

마오리족은 용맹스러움을 과시하기 위해 얼굴과 온몸에 문신한다. 이것을 타 마코(Ta Mako)라고 하는데 작은 뼈를 갈아서 만든 바늘에 색소를 묻혀 피부에 주사함으로써 마오리족의 정체성을 나타내는 한편, 적에게는 위협감을 주려고 한다. 얼굴과 온몸에 뚜렷하게 드러나는 문신을 해서 때로는 몇 년씩 걸린다고 한다.

뉴질랜드 관광에서 마오리족의 민속 공연 관람은 빠지지 않는다. 그들은 건장한 체격에 문신하고 험악한 표정으로 노래하고 춤춘다. 마오리족의 공격적인 춤을 하카(Haka)라고 하는데 몇 가지 종류가 있다. 싸우러 나갈 때 사기를 북돋는 춤, 전투에서 승리했을 때 추는 춤 그리고 손님을 환영하는 춤 등이 있다. 그들이 민속 공연에서 보여주는 춤은 손님을 환영하는 춤 그리고 대부분이 페루페루(Peruperu)라는 싸우러 나갈 때 추는 춤을 춘다. 혀를 내밀며 눈을 치켜뜬 험상궂은 표정으로 고함을 치고 가슴을 세게 두드리는 춤이다. 뉴질랜드는 럭비축구가 국기나 다름없는데 국가대표팀이 경기를 시작하기 전에 이 춤을 춰 사기를 높인다고 한다.

중국 소수민족 좡족(壯族)과 남방 민족의 장례

> 좡족은 가족이나 이웃을 비롯한 공동체 누군가의
> 죽음을 슬퍼하지 않았다. 그들은 사람이 죽어
> 육신은 사라지지만 영혼은 영원히 살아있다고 믿었다.

중국의 55개 소수민족 가운데 가장 큰 민족이 좡족(壯族)이다. 전체적으로 약 2,000만 가까워 웬만한 국가보다 인구가 많다. 이들은 중국의 남방 종족들이다. 예로부터 중국은 자신들의 구성원인 국토의 한 가운데 중원을 차지하는 한족을 가장 우수한 민족으로 보고, 동서남북 주변의 모든 민족을 멸시하며 오랑캐라고 했다.

좡족은 석기시대부터 중국과 국경을 맞대는 베트남, 태국 등 동남아시아에서 중국의 남부 지방으로 흘러들어온 종족들로 단일민족이 아니다. 동남아의 여러 종족이 모였지만 그들의 고유 언어도 타이 카다이(Tai-Kadai)어로 동남아에서 사용하는 언어다. 이들은 베트남과 붙은 광시성

(廣西省)에 대다수가 거주하는 것도 그 까닭이다. 광시성은 현재 '광시좡족 자치구'로 이름을 바꿨다.

중국에서는 한족과는 혈통이 다른 이 지역 사람들을 가리켜 처음에는 '백월(百越)'이라고 불렀다. 고대 중국은 북방의 민족들을 '호(胡)', 남방의 민족들을 '월(越)'로 호칭했다.

좡족은 단일민족이 아니라 여러 종족이었기에 '백월'이라고 불렀다. 베트남을 '월남(越南)'이라고 하는 것도 백월보다 좀 더 남쪽에 있어서 그렇게 부른 것이다.

백월은 동남아시아에서 이주했다는 공통점과 같은 언어를 쓰고 같은 풍습을 지녔다는 동질성으로 하나의 민족 형태를 갖추기 시작했다. 중국인들은 그들을 동족(獞族)이라고 불렀다. 중국어 '동(獞)'은 들개를 일컫는 말이다. 마치 들개가 무리 지어 살아가듯 남방 종족들의 무리라는 뜻이다. 이것이 문제가 되자 발음이 비슷한 '장하다'라는 뜻의 '좡족(壯族)'으로 바꾸어 오늘날까지 이어지고 있다.

좡족은 씨족사회를 이루는 남방 민족들로 공동체를 이루었지만, 대다수가 농사를 지으면서 조용히 살았기에 특별히 돋보이는 활동은 없었다. 19세기 말, 청나라 시대 중국의 역사를 바꾸는 큰 정변이 있었다. 좡족이 집단 거주하는 광시성 옆의 광둥성에 홍수전(洪秀全)이라는 인물이 있었다. 그는 남방 민족 출신의 객가(客家)였다. '객가'는 한족이 아니라 다른 지역에서 이주해온 사람들을 일컫는 말이다.

그는 우연히 선교사를 만나 기독교에 심취해서 하느님을 섬기는 '배상제회(拜上帝會)'라는 기독교 비밀결사 조직을 만들고 모든 백성이 잘사는 태평천국을 건설하겠다며 봉기했다. 이것이 이른바 '태평천국의 난'이다. 홍수전의 목표는 기독교 전파에 있었다. 그런데 사건이 엉뚱하게 변질되어 당시 청나라의 폭정과 갖가지 혼란에 휩싸인 사회적 상황으로 농민들이 홍수전에게 합세해서 대규모 반란을 일으켰다. 용기백배한 홍수전은 자신을 천왕(天王)으로 자칭하며 기독교 전파뿐 아니라, 청나라를 무너뜨리고 새로운 '태평천국'을 세우겠다고 큰소리치며 농민들의 반란을 부추겼다.

이때부터 '태평천국의 난'이 '태평천국운동'으로 바뀌게 됐는데 쫭족은 이 농민운동에 적극적으로 가담했다가 태평천국운동이 실패로 끝나자 청나라 당국으로부터 강력한 압박을 받아 세력이 위축되었다. 쫭족의 전통신앙은 마교(摩教)다. 겉모양은 종교의 형태지만 실질적으로는 애니미즘에 근거한 원시 신앙으로 한마디로 말하자면 미신이다. 그들은 자연과 귀신과 조상을 숭배했으므로 일상생활, 여성, 어린이들에 대해 미신에 따른 근거 없는 금기 사항들이 매우 많다.

쫭족 가운데는 중국의 전통 종교 도교나 불교 등 다른 종교를 믿는 사람들이 적지 않다. 중국의 유교적 풍습이 그들의 생활 속에 스며들어 조상숭배, 조상 제사 등 중국의 풍속이 뒤섞였지만 선조들로부터 계승된 남방의 전통 풍습들을 중시한다. 이를테면 중국(한족)의 명절인 설, 청명절, 단오절, 추석 등을 지키면서도 자신들의 고유 명절도 반드시 지킨다.

쫭족의 결혼 풍습에도 그들의 전통이 남아 있다. 과거에는 쫭족끼리만 결혼했지만, 지금은 종족을 가리지 않고 한족과 결혼하는 예도 많다. 성이 같더라도 본관이 다르면 개의치 않는다. 쫭족은 일부일처제의 부계

사회로 가정은 아버지가 주도하고 여자들은 남자에게 순종한다. 중매 결혼은 중간에 중매인이 있지만 결혼의 성사 여부는 부친이 결정한다. 어떤 결혼이든 그들의 풍습에 따라 반드시 궁합을 보고 점괘가 좋아야 약혼한다. 결혼 날짜도 점쟁이가 좋은 날을 선택해서 정해준다.

이들에게는 자기 민족의 전통인 데릴사위, 고종사촌 사이의 결혼 같은 족내혼 그리고 불락부가의 풍습이 남아 있다. '불락부가(不落夫家)'는 결혼식을 치르고 신부가 신랑 집에 며칠 머문 뒤 신랑과 함께 자기 집, 즉 친정으로 돌아가는 것을 말한다. 신랑은 처가, 신부의 친정에 머무는 기간이 일반적으로 3~4년이지만 때에 따라서는 10년이 되기도 한다. 신랑은 신붓집의 데릴사위 격이다. 연애결혼의 경우는 그 기간이 짧고 중매결혼은 그 기간이 길다.

지금의 쫭족 부계 사회에서 아내는 남편의 모든 결정에 순종한다. 재산은 아들이 상속받고 딸에게는 상속권이 없다. 하지만 이혼하거나 남편이 일찍 죽어 미망인이 되면 재혼할 수 있다.

쫭족의 장례 풍습은 그들의 먼 조상이라고 할 베트남의 전통적인 장례 풍습과 비슷하다. 그들은 가족이나 이웃을 비롯한 공동체 누군가의 죽음을 슬퍼하지 않는다. 사람이 죽으면 육신은 사라지지만 영혼은 영원히 살아 있다고 믿었고 죽음은 죽은 자의 영혼이 앞서간 조상들을 만나러 가는 길이라고 생각했다. 죽은 자가 저승에서 환생하는 삶의 다음 단계라고 믿었다.

그런 까닭에 죽음을 슬퍼할 이유가 없어 유족들은 눈물을 흘리거나 통곡하지 않았다. 부유한 집안에서는 장례식에 가수와 악단을 불렀다. 악단의 연주자가 무려 50명이나 될 때도 있었다. 문상객들도 검은 옷을 입은 채로 마음껏 술을 마시며 춤추고 노래했다. 장례식장이 아니라 마치 연회장 같은 분위기다. 쫑족의 이러한 전통적인 장례 풍습이 죽음을 애도하고 삼년상을 치르며 묘소를 지키는 중국인(한족)들에게는 더없이 못마땅하고 눈에 거슬렸다. 송나라 때는 쫑족의 풍습이 인륜을 크게 벗어난 대죄로 규정하고 쫑족의 전통 장례 풍습을 금지하는 칙령을 내렸으며 이 칙령을 위반하면 불효자로 낙인찍어 처벌했다. 이후에도 지속적으로 쫑족의 전통 장례식을 방치한 관원들까지 처벌하는 등 강력한 통제를 받았다.

그래서 쫑족의 전통 장례 풍습이 위축되고 말았지만 쫑족 대부분은 하천 유역이나 고원지대, 구릉지대에 많이 살아서 중국 당국의 통제가 제대로 미치지 않는 곳에서는 여전히 그들의 전통 장례 풍습을 지키고 있다.

쫑족의 전통 장례 풍습은 베트남처럼 대부분 6단계로 진행된다. 첫 단계는 가족 가운데 누군가 죽음을 맞이하면 유족들은 장의사에게 연락해서 시신을 그곳으로 옮겨놓는다. 그러면 장의사들이 시신을 깨끗하게 씻기고 수의를 입혀 관에 눕힌다.

그다음 죽은 자의 입에 쌀과 동전 3개를 넣은 후 두 손을 모으고 작은 칼을 쥐여준다. 다음 세계로 가는 영혼을 지키라는 뜻이다. 손에 바나나 송이를 쥐여주기도 한다. 바나나 송이나 입에 넣은 쌀은 저세상에서 먹을 양식이며 동전은 저세상으로 가는 여비이다. 관 뚜껑을 닫을 땐 반쯤 열어놓아서 죽은 사람의 얼굴을 볼 수 있다.

두 번째 단계는 유족들이 일가친척과 마을에 부고를 한다. 부고는 누군가의 죽음을 알리는 것이다. 쫑족은 마을 곳곳에 50~100m 간격으로 깃발을 세워 부고를 함으로써 마을 주민 모두 알 수 있게 한다.

세 번째 단계는 장의사에서 집으로 관을 옮긴다. 유족들은 흰옷을 입고 머리에 흰 두건을 쓰고 그 집안의 종교나 관습에 따라 장례 의식을 거행한다. 반드시 흰옷을 입는 것은 아니며 흰 셔츠에 검정 바지를 입는다.

네 번째 단계는 조문객을 맞는 것이다. 조문객들은 대부분 검은색의 옷을 입고 꽃이나 향초를 들고 빈소를 찾아온다. 그리고 악단 반주에 맞춰 돌아가며 노래를 부르고 춤을 춘다. 슬픈 분위기보다 흥겨운 분위기다. 그렇게 3일간의 장례가 끝나고 시신이 든 관을 장지로 옮겨 매장하는데 이 부분부터 남방 민족의 독특하고 전통적인 풍습이 지켜진다.

물론 이러한 장례 절차는 노환이나 자연사했을 때 해당한다. 만일 피살당했거나 수명을 다하지 못하고 갑자기 죽었을 때는 다르다. 시신을 마을 밖에 안치하고 종교의식을 치른 뒤에 입관해서 곧바로 매장하거나 몇 년 동안 관을 그대로 놔두어 뼈만 남으면 수습해서 매장한다. 어린아이가 죽었을 때는 냉정하다. 아이의 시신을 돗자리로 말아서 산골짜기나 강기슭에 묻는다고 한다. 무덤도 만들지 않고 장례식도 없다. 성묘도 가지 않는다.

수명을 다하고 자연사했을 때는 장례 절차를 진행하는데 중국의 장례 풍습과는 전혀 다른 좡족 또는 남방 민족의 매장 풍습을 따른다. 그들의 매장 방식은 크게 세 가지로 나눠 볼 수 있다.

한 가지는 '굴지토장(屈肢土葬)'이다. 두 손을 붙이고 다리를 붙여 새끼 줄 등으로 묶어서 종아리가 땅에 닿지 않게 쪼그리고 앉은 모습으로 매장하는 것이 굴지토장이다. 고대인들의 유골 발굴에서 종종 볼 수 있는 모습이다. 이렇게 시신을 굽히고 끈으로 묶는 것은 죽은 자의 영혼이 탈출하지 못하도록 하기 위함이다.

그다음 '폭시습골(暴屍拾骨)'이다. 죽은 자의 시신을 야외에 그냥 안치했다가 육신이 사라지고 뼈만 남게 되면 뼈를 간추려 옹기 같은 것에 넣어 매장한다. 일종의 풍장 또는 조장과 같다. 또 하나는 '화화토장(火化土葬)'으로 시신을 화장해서 유골을 수습해 매장하는 방법이다. 이러한 매장 방식은 동남아시아 남방 민족들의 공통된 방식이다. 예전에는 쫭족 거의 모두 이러한 전통적인 장례 풍습을 따랐지만 지금은 일부만 이 매장 방식을 따른다.

하지만 '2차장(二次葬)'이라는 풍습은 남아있다. 2차장은 관을 얕게 매장하거나 동굴에 안치했다가 몇 년이 지난 뒤에 유골을 수습해서 옹기에 넣어 정식으로 매장하는 것을 말한다. 죽은 자의 유골 수습은 반드시 큰아들이 맡는다고 한다.

쫭족의 장례 풍습의 전통적인 관념은 사람이 죽어 육신은 사라져도 영혼은 살아 있다는 것이며, 죽은 자의 영혼이 살아 있는 사람들, 특히 유족들에게 영향을 미친다고 생각한다. 그래서 죽은 자의 영혼이 살아 있는 사람들에게 해를 끼치지 않도록 편안하게 보내주려고 한다. 그들이 신봉하는 무당이 영혼을 달래주고 살아 있는 사람들에게 해를 끼칠 것으로 판단하면 영혼을 내쫓는 것이 그들의 장례 풍습이다.

죽은 자의 시신을 매장하면 애도 기간을 갖는다. 죽은 자를 추억하며 가까운 친척의 결혼식이나 축제, 모든 축하연에도 참석하지 않는다. 그것이 베트남을 비롯한 남방 민족들의 장례 풍습이지만 쫭족들은 그들이 사는 중국의 영향을 받지 않을 수 없었다. 죽음을 애도하는 중국의 관습과 죽음을 슬퍼하지 않는 쫭족의 관습이 갈등을 유발하면서 쫭족의 전통이 원래의 모습을 잃어가는 것이 사실이다.

고려장의
거짓과 진실

'고려장'은 설화에 불과하며 어린이들에게
효도를 강조하려고 동화 등에서 설화를
과장했던 것이 사실처럼 잘못 알려졌다.

'고려장(高麗葬)'이라면 고려 시대의 고유한 장례 풍습으로 착각하는 사람들이 많다. 우리 국어사전에서도 고려장을 "고구려 때, 늙고 병든 사람을 산 채로 구덩이 속에 버려두었다가 죽으면 그 속에 매장했던 일"이라고 풀이한다. 고려장이 고구려 때인지 고려 때인지도 분명치 않거니와 어떤 사서에도 고려장이라는 장례 풍습을 언급한 기록이 없다. 하지만 많은 사람이 고려장이 실제로 있었던 것처럼 믿는다. 국어사전의 뜻풀이도 실제로 고려장이 존재한 것 같은 풀이를 하고 있다.

오늘날에도 '고려장'이라는 말을 자주 한다. 노인을 헐뜯거나 학대할 때 "고려장을 치를 일이 있냐?", "현대판 고려장" 등으로 자주 인용한다. 그러면 과연 고려장의 진실은 무엇일까?

360

설화에서 비롯된 거짓으로 실제로 우리나라에 고려장이라는 장례 풍습은 존재하지 않았다는 것이 학자들의 정설이다. 더욱이 '고려장' 설은 19세기에 만들어져 일제강점기 시대에 두드러졌다. 사학자들은 불경에 나오는 일화와 중국에서 전해 내려오는 〈효자전(孝子傳)〉이 합쳐져 만들어진 것이라고 한다.

자료들에 따르면 중국의 〈효자전〉에 나이 많은 부친을 멀리 떨어진 산에다가 버려야 하는데 효자인 아들이 그러한 관습을 어긴 일화가 있으며, 불경 〈잡보장경(雜寶藏經)〉에 늙은 사람을 버리는 '기로국연(棄老國緣)조의 설화'라는 것이 있는데 여기서 노인을 버리는 나라라는 뜻의 기로국이 고려로 와전된 이야기가 고려장 설화의 원형으로 추정된다.

이러한 설화가 실제로 존재했던 것처럼 인식한 것에는 여러 이유가 있다.

그 가운데 하나는 조선 시대 왕조를 합리화하기 위해 고려왕조를 폄훼하는 과정에서 그릇된 고려의 풍습과 불효를 강조하려고 고려장을 사실처럼 인식시켰다는 것이다. 또 하나는 19세기 처음으로 조선을 방문했던 서양인들이 돌아가서 앞다퉈 〈조선견문록〉을 발간했다. 그들은 견문록에서 지방을 여행하며 주민들한테 들은 얘기들을 사실처럼 기술했는데 그 가운데 하나가 '고려장'이다. 주민들은 설화인지 실화인지 자기들도 잘 모르고 했던 얘기를 마치 조선의 전 왕조 고려에서 그런 장례 풍습이 실제로 있었던 것처럼 기술하면서 사실로 인식됐다는 것이다.

빼놓을 수 없는 또 한 가지는 어린이들을 위한 교육용 동화다. 부모에게 효도를 강조하는 동화에서 고려장을 실존했던 것처럼 묘사함으로써 설화를 실화로 인식하게 됐다는 것이다. 노인을 외딴곳에 버리는 설화는 우리나라뿐 아니라 유럽, 인도, 중국, 일본, 동남아시아, 아프리카 등 세계 곳곳에 퍼져 있다고 한다. 이 설화를 인용해서 꾸민 어린이 교육용 동화도 세계 곳곳에 다양하게 퍼져 있으며 내용도 비슷하다. 예컨대 요약하면 이런 내용이 교육용 동화다.

어떤 중년의 사내가 자기 아들에게 늙은 부친을 지게로 지게 하여 깊은 산속에 버리고 돌아오는 길에 중년의 사내가 지게를 진 자기 아들에게 말했다.
"이제 그 지게는 필요없으니 버리거라."
"아니에요, 버리면 안 돼요."
"왜?"
"아버지가 늙으면 이 지게로 버려야 하니까요."
아들의 말에 충격을 받은 중년의 사내는 산속에 내버렸던 부친을 다시 모셔왔다.

일본에서는 17세기 초반부터 19세기 중엽까지 이어진 에도(江戶) 시대에 우바스테야마라는 전설 같은 설화가 있었다. 우바스테야마는 노인을 버리는 산이라는 뜻이다. 이 설화를 모티브로 만든 영화가 〈나라야마 부시코(楢山節考)〉다. 나라야마는 노인을 버리는 특정한 산을 말하고, 부시코는 민요에 대한 고찰이랄까? 우리말로 하자면 나라야마의 노래, 나라야마 타령 또는 나라야마 전설에 대한 고찰쯤 된다. 나는 칸영화제에서 최우수작품상인 황금종려상을 받은 이 작품을 직접 관람한 적이 있다.
에도 시대, 일본의 어느 깊고 외딴 산골 마을이 배경이다. 얼마 안 되는 주민들은 화전민처럼 척박한 땅을 일구며 궁핍하게 살아간다. 그들의 가장 큰 걱정은 먹거리 부족이고 중대 범죄가 먹거리를 훔치는 것이다. 붙잡히면 생매장당한다.

식구가 늘어나는 것을 막으려고 결혼은 장남만 하고 차남부터는 결혼도 못 한다. 그들은 성욕을 참지 못하고 서슴없이 개와 수간(獸姦)까지 한다. 수간은 이곳에서 죄가 아니다. 아이가 태어나면 겨우 소금 한 줌과 바꾸거나 논두렁에 버려 거름이 되게 한다. 노인은 70세가 되면 우리식 표현으로 고려장을 지내는데 가족이 무조건 지게에 싣고 나라야마에 버리는 것이 내려온 풍습이다.

중년의 남자 주인공 다츠헤이의 노모는 69세가 됐다. 내년에는 아들의 지게에 실려 나라야마로 떠나야 했다. 하지만 그녀는 괴로워하지 않고 차분하게 나라야마로 떠날 준비를 한다. 완전한 치아가 부담스러워 돌멩이로 자기 앞니 세 개를 부러뜨린다. 아내가 죽어 홀아비인 큰아들 다츠헤이를 어렵사리 재혼시켜 집안에서 자신이 할 일이 아무것도 없게 한다.

노모의 큰 걱정은 작은아들이다. 희소병을 앓고 있으며 몸에서 심한 악취가 풍겨 가족 이외에는 누구도 접근을 꺼린다. 그러면서도 성욕은 왕성해서 수간도 즐긴다. 노모는 마침 후각을 잃어 냄새를 못 맡는 과부를 설득해서 작은아들과 동거하게 하고 흉작으로 먹거리가 더욱 궁핍해진 겨울, 나라야마로 떠나려 한다. 효자인 아들 다츠헤이는 마음이 무겁지만 관습을 어길 수는 없다.

어느 추운 겨울날, 다츠헤이는 노모를 지게에 짊어지고 나라야마로 떠난다. 이 과정에도 불문율이 있다. 아무도 볼 수 없도록 새벽에 떠나고, 나라야마로 가는 동안 아들과 어머니는 아무런 말을 해서도 안 된다. 또한 노인을 나라야마에 버리고 내려오는 동안 절대로 뒤를 돌아다 봐서는 안 된다.

나라야마에는 수많은 까마귀 떼가 날고, 여기저기 해골들이 널려 있 다. 다츠헤이는 그곳에 노모를 내려놓고 마음이 아파 선뜻 떠나지 못한 다. 노모는 어서 가라고 손짓하고 다츠헤이는 울면서 나라야마를 떠난다. 하염없이 눈이 내린다. 다츠헤이가 집으로 돌아오니 가족들은 노모가 남 기고 간 옷들을 입어보며 아무런 일도 없었다는 듯이 콧노래를 부르고 있 다. 마을은 흰 눈으로 덮인다.

〈나라야마 부시코〉는 자연에서 인간은 도덕률을 빼놓으면 짐승과 조 금도 다름없다는 것을 말하고 있다. 동물들이 먹이를 놓고 싸우고 종족 보존을 위해 수컷들이 암컷을 차지하려고 치열하게 싸우는 성 본능을 인 간들을 통해 꾸밈없이 보여준다.

영화의 간략한 줄거리까지 설명한 것은 우리나라를 비롯한 세계 어 느 곳에서나 이른바 '고려장' 설화의 내용이 비슷하기 때문이다. 먹거리가 크게 부족하던 시절, 아무런 노동력도 없고 먹거리만 축내는 살아 있는 노인을 멀리 떨어진 산속에 버려 죽게 내버려 뒀던 풍습이 '고려장'이다.

19세기에 조선을 방문했던 영국의 어느 여류학자가 지방을 여행하면 서 들었다는 전설을 전제하면서 "이전 왕조(고려), 즉 500년 이상 거슬러 올라가면 늙은이나 병자가 가족들에게 짐이 될 경우, 고분(古墳)에 딸린 석실에 약간의 음식과 물을 남겨둔 채, 유폐시켜 그곳에서 죽게 내버려 두는 일이 관습적으로 행해졌다고 한다."라고 기술한 것이 마치 실제로 고 려장이 있었던 것처럼 국제사회에 와전됐다.

우리 사서들에 등장하는 '고려장'은 노인을 버리는 풍습을 얘기하는 것이 아니라, 고려의 무덤 또는 고려 시대의 장례 의식 등을 설명하는 것이 대부분이다. 유교를 숭상하던 조선 시대에는 충효 사상이 투철해서 어쩔 수 없는 극한상황에서라도 노인을 방치해 죽게 내버려뒀다면 엄한 처벌을 받았다. 거듭 얘기하지만 '고려장'은 설화에 불과하며 어린이들에게 효도를 강조하려고 동화 등에서 설화를 과장했던 것이 사실인 것처럼 잘못 알려진 것이다. 다른 나라들도 비슷하다.

어른들은 먼 옛날을 얘기할 때 '옛날 옛적에~' 또는 '옛날 고리짝(쩍)에…' 등의 표현을 쓴다. 옛적은 예(濊)의 시대를 말하는 것으로 무척 오래됐다는 뜻이다. 우리나라는 예맥(濊貊)족이 세웠다. 예맥족은 예족과 맥족을 합친 것이다. 예족은 고조선의 뒤를 이은 부여, 옥저, 동예 등이다. 고리짝(쩍)은 고려 시대를 말한다. '고려장'도 전해 내려오는 설화를 먼 옛날얘기로 표현함으로써 실체를 막연하게 꾸몄을 뿐이다.

Part 8

세계의
전통 의상 나들이

민족의 정체성·상징성을 표현하는 전통 의상

전통 의상은 민족이 거주한 지역의 기후, 생활환경 등에 영향을 받고 민족의 정체성, 상징성 등을 표현하기 때문에 가치가 있다. 정통적인 종교들도 전통 의상이 있다.

인류는 약 7만여 년 전부터 옷을 입었다. 그전까지는 다른 유인원들과 마찬가지로 벌거벗고 살다가 몸에서 털이 사라졌기에 '털 없는 원숭이'로 살았다. 옷을 입은 것은 수치심 때문이 아니라 털이 없는 알몸으로 추위를 견디기 위해서였다. 그 무렵은 빙하기로 몹시 추웠다. 더욱이 약 7만 4천년 전, 인도네시아 수마트라섬 토바 화산이 역사에 남는 대폭발을 일으켜 화산재가 수 킬로미터나 솟아올랐으며 아프리카 대륙까지 날아갔다. 화산재가 태양을 가려 수십 년 동안 지구의 기온이 하강한 것도 빙하기 형성에 영향을 미쳤다.

혹독한 추위로 아프리카 초원에 풀이 자라지 못하자 초식동물들이 먹이를 찾아 북쪽으로 이동했다. 초식동물이 먹잇감인 육식동물들도 뒤를 따랐다. 인류의 조상들도 심각한 먹거리 부족에 시달리다가 약 6만 년 전, 10~30명 정도의 혈연집단들이 제각기 북쪽으로 이동하기 시작했다. 북쪽으로 갈수록 더 추위 옷을 입지 않으면 추위를 견딜 수 없었다. 옷을 입었다지만 큰 짐승의 가죽을 뒤집어쓰거나 망토처럼 몸을 가리는 정도였다.

인류가 처음으로 옷을 입게 된 동기가 추위 때문이라는 것과 '인체 장식설(人體粧飾說)'이 있다. 얼굴에 색칠하고 새의 깃털 따위로 모자를 만들어 쓰고 동물 뼈, 이빨 등으로 목걸이를 만들어 목에 거는 등 인체를 장식하기 시작한 것이 옷을 입은 동기라는 것이다. 만일 그렇다면 그것은 열대지방에서 벌거벗고 생활하는 원시 부족들의 경우다. 털도 없는 맨몸이 허전해서 장식하게 됐을지도 모른다.

지금도 한대 지역 사람들은 짐승의 가죽이나 털로 옷을 만들어 추위를 막는다. 그들이 입은 옷을 전통 의상이라고 할 수 없다. 오직 방한용일 뿐이다. 아프리카는 평균적으로 무척 덥고 강렬한 태양열 때문에 현지인들은 피부색이 검을 뿐 아니라, 특히 원시 부족들은 옷을 입지 않는다. 열대지방이나 한대지방의 의상에는 별다른 의미가 없다. 옷은 춥지도 덥지도 않은 온대 지방에서 의미와 가치가 있다.

인류가 가장 많이 사는 지역은 온대 지방과 아열대지방이다. 따라서 이 지역에 사는 사람들은 그들만의 전통 의상이 있다. 전통 의상은 민족이 거주한 지역의 기후 및 생활환경 등에 영향을 받고 민족의 정체성, 상징성 등을 표현하기 때문에 가치가 있다.

정통적인 종교들도 고유한 전통 의상이 있다. 이슬람교가 대표적이고, 가톨릭 성직자나 수녀들에게도 전통 의상이 있다. 불교도 그렇고 유대교도 마찬가지다.

　각 민족이나 종교의 전통 의상을 일일이 소개하기란 쉽지 않다. 더욱이 전통 의상은 그것을 입은 사람의 실물 영상이나 사진을 봐야 특징을 실감할 수 있다. 글로써 설명하기에는 한계가 있기 때문에 모든 의상의 공통적인 요소들부터 살펴보고자 한다.

의상의 기본, 치마와 바지

오늘날에는 여성들도 실용성, 편리성 때문에 바지를 입는 것이 보편화돼 있다. 하지만 남성들은 치마를 입지는 않는다.

농경민과 유목민의 의상은 생활환경과 생활 방식이 달라 같을 수 없다. 오랜 역사를 지닌 전통 의상이 시대에 따라 변화하는 패션일 수 없다. 하지만 한 가지 분명한 것은 어떠한 의상이든 겉옷은 기본적으로 치마와 바지로 이루어진다는 점이다. 그것도 보편적으로 여자는 치마, 남자는 바지가 의상의 기본이다.

그렇다면 언제부터 여자는 치마를 입고 남자는 바지를 입게 됐을까? 인류가 체온을 유지하려고 옷을 입기 시작한 이래, 오랫동안 동물의 가죽이나 천(옷감)을 뒤집어쓰거나 몸을 둘둘 말아 추위를 피하고 체온을 유지하는 것이 고작이었다. 홍수 같은 재난을 당했을 때 또는 물에 빠진 사람을 구조했을 때 담요로 몸을 둘둘 마는 것과 같은 형태였다. 치마나 바지의 구별이 있을 수 없었다.

뒤집어쓰거나 몸을 둘둘 말았다면 어쩔 수 없이 그것을 손으로 붙잡아야 했다. 손을 놓으면 벗겨지므로 손을 활용할 수 있게 가죽이나 천을 접어서 머리만 나오도록 구멍을 냈다. 다시 말하면 요즘의 판초(poncho)나 비옷(雨備) 형태로 만든 것이다. 몸에 고정시켰더니 한결 편리해졌고, 한 걸음 더 나아가서 판초 형태의 옷에서 옆트임을 막고 양손을 밖으로 나오게 했더니 더욱 편리했다. 비로소 옷의 형태가 만들어졌다.

발목까지 내려오는 판초 형태의 원통형 긴 옷은 마치 자루나 포대를 뒤집어씌운 것 같지만 치마를 입은 것이나 다름없었다. 물론 지금도 그런 형태의 옷을 입는 민족들이 적지 않다. 당연히 속옷은 없었고 그저 얇고 부드러운 천으로 아랫도리를 둘둘 말아 감쌌을 뿐이다.

이런 형태의 옷은 힘든 일을 해야 하고, 뛰고 달려야 하고, 활동량이 많은 남자에게는 불편했다. 옷을 만드는 기술이 차츰 발전하면서 남자들을 위해 바지가 탄생했다. 긴 치마 형태의 옷이 집 안에서 일하거나 앉아서 일하는 여자에게는 불편함이 없어서 전형적인 여자의 옷으로 굳어졌고 굳이 바지를 입어야 할 이유가 없었다. 오히려 긴 치마를 입은 여자들이 여자다워 보이기까지 했다. 그리하여 남자는 바지, 여자는 치마를 입는 것이 관습이 됐다.

여자의 치마는 그 형태에 변화를 가져와 미적 관점을 고려하기 시작했다. 여자들은 긴 치마의 길이를 줄이고 포댓자루 같았던 넓은 치마를 몸에 밀착되도록 폭(넓이)을 줄였다. 여자의 종아리가 노출됐으며 굴곡진 몸매를 그대로 드러냈다. 남자들은 시각적인 효과에 만족하며 좋아했을 뿐만 아니라 여자에 대한 성적 관심이 한층 더 높아졌다.

남자들의 관심을 모를 리 없는 여자들은 자신의 매력을 돋보이게 하려고 치마의 길이를 무릎 위까지 올라오게 하고 몸에 더욱 밀착되게 치마폭을 줄였다. 이러한 현상은 오늘날에도 변함이 없으니 남자를 유혹하기 위한 여자의 심리는 시대가 바뀌어도 변하지 않는 것 같다. 허벅지까지 드러나는 미니스커트가 유행한 것도 여자들이 남자를 유혹하기 위한 심리적 현상으로 보기도 한다.

중국의 소수민족 가운데 묘족(苗族; 마오족)이 있다. 약 800만 명으로 중국의 55개 소수민족 가운데 4번째로 큰 민족이다. 주로 중국의 남부에 거주하는 이들 가운데 그 일부는 여전히 깊은 산속에 살며 전통을 지켜가고 있다. 그 가운데 하나가 여성들이 아주 짧은 치마를 입는 풍습이다.

그러한 풍습으로 '단군묘족(短裙苗族)' 즉 '짧은 치마를 입는 묘족'이라는 별칭까지 가지고 있다. 그들은 세계에서 가장 짧은 치마를 입는 사람이라고 자랑스럽게 말한다. 500년이 넘는 이 풍습은 남자들을 위해서라고 한다. 남자들이 농사를 짓느라고 바쁠 때, 여자들이 곁에서 사소한 일들을 돕고 남자들의 눈요기를 충족시켜 일할 의욕을 높이려는 목적에서라고 한다. 이 풍속은 최근 묘족 거주 지역에 외국 관광객을 비롯한 외지인들이 많이 찾아오면서 짧은 치마는 명절이나 특별히 의미 있는 날에만 입는다고 한다.

여성들의 신체 노출이 갈수록 과감해지고 용모와 신체가 상품화되는 것은 여성들이 자신감, 자기표현, 자기만족 등을 대변하는 것이라는 주장도 있다. 한편 현대사회에 들어와서 여성들도 실용성, 편리성 등으로 바지를 입는 것이 보편화돼 있지만 남성들은 치마를 입지는 않는다.

의복의 공통적
필수 요소
속옷과 잠옷

속옷과 잠옷은 등장 시기와 관계없이
어느 민족이든 반드시 입어야 했던
의복의 공통적 필수 요소였다.

인간이 옷을 갖춰 입으려면 겉옷과 속옷을 입어야 한다. 잠자리에서는 작업할 때나 외출할 때 입었던 옷을 그대로 입고 잘 수는 없다. 좀 더 부드럽고 가벼운 잠옷을 입어야 할 만큼 속옷과 잠옷은 등장 시기와 관계없이 어느 민족이든 반드시 입어야 했던 의복의 공통적 필수 요소였다. 특히 속옷(underwear)은 실용성과 필요성에 비추어 늦게 등장했다. 인류는 겉옷을 입었지만, 속옷을 입기 시작한 것은 역사시대, 문명 시대에 들어와서도 한참 뒤의 일이었다.

인류는 수천 년 전까지도 겉옷만 입고 속옷은 입지 않았다. 두껍고 뻣뻣한 짐승 가죽을 겉옷 안에 입을 수는 없었다. 더욱이 옷다운 옷을 만들려면 실을 만들고 엮어서 짜는 직조 기술이 있어야 하는데 옷감 짜는 기술이 등장한 것은 2,500여 년 전이었다. 따라서 그전에는 속옷을 입지 않았으며 천(옷감)이 등장한 뒤에도 속옷은 천을 기저귀 모양으로 자르고 접어 중요 부위를 가리거나 천으로 아랫도리를 둘둘 말아 고정한 것이 고작이었다.

직조 기술이 발달하고 옷감이 다양해지면서 속옷이 등장했다. 속옷의 기능은 보온과 위생, 피부 보호 등이었다. 초기에는 남녀 구별 없이 부드럽고 가벼운 천으로 짧은 바지 모양의 드로어즈(drawers)를 만들어 입었다. 우리나라 여성들도 겉치마 속에 여러 속치마를 입었으며 마지막으로 단속곳, 고쟁이 등을 입었다. 모두 짧은 바지 형태였다. 남자의 속옷은 간단해서 보온을 위해 아랫도리를 가리면 그뿐이지만 여자의 속옷은 훨씬 복잡하다. 그래서 등장한 것이 란제리(lingerie)다. 란제리는 프랑스어의 linge에 영어의 리넨(linen)이 합쳐져 만들어진 말이다.

리넨은 아마(亞麻)에서 뽑아낸 섬유질로 만든 옷감으로 가볍고 부드럽다. 또 광택이 나고 내구성이 뛰어나며 습기를 잘 흡수해서 속 옷감으로 많이 사용된다. 리넨은 고대 이집트에서 처음으로 개발했으니까 역사가 길다. 란제리는 여자의 속치마를 말하는 것이지만 여자의 모든 속옷을 통칭하는 용어로 쓰인다. 이를테면 브래지어, 팬티, 코르셋, 나이트가운 등을 모두 포함한다. 브래지어와 팬티는 여자 속옷을 대표한다.

브래지어

프랑스어 브래지어(brassiere) 굳이 설명할 필요가 없다. 여성의 중요한 신체 부위인 유방을 가려주고 균형을 잡아주며 가슴을 아름답게 보이게 해주는 속옷을 일컫는다. 20세기에 이르기까지 여성들에게 현대식 브래지어는 없었다. 유방은 돌출 부위여서 부상의 위험도 있고, 아기에게 젖을 주는 기관으로 청결해야 하므로 가볍고 부드러운 천으로 동여매거나 큰 헝겊으로 가렸다. 나이 들수록 유방의 탄력이 떨어지고 처지는 것을 막기 위해 치켜올리려고 애썼다. 유방을 아름답게 보이려고 노력했다.

약 3,500년 전 고대 그리스의 크레타섬의 미노스 여성들은 가슴이 아름답게 보이게 유방을 위로 치켜올려 끈으로 묶는 윗옷을 만들어 입었다.

중세 때 서구 여성들은 코르셋(corset)을 입기 시작했다. 코르셋은 유방을 위로 올려주고 허리를 가늘게 보이도록 해주는 일종의 보정용 속옷이다. 코르셋은 여성들에게 선풍적인 인기를 끌며 지금도 착용하는 여성들이 있다.

코르셋은 입기도 불편하거니와 허리와 가슴을 심하게 압박해 호흡곤란을 일으키는 바람에 목숨을 잃은 여성도 있었다. 코르셋은 몸매의 균형을 잡아주므로 돋보이는 매력과 아름다움을 추구하는 여성의 본능 때문에 쉽게 사라지지 않았다.

16세기 프랑스 앙리 2세 왕비 카트린 드 메디시스(Catherine de Médicis)는 이탈리아 피렌체의 메디치 가문 출신이다. 그녀는 여성들의 날씬한 허리를 좋아해서 모든 여성이 코르셋을 입도록 강요했는데 왕실 여성들은 강철 코르셋을 입도록 법령을 만들었다. 이 이탈리아 출신의 왕비 취향 때문에 프랑스 여성들이 수백 년 동안 유방을 위로 올리고 개미허리를 만드느라고 엄청난 고통을 겪었다.

코르셋에 변화가 일어난 것은 19세기 말엽이었다. 당시 프랑스의 한 디자이너가 어깨에서부터 밑으로 내려서 유방을 고정하게 만들어 특허받았다고 한다. 몇 년 뒤에는 다른 디자이너가 유방에 맞게 컵을 만들고, 어깨

끈을 후크와 단추로 고정했다. 마침내 브래지어의 원형이 탄생한 것이다.

20세기 초에는 오늘날의 브래지어와 비슷한 바디스(bodice)가 등장했다. 현대적인 브래지어의 탄생에는 메리 제이컵(Mary P. Jacob)이라는 미국 사교계의 한 여성의 공이 컸다.

어느 날 그녀는 사교 모임에 참석하기 위해 얇고 속살이 비치는 이브닝드레스에 맞춰 입을 속옷을 고르다가 마땅한 속옷을 찾지 못하자, 양쪽 가슴에 비단 손수건을 리본과 가는 끈으로 고정해 유방을 잘 받쳐지게 만들어 입었다고 한다. 이것이 오늘날 현대적인 브래지어가 탄생하는 계기가 되었다.

그 이후 여성의 신체를 심각하게 압박하는 코르셋을 입지 말자는 '탈코르셋' 운동이 펼쳐져 코르셋은 차츰 자취를 감췄고 근래에 와서는 '브래지어를 벗어버리자'라는 캠페인이 서구 사회의 여성 단체들로부터 전개됐다.

브래지어는 색상이 다양해졌을 뿐 아니라 팬티와 한 세트로 되기에 이르렀다. 아름다워지려는 여성의 욕망이 사라지지 않는 한, 브래지어는 사라지지 않을 것이다.

팬티

남녀를 가리지 않고 속옷의 기본은 팬티다. 최종적으로 입는 팬티는 신체에서 가장 중요한 부위인 생식기를 가리며 팬티를 입지 않는다면 속옷을 입지 않은 것이나 다름없다. 팬티는 속옷을 뜻하는 panty 그리고 남자의 바지를 뜻하는 팬츠(pants)와는 구별해야 한다. 속옷으로서 팬티의 중요성에 비추어 역사는 길지 않다.

팬티가 등장한 것은 16세기로 그전까지는 얇고 부드러운 천으로 허리 아랫부분을 감싸거나 기저귀, 일본의 훈도시처럼 주요 부위를 가리는 것이 고작이었다. 일본의 경우 겉옷 기모노 안에 아무것도 입지 않았다. 아일랜드도 전통 의상인 치마 안에 아무것도 입지 않은 알몸이었다.

고대에서 중세에 이르기까지 영토를 많이 차지하려는 전쟁을 멈추지 않았다. 전쟁에는 학살과 약탈, 여성 겁탈이 뒤따랐다. 이전 시대와 마찬가지로 중세에도 팬티에 대해서는 개념조차 없었다. 그러다가 일부 귀족들이 말을 탈 때 엉덩이의 충격을 줄이고, 신체를 보호하려고 반바지 형태의 무릎까지 내려오는 속옷을 입기 시작했는데 그것이 팬티의 기능을 했다.

팬티는 프랑스에서 처음 등장했고, 영국은 그보다 훨씬 늦게 18세기가 돼서야 팬티를 입었다. 당시의 재단사들은 편리한 속옷을 창안하는 과정에서 드로어즈의 긴 바짓가랑이를 잘랐다. 복싱 선수들의 경기복 모양의 트렁크(trunk)가 탄생했으며 편하게 입도록 널찍한 사각팬티가 등장했다. 입기 편하고 통풍이 잘돼 인기가 높아서 남녀가 모두 사각형 모양의 팬티를 입었다.

그러나 사각팬티는 다리를 벌리거나 편하게 앉으면 성기가 보이거나 비어져 나왔으며, 여성들은 생리대를 착용하기 어려웠다. 마침 섬유산업과 직조 기술이 빠르게 발전하면서 재단사들은 사각팬티의 약점을 보완하여 착용감이 좋은 팬티를 구상했고 결과는 대성공이었다. 가볍고 부드러운 천으로 짧게 만들어 몸에 밀착하는 팬티는 큰 인기를 얻었다.

그러다가 20세기 초엽에 삼각팬티가 등장한 이후 팬티의 크기가 점점 작아져 유혹적인 형태로 발전했으며, 생식기 보호에도 작고 피부에 밀착

된 것이 효과적이었다. 그러다가 갈수록 성적 요소들이 강조돼 T팬티, 끈 팬티처럼 겨우 성기만 가리는 팬티가 등장했다.

잠옷

잠옷은 겉옷이나 속옷처럼 반드시 입어야 할 옷은 아니다. 주거 생활을 편안하게 하려면 밖에서 입는 외출복이나 작업복, 일상복 등을 그대로 입고 잘 수는 없다. 밖에서 일을 끝내고 집에서 쉴 때나 잠을 잘 때는 겉옷보다 부드럽고 편한 가벼운 옷을 입어야 한다. 잠옷은 편안한 실내복이자 속옷이다. 문명권에서는 일찍부터 잠옷을 입었다. 흔히 잠옷을 파자마(Pajama)라고 하는데 페르시아어의 바지 종류를 가리키는 말이다. 이란이나 인도 북부 지역에서 긴 바지를 파자마라고 했는데, 실내에서 휴식을 취하기 좋게 널찍하게 만들었다. 그러다가 인도를 식민지로 지배하던 영국인들이 파자마를 잠옷으로 입기 시작했다.

유럽에서는 남성용 잠옷을 나이트 셔츠(night shirt), 여성용 잠옷을 나이트가운(nightgown)이라고 한다. 여성용 잠옷에는 여러 형태가 있다. 이들을 통틀어 네글리제(negligee)라고도 하며 부드럽고 피부가 비치는 천으로 만든 여성의 실내복을 일컫는다. 여성들이 실내에서 편안하게 휴식할 때 입는 옷이자 잠옷이다. 네글리제가 처음 등장한 것은 중세 시대 여성들에게 코르셋이 한창 유행할 때였다. 여성이 집에서 아무런 부담이 없을 때 코르셋을 벗고 네글리제를 입었다고 해서 네글리제의 뜻도 '아무렇게나 된'이라는 의미다.

17세기 유럽의 어느 상류층 여성이 임신한 사실을 숨기기 위해 널찍하고 편안한 속옷을 입은 것이 네글리제의 기원이라고 한다. 네글리제가 여

380

성용 잠옷을 총괄적으로 일컫는 용어가 되면서 가운(gown)형 잠옷, 슈미즈(chemise), 슬립(slip), 여성용 파자마 등 모든 형태의 잠옷들이 포함된다. 특히 비단으로 된 여자 잠옷은 천이 부드러워 몸매가 그대로 드러나고, 반쯤 투명해서 속살이 비추는 것들이 많다.

고급 옷감으로 만든 파자마는 유명한 디자이너 코코 샤넬(Coco Chanel)이 유행시켰다. 어린이용 파자마도 있는데, 어린이에게 파자마를 입히는 것은 모기 등 해충과 전염병을 예방하기 위한 것이다.

남녀 구별 없이 잠옷을 입지 않는 추세가 일반화되고 있다. 집의 안팎 어디서나 운동할 때 입는 운동복을 입으면서 잠잘 때도 운동복의 하의를 그대로 입고 자거나, 여름철에는 밖에서도 입던 반팔 러닝셔츠에 반바지를 그대로 입고 잔다. 잠옷을 입지 않고 브래지어와 팬티만 착용한 채 잠을 자는 여성들도 적지 않기 때문에 잠옷의 효용성이 줄어드는 실정이다.

최근 미국의 위스콘신주에서는 '알몸 자전거 타기 대회'가 열렸다. 성인 남녀는 누구나 참가할 수 있다. 대회 때마다 많은 참가자가 실오라기 하나 걸치지 않은 알몸으로 수천 명 관중 앞에서 자전거를 탔다. 그러자 주의회에서는 공공장소에서 알몸을 금지하는 법안을 마련한다고 한다. 역사는 반복된다더니, 현대인들에게는 다시 원시로 돌아가고 싶은 욕망이 있는 것 같다.

겉옷의 품격을
높여주는
조끼

조끼는 포르투갈의 자퀘 또는 자쿠에(Jaque)에서
나왔다. 이 어휘가 일본말로 촛키가 되면서
우리나라로 건너와 '조끼'가 됐다고 한다.

어느 민족의 어떤 전통 의상이든 조끼를 포함한다. 다양한 디자인과
용도로 착용하는 조끼처럼 활용도가 높은 의상은 없다. 구명조끼
나 군경의 방탄조끼부터 작업용 조끼, 패션으로서의 조끼, 보온용 조끼,
신분 표시를 위한 조끼 등 그 기능과 역할은 많다.

조끼라는 용어부터 살펴보자. 흔하게 사용하는 말이어서 우리말인 줄
아는 사람들도 있고, 어딘지 외래어 같다는 사람들도 있다. 하지만 그 어
원에 대해서는 잘 모른다. 조끼는 우리말이 아니고 포르투갈의 자쿠에에
서 나왔다. 이 어휘가 일본말로 촛키가 되면서 우리나라로 건너와 '조끼'
가 됐다고 한다. 영어로는 베스트(vest)다. 조끼는 소매가 없는 윗옷으로 겉
옷으로도 입고 내복으로도 입는, 남녀 구별 없이 착용하는 옷이다. 일반

적으로는 셔츠 위에 입고, 정장에서는 재킷 안에 받쳐서 입는다.

조끼는 추운 지방인 몽골이나 튀르크 문화권에서 혹독한 겨울철, 신체 보온을 위해 겉옷 속에 껴입으려고 만든 옷이 기원이라는 견해가 있다. 외투 속에 껴입는 옷이라서 소매가 없고, 옷 품이 넉넉하지 않고 몸에 딱 맞게 만들었다는 것이다. 또한 보온용이어서 털가죽으로 만들었고 말 탔을 때 편하도록 길이가 짧았다.

고대부터 조끼 형태의 옷이 있었다고 한다. 고대 그리스와 로마 시대 겉옷과 튜닉(tunic) 사이에 보온을 위해 소매 없는 옷을 껴입었다고 한다. 중세에는 뚜렷한 오늘날의 조끼 형태에 가까워졌지만 기장이 엉덩이를 덮을 정도로 길었다. 르네상스 시대에는 겉옷용으로 화려한 조끼들이 탄생했으며, 17~18세기에는 유럽 상류층의 인기를 얻어서 의복의 격식을 차리고 품위 있는 복장에서 조끼는 필수 요소가 됐다. 조끼의 옷감들이 고급화됐고, 화려한 자수와 장식 그리고 단추를 달아 세련되고 정교해졌다.

그 뒤 신사라면 반드시 정장의 겉옷 안에 조끼를 입었다. 결혼식이나 공식 행사 같은 예식에서도 남성들은 조끼를 착용했다. 오늘날에도 정장의 일부로 조끼가 활성화되고 있는데 용도가 다양해져 여러 분야에서 대중화됐다.

지금은 남녀 구별 없이 겉옷처럼 착용하기도 하고 진(jean)을 비롯해 다양한 소재들로 패션화되었다. 패션 조끼가 있는가 하면 보온용 패딩 조끼, 겉옷 안에 입는 니트(스웨터) 조끼, 털 조끼, 가죽조끼, 작업용 조끼, 신분을 표시하는 조끼 그리고 구명조끼, 방탄조끼 등 그 용도가 매우 많아서 없어서는 안 될 의상이 되었다.

소매가 없는 것이 특징인 조끼는 편리성과 실용성 때문에 여러 민족에게서 전통 의상으로 활용되었는데, 민족마다 고유의 정체성 때문에 색상과 모양에는 차이가 있다.

우리 민족도 전통적으로 저고리 위에 마고자, 조끼, 배자 등을 입었는데 마고자와 조끼에는 단추가 있다. 여성들이 겉옷으로 활용한 조끼에는 여러 형태가 있으며 저고리만 입은 것보다 한결 품위가 있어서 조끼의 가치를 더욱 높여준다.

망토와 판초

판초를 만들 때 팔은 재단하지 않고 천의 끝자락은
손이 나오는 부분만 남겨놓고 봉합한다.
소매가 없어서 망토의 기능을 가진 옷으로 본다.

망토

인류가 입은 최초의 옷은 추위를 막기 위해 짐승 가죽을 뒤집어쓰고
앞쪽을 여미어 체온을 유지하는 형태였다. 그것이 후세에 등장한 망토의
기원일 수도 있다. 프랑스어 망토(manteau)는 겉옷 위에 걸치는 덮개 같은 옷
이다. 겉옷 위에 어깨와 등을 덮고 양팔을 가리고 목 부분을 끈으로 묶거나
브로치 등으로 고정시킨, 마치 날개 같은 옷이다. 속옷이 없었던 고대그리
스나 로마의 지배층, 상류층은 대부분 넓고 사각형의 천으로 온몸을 휩싼
옷을 입었다. 이것이 망토의 원형이라고 하니까 오랜 역사를 지니고 있다.

망토가 본격적으로 등장한 것은 서양의 중세였다. 그 무렵 의상도 크
게 발전해서 짜임새 있는 겉옷을 입었다. 지배층이나 상류층에서는 권위

와 부의 상징처럼 겉옷 위에 망토를 걸쳤다. 황제나 왕들도 당연히 망토를 걸쳤다. 그들은 망토를 화려하고 다양한 색상의 옷감으로 만들었으며 각종 보석이나 브로치 등으로 장식했다. 군인 장교들도 망토를 입었다.

긴 망토를 걸친 여성들은 더욱 품위 있고 우아해보일 만큼 망토는 상류층만의 전유물이었고, 그 시기를 거치며 하나의 패션으로 대중화됐다. 노동하지 않는 중산층 이상의 외출용 정장 차림에는 으레 망토를 걸쳤다. 그래서 망토는 유럽 상류층의 정통 의상으로 자리 잡았지만, 오버코트(overcoat)가 등장하면서 위축되어 많은 변형을 가져왔다. 대표적인 예로 여성용 숄(shawl)이나 케이프(cape)가 망토를 변형한 것이다.

망토는 아시아에서도 유행했다. 일본에서는 초등학생을 제외한 중등학교 이상의 고등교육기관의 학생들은 교복 위에 반드시 망토를 입었다. 일제강점기, 망토를 입는 것이 유행일 때가 있었다. 일본 소설을 번안한 〈장한몽(長恨夢)〉의 신파극 〈이수일과 심순애〉에서 남자 주인공인 대학생 이수일이 망토를 입고 나온다. 영화나 문학작품들에서 슈퍼맨이나 마법사들은 거의 빠짐없이 망토를 펼치고 두 손을 뻗고 허공을 날거나 박쥐처럼 날아다니기도 한다.

중세에는 공중화장실이 없었다. 밖에서 돌아다니다가 용변이 급할 때는 구석진 곳에 쭈그리고 앉아 양동이에 용변을 봤는데 망토를 펼쳐 몸을 가렸다고 한다. 그 때문에 이동 화장실 업자들도 있었다. 이들은 양동이와 망토 등을 가지고 다니며 용변이 급한 사람에게서 돈을 받고 대여해주었다.

망토를 프랑스에서는 투알(toile)이라고 한다. 화장실을 외래어로 토일렛(toilet)이라고 하는데 투알(망토)에서 유래한 말이라고 한다.

망토를 걸쳐 입은 신성로마제국 황제 프란츠
2세 지배층이나 상류층에서는 권위와 부(富)의 상징
처럼 겉옷 위에 망토를 걸쳤다. 황제나 왕들도 당연하
듯이 망토를 걸쳤다. 그들은 망토를 화려한 옷감, 다양
한 색상의 옷감으로 만들었으며 각종 보석이나 브로치
등으로 장식했다. 군인들도 상교는 망토를 입었다.

판초

'판초(poncho)' 남아메리카와 중앙아메리카의 대표적인 전통 의상이다. 스페인어로는 폰초지만 일반적으로 영어식 발음 판초가 통용된다. 판초는 넓은 천(옷감)을 사각형으로 잘라 반을 접어 가운데 큰 구멍을 뚫어 머리를 내놓고 어깨에 늘어뜨려 일종의 망토 같은 의상이다.

판초를 만들 때 팔(소매)은 재단하지 않고 손목까지 내려온 천의 끝자락은 손이 나오는 부분만 남겨놓고 봉합한다. 소매가 없어서 망토의 기능을 가진 옷이라고 할 수 있다.

페루, 멕시코, 칠레의 대표적 전통 의상인 판초의 역사는 매우 길다. 이미 수천 년 전에 페루의 파라카스(Paracas) 문화권에서는 일상복이었다. 페루의 안데스산맥 주변의 원주민들이 보온을 위해 입었다. 그 때문에 판초의 소재도 알파카나 라마의 털을 이용해서 뜨개질하듯이 한 땀 한 땀 정성을 다해 만든다.

주로 외출하거나 밖에서 일할 때 입었지만, 집 안에서도 그대로 입고 있다가 잘 때는 이불처럼 덮고 잘 만큼 용도가 다양했다. 폭이 넓어 물건을 쌀 수가 있어 자루처럼 이용했고 어린 아기 포대기로도 활용했다.

페루 안데스산맥 해발 3,700m가 넘는 고산지대의 쿠스코(Cuzco)는 잉카문명의 발상지로, 잉카제국을 세운 잉카족이 남아메리카와 중앙아메리카까지 영토를 넓히는 과정에서 칠레나 멕시코 지역에서 판초를 전파했던 것 같다.

판초가 민속 의상이 된 곳은 칠레다. 칠레의 원주민 가운데 대표적인 부족은 마푸체(Mapuche)족과 아라우칸(Araucan)족이다. 이들은 칠레와 아르헨티나에 많이 살았는데 판초를 즐겨 입었다. 판초는 권위의 상징이었다. 부족의 우두머리나 나이 많은 남자들이 다양한 형태의 판초를 입고 자신의 권위를 나타냈다. 당시 그 지역을 지배하던 스페인인들이 판초를 유럽에 가져가서 큰 인기를 얻었다. 그 바람에 유럽 전역에 전파됐으며 만드는 소재도 다양해졌다.

칠레 아라우칸족의 판초 '판초'는 남미 칠레 원주민 아라우칸족의 말로 '양털로 만든 천'이란 뜻이다. 기원전 500년경 원주민들은 양털로 만든 천을 입고 깔고 덮었다. 판초는 옷이요 담요이자 보자기였다. 따뜻하고 유용해서 남미 전역으로 퍼졌다. 남미에서는 지금도 판초를 다양한 용도로 사용하고 있다.

판초만 입지 않고 자신들의 민속 의상인 겉옷을 입었다. 판초는 그 겉옷 위에 걸쳤으므로 비가 올 때는 비를 막아주는 데 도움이 되었다. 그러나 털이나 각종 천으로 된 판초는 방수가 되지 않아서 개발된 것이 비옷이다.

발목까지 내려오는 긴 우비용 판초를 입으면 그 안에 입은 옷들은 젖지 않았다. 야영과 야외훈련, 야외 전투가 많은 군대에서 즉시 우비용 판초를 도입했다. 지금 어느 나라 군대든 비옷은 판초다. 판초가 세계화가 된 것이다.

남성용 복장이었던 판초는 중남미 여성들도 입기 시작하면서 대중적 민속 의상이 됐다. 소재와 색채, 모양이 다채롭고 화려하다. 특히 겨울철엔 여성들이 마름모꼴의 판초를 걸쳐 입고 자태를 뽐내기에 안성맞춤이다.

전 세계
젊음의 상징,
블루진 청바지

무역상이었던 스트라우스는 금을 찾아
캘리포니아로 몰려들던 광부들이 튼튼한
작업복을 찾는 데서 청바지를 만들어냈다.

전 세계적으로 남녀를 가리지 않고 가장 많은 사람이 즐겨 입는 바지가 블루진(blue jean) 청바지다. 20세기 냉전 시대의 사회주의국가(공산주의)들에서는 청바지를 코카콜라와 함께 자본주의의 상징이라며 입지 않았다. 청바지를 입는 것은 불법이었다.

그러나 1980년대 말, 사회주의 종주국 소련이 개혁 개방으로 해체되자 젊은이들에게는 청바지가 선망의 대상이었다. 많은 러시아 여성이 서방세계로 진출하여 가장 먼저 구매한 것이 블루진 청바지였다.

그러면 블루진 청바지는 어떻게 세계의 공통 의상이 됐을까?

청바지가 유행을 타지 않고 오래도록 판매되는 것은 '5무 주의(五無主義)'가 담겨 있기 때문이다. 즉 계급의 구별이 없고, 나이 차이가 없으며,

계절에 관계없고, 성별의 구별이 없으며, 국경이 없다는 것이다. 청바지의 소재나 스타일에 대해선 대부분 잘 알고 있어서 굳이 설명할 필요가 없지만, 스타일에 대해선 대부분 잘 알고 있어서 굳이 설명할 필요가 없지만 한마디로 말하면 복합적인 요소를 지닌 옷이다.

인도 남자들이 입는 좁은 바지, 이탈리아의 바지 스타일, 프랑스에서 제조된 직물이 서로 어우러진 것이다. 블루진을 데님(denim)이라고도 하는데 이 말은 프랑스의 님이라는 항구에서 거래되던 직물을 일컫는 말로 프랑스어 세르쥬 드 님(Serge de Nimes)에서 유래했다고 한다. 블루진의 진(jean)은 이 바지가 처음 만들어진 이탈리아 제노바(Genoa)라는 지역 이름에서 나왔다고 한다. 미국에서 처음 청바지가 탄생했을 당시의 이름은 웨스트 오버롤(Waist Overall)이었다. 상의와 하의가 붙은 멜빵 스타일이었다.

블루진 청바지를 처음 만든 사람은 미국의 리바이 스트라우스(Levi Strauss, 1829-1902)다. 독일 바이에른 왕국 태생의 유대인이었던 그는 바이에른에서 유대인에 대한 종교적 차별이 심해지자 미국으로 이민 갔다. 처음에는 자기보다 먼저 뉴욕으로 이민을 온 형이 운영하는 직물 도매상에서 일했다.

그 무렵 미국의 서부에서 골드러시가 시작되어 수많은 미국인이 서부로 향했다. 리바이 스트라우스도 서부 샌프란시스코로 이주했다. 다행히 의류의 재단 기술을 가진 그는 곧바로 옷을 만드는 점포를 차렸다. 샌프란시스코에 수많은 광부들로 붐빌 때 리바이 스트라우스는 작업복을 만들었는데 장사가 잘되자 Levi Strauss & Co라는 의류 제조 회사를 설립했다. 얼마 뒤 큰돈을 벌어들일 좋은 기회를 얻었고 미군으로부터 천막 10여만 개를 만들어달라는 주문을 받았다.

그는 뉴욕에서 직물 도매상을 하는 형의 도움을 받아 프랑스에서 데님을 수입해 수개월에 걸쳐 천막 10만여 개를 만들었다. 그런데 갑자기 납품이 어려워져 다른 곳 어디에도 그 많은 천막을 팔지 못해 엄청난 손실을 보았다. 실의에 빠진 그는 어느 날, 근처의 술집에서 혼자 술잔을 기울이던 중 뜻하지 않았던 모습을 목격했다. 술집에 있던 광부들이 자신들의 찢어진 바지를 꿰매는 모습이었다. 광부들은 금붙이가 섞여 있을 법한 돌멩이들을 자기 주머니에 넣었기 때문에 바지가 쉽게 뜯어지거나 찢어졌다. 이 모습을 본 리바이 스트라우스는 순간적으로 아이디어를 떠올렸다. 쉽게 찢어지지 않는 튼튼한 작업복을 만들자는 아이디어였다. 그

박애 정신 1902년 9월 리바이 스트라우스가 사망하자 네 명의 조카가 사업을 물려받았고 리바이 스트라우스가 남긴 유산을 베이 에어리어 (Bay Area) 자선단체에 기부해 아동과 빈민을 위해 사용하게 했다.

에게는 천막을 만들 정도로 튼튼하고 질긴 데님을 소재로 한 천막 10만 개가 있었다.

그는 곧 천막을 뜯어 바지로 개조하기 시작했다. 그것이 그가 처음 생산한 웨스트 오버롤이었다. 진(jean) 소재의 옷이 푸른색이 된 것은 미국 서부 지역에는 뱀이 많았는데 뱀이 푸른색을 싫어한다고 해서였다. 리바이 스트라우스는 광부들이 금을 찾아다니도록 진을 푸른색으로 염색해서 내놓았다. 마침내 '블루진'이 탄생한 것이다.

청바지는 주머니가 5개이다. 앞주머니 2개, 뒷주머니 2개 그리고 오른쪽 앞주머니 바로 위에 겨우 반지나 단추 같은 작은 물건이 들어갈 쓸모가 없어 보이는 아주 작은 주머니가 붙어 있다. 금을 찾는 광부들이 깨알만큼 작은 금 조각이라도 찾았을 때 안전하게 보관하도록 특별히 만든 주머니였다.

오늘날 청바지는 전 세계 공통 의상이 됐다. 청바지의 장점은 무엇보다 옷이 질겨 좀처럼 헤지지 않고 무릎이 찢어져도 상관없고 앞주름이 없어서 아무리 구겨져도 상관없다. 계절에 상관없이 일 년 내내 입고 농부, 어부, 카우보이 누구나 신분의 차이 없이 입는 옷이 되었다.

젊은이나 중장년이나 나이 상관없이 멋진 패션을 연출할 수 있으며, 착용감이 무척 편하며 새로운 스타일의 모델이 나올 수 없어 유행을 타지 않는다. 전통적인 원형을 그대로 유지하는 옷이 청바지다. 한 벌을 아무리 오래 입어도 상관없고 유행의 영향을 받지 않으므로 전 세계 젊은이들의 평상복이 되어 누구든 청바지 한두 벌은 가지고 있다.

지금은 색상이 다양해져서 푸른색뿐 아니라 검은색부터 흰색까지 없는 것이 없다. 푸른색도 한 가지가 아니라 같은 색깔의 바지를 구하기 어려울 정도로 많아졌다. 청바지는 맞춤옷이 아니라 대량생산하는 기성복이기에 가격이 저렴하며, 종류도 청바지뿐이 아니다. 청재킷, 청조끼, 청셔츠, 청치마 등 모든 종류의 의류에 블루진이 있다.

지금까지 세계적으로 무려 약 35억 벌이 팔렸다고 한다. 청바지를 처음 만든 리바이 스트라우스의 이름을 붙인 리바이스(Levi's)는 지명도가 매우 높은 브랜드의 청바지다.

의관을 갖추는
마지막 과정,
모자

모자에는 민족들의 정체성과 차별성이
담겨 있는 인류의 역사적 유산이기도 해서
문화적 가치와 의미가 매우 크다.

'**의**관을 갖춘다'라는 표현이 있다. '의관(衣冠)'은 옷과 모자(갓)를 말한다. 모름지기 겉옷과 속옷을 순서대로 입고 모자까지 써야 올바른 차림새라는 얘기다. 열대지방의 원시 부족들을 제외한다면 머리에 모자를 쓰지 않은 민족은 없다. 모자는 그만큼 기능과 용도가 다양하다. 보온, 머리 보호, 햇볕을 가려 자외선을 차단하는 기능뿐이 아니라 신분과 계급 표시, 직업 표시, 종족의 정체성 표현, 의상과의 균형과 조화, 새로운 패션 등 그 기능과 용도는 일일이 표현할 수도 없다.

각종 종교에서도 모자를 쓴다. 가톨릭에서는 교황, 주교, 신부의 서열을 나타내는 모자를 쓰고 수녀들도 반드시 머리쓰개를 쓴다. 이슬람에서도 머리 위에 긴 스카프를 두르는 터번(turban)이라는 모자를 쓴다. 이슬람 여성들은 히잡을 비롯한 여러 형태의 머리쓰개들이 있다. 유대교에서도 머리 위에 작은 뚜껑 같은 모자를 쓴다. 황제나 왕이 머리에 쓰는 왕관도 모자다.

다목적, 다용도의 모자는 의상의 한 부분이다. 인류의 역사에서 모자가 등장한 것은 사회가 형성되면서부터였다. 농경민족들은 강렬한 햇볕을 가리기 위해 모자를 썼고, 유목 민족들은 초원에서 세찬 바람과 추위를 피하려고 모자를 썼다.

농경민족들은 주변에서 구하기 쉬운 밀짚, 갈대 따위의 식물성 소재들로 모자를 만들었는데 밀짚모자가 대표적이다. 이집트, 메소포타미아, 중국 등 여러 지역에서 밀짚모자를 썼다. 여름철에 쓰는 밀짚모자 형태도 있었고, 비가 많이 오는 지역에서는 갈대 따위의 비교적 단단한 식물성 소재로 삿갓형 모자를 만들어 썼다.

유목 민족은 가축의 털과 가죽으로 모자를 만들었다. 모자의 대부분은 방한용, 보온용이었고 자신들의 환경에 맞춰 만들어져 환경적 기능뿐이었는데 지배층과 피지배층의 계급사회가 형성되면서 상황이 달라졌다. 신분의 차이를 나타낼 표시가 필요해지자 모자로 신분을 표시했다. 지배층에서는 모자를 만들 소재를 먼 곳에서 구해서라도 피지배층 평민들이 쓰는 환경용 모자와 다른 소재와 모양의 모자를 만들어 썼다. 고대 그리스인들도 이마에 머리띠를 둘렀다고 한다. 고대 그리스인들이 쓰던 머리띠에 챙을 붙인 것이 오늘날 테니스나 골프 선수들이 쓰는 선바이저(sun-visor)다.

영토 확장, 노동력 확보 등을 위해 민족 사이에 전쟁이 일상화되자 전투할 때 신변을 보호하는 갑옷과 전투용 모자인 투구가 등장했다. 자기 민족만의 독특한 표시나 정체성을 드러내는 모자를 만들었는데 깃발과도 같았다. 민족의 정체성을 나타내려면 자신들의 전통 의상과도 조화와 균형을 이루어야 해서 민족 고유의 모자가 등장했다.

긴 형겊을 여러 형태로 둘둘 말아 머리에 쓰는 민족들도 많다. 챙이 없거나 있더라도 챙이 크거나 작고 갖가지 장식을 한 모자들이 많다.

멕시코의 솜브레로(sombrero)라는 챙이 무척 넓고 꼭대기가 높은 모자는 그들의 전통 의상 판초와 잘 어울린다. 이 모자를 본떠서 훗날 카우보이 모자가 등장했다. 프랑스와 스페인 등에 거주하는 바스크족의 전통 모자 베레(beret)모도 프랑스의 전통 모자가 됐다. 안데스산맥의 페루인들은 남녀 모두 페도라(fedora) 모자를 쓴다.

모자는 중세에 이르러 유럽을 중심으로 하나의 패션이 되기 시작했고, 만드는 소재가 다양해지면서 일일이 소개하기도 어려울 지경이다. 여기서는 모자의 대표적인 몇몇 명칭만 살펴보겠다.

모자의 형태에 있어서 챙(brim)이 있느냐, 없느냐는 중요한 기준이 된

페도라 스페인이나 포르투갈 같은 남유럽에서는 국내에서 할아버지 모자라는 인식과 다르게 젊은 층도 많이 쓰고 다닌다. 햇빛이 강렬하게 내리쬐는 지중해성기후 때문에 모자를 쓰는 게 나아 눈을 보호하기 위해 쓰고 다니다가 패션으로 정착되었다고 한다. 스페인이나 이탈리아 같은 곳을 가보면 젊은 층도 페도라를 쓰는 경우가 많다.

다. 일반적으로 챙이 있는 모자는 햇(hat), 챙이 없는 모자는 캡(cap)이라고 한다. 캡은 챙이 거의 없거나 있어도 부분적이어서 바람에 날아갈 염려가 없고 행동이 자유롭다. 스포츠선수들이 사용하는 모자는 캡이다.

머리통이 들어가는 부분인 크라운(crown)이 넓으냐, 꼭 맞느냐 하는 것도 하나의 기준이다. 요즘 방한복이나 비옷 등에는 상의와 연결된 머리쓰개인 후드(hood)가 달린 옷들이 많다. 머리가 들어가는 부분인 크라운이 제대로 마련돼 있느냐, 없느냐가 기준인데 후드에는 크라운이 없어 모자로 보지 않는다.

헤드기어(headgear)가 있다. 머리를 보호하는 안전모들을 말한다. 종류는 많다. 각종 헬멧을 비롯해 권투 선수들이 머리에 쓰는 보호장비도 헤드기어다. 병원에서 환자의 머리를 보호하는 의료 장비로서 헤드기어도 있다.

그 밖에 머리에 터번처럼 헝겊을 말아서 쓰거나 스카프를 쓰기도 한다. 형태로 볼 때 모자라고 할 수는 없어도 그 기능을 하는 머리쓰개들을 헤드웨어(headwear)라고 하지만 모자를 비롯해 머리에 쓰는 모든 것을 가리켜 총괄적으로 헤드웨어라 한다.

해군 수병들의 모자는 챙이 위쪽으로 접힌 흰색의 둥근 모자다. 군함이 피격당해 배 안에 바닷물이 밀려들 때 물을 퍼내기 위한 것이라고 한다.

모자는 의례용으로 가치가 크다. 반드시 모자를 써야 할 의례가 있는가 하면, 모자를 반드시 벗어야 할 경우도 많다. 이처럼 다양한 용도와 기능을 가진 모자는 의상을 완성해주는 요소이다.

모자에는 민족들의 정체성과 차별성이 담겨 있는 인류의 역사적 유산이기도 해서 문화적 가치와 의미가 매우 크다. 다른 한편으로 오늘날 모자는 모자는 남녀 구별 없이 빼놓을 수 없는 패션으로 각광받고 있다.

남자가
치마를 입는
나라가 있다

미얀마나 방글라데시뿐만 아니라
동남아시아 여러 나라들에서 남자들이
치마를 입은 모습을 쉽게 볼 수 있다.

스코틀랜드에서는 전통 의상으로 남자가 치마를 입는다. 스코틀랜드 남자가 체크 무늬의 치마를 입고 전통악기 백파이프(bagpipe)를 연주하는 모습은 익숙하다. 스코틀랜드는 영국의 본토나 다름없는 그레이트브리튼섬의 가장 북부에 있는 넓은 지역이다.

영국을 구성하는 민족은 크게 나누면 켈트족과 앵글로색슨족이다. 스코틀랜드는 대다수 켈트족으로 18세기 초까지도 독립 국가였다. 그러나 잉글랜드와 합병하게 되면서 오늘날까지도 갈등이 그치지 않는데 종족의 차이가 그 배경이다.

스코틀랜드 남자들의 체크 무늬 치마가 전통 의상이 된 것은 오래되지 않았다. 18세기 초 노동자들을 위해 만들어 처음에는 원피스 스타일이었다가 노동하기에 불편해 위아래로 분리하면서 완전한 치마 형태가 됐다는데 실제로 노동자들은 이 옷을 입지 않았다. 다만 고산지대에 거주하는 사람들이 이 치마를 입었다.

영국에서는 한때 스코틀랜드인들이 치마 형태의 옷을 입지 말도록 금지령을 내렸지만 그들은 잉글랜드인들과 차별화하고 자존심과 정체성, 자부심을 강조하려고 일부러 이 옷을 입었다고 한다. 전통 치마가 체크 무늬인 것은 19세기 초 영국 왕이 스코틀랜드를 방문할 때 여러 씨족에게 서로 구분할 다른 무늬를 요구하면서 생겨났는데, 그 뒤로 영국의 상징적인 문양이 됐다.

영국의 유명한 패션 브랜드 버버리(Burberry)를 상징하는 문양도 체크 무늬다. 버버리가 스코틀랜드의 체크 문양을 참고했는지는 모르지만 1856년 당시 재봉사였던 토머스 버버리(Thomas Burberry)가 체크 무늬의 의류들을 만들어내면서 유행했고 그의 이름을 딴 버버리가 브랜드가 되었다.

오늘날에도 변함없이 남자가 치마를 입는 나라가 있다. 바로 동남아시아 미얀마의 치마 형태로 된 통상복 론지(Longi 또는 Longyi)다. 형태는 원통형의 롱스커트에 가까워 남자들은 론지 이외에 속옷을 입지 않는다. 론지에는 남성용과 여성용이 약간의 차이가 있다. 남성용 치마는 빠소(Pasoe)라고 부르며 사람이 통치마 안으로 들어가서 천의 양쪽 끝을 가운데로 모아서 동여 묶는다. 여성용 치마는 따메인(Htamain)이라 부르며 긴 사각형의 천 조각 양쪽 끝에 끈이 달려 있어서 한복의 치마처럼 끈으로 허리를 묶는다.

특히 남자들은 론지를 입었을 때 불편해 보이지만 바람이 잘 통하고 몸에 달라붙지 않아 시원하다고 한다. 론지는 남자들이 소변볼 때 불편해서 론지의 엉덩이 쪽을 치켜올리고 여자처럼 앉아서 소변을 보는 남자들도 있다. 미얀마에서는 론지를 약 2,000년 전부터 입기 시작했다고도 하고, 19세기 영국 식민지일 때 인도에서 건너온 사람들에 의해 전래됐다고도 한다.

인도의 남자도 전통 의상으로 치마를 입는다. 인도 남부에서는 남자들이 즐겨 입는 치마를 룽기(Lungi)라고 하는데 폭이 좁은 천을 늘어뜨려 허리를 동여매는 형태다. 이 룽기가 미얀마 남성용 치마와 비슷한 점으로 보아 미얀마로 전래되어 론지가 된 것이 아닌지 추측케 한다.

그 때문인지 지금도 동남아시아 및 인도 문명권 내에는 치마를 입는 종족들이 있다. 미얀마와 국경을 맞댄 방글라데시의 하위층 남자들도 대부분 치마를 입는다. 뿐만 아니라 동남아시아 여러 나라들에서 남자들이 치마를 입은 모습을 볼 수 있다.

중동
이슬람교도의
전통 의상

중동 지역은 황무지와 사막지대가 많다.
중동과 이슬람교도의 전통 의상도
기후 친화적이며 기능이 고려된 의상이다.

중동과 북아프리카 지역은 이스라엘을 제외하면 이슬람 국가이다.
이 지역 22개 아랍 국가들도 포함되는 중동 지역의 전통 의상은
이슬람교도의 전통 의상이다. 이슬람 전통 의상의 특징은 누구나 쉽게
알아볼 수 있을 만큼 독특하다. 각 종교의 성직자들에게는 종교적 의상
이 따로 있지만 일반 신도들은 입지 않는다. 하지만 이슬람교도들은 그들
만의 전통 의상을 입는다.

　어느 민족이든 전통 의상은 그들이 사는 거주 지역의 기후와 환경 그
리고 민족의 정체성에 따라 만들어진다. 중동 지역은 황량한 초원이나
황무지, 사막지대가 많다. 따라서 중동과 이슬람교도의 전통 의상 역시
그 지역에 알맞은 기후 친화적이며 기능이 고려된 의상이다. 사막은 신

체 에너지의 소모가 많고 건조한 기후와 뜨거운 햇볕으로부터 신체를 보호해야 한다.

이슬람교도는 일반적으로 토브(thobe)라는 위아래 구분이 없는, 얼핏 치마 비슷한 비교적 얇은 통옷을 입는다. 흰색이고 발목까지 내려오는 넓고 긴 옷이다. 흰색이어서 햇볕의 흡수가 적고 상·하의가 하나이며 긴 소매로 온몸을 감쌀 뿐 아니라 바람이 잘 통해 시원하다. 그들은 원칙적으로 신체가 드러나는 의상을 금지한다.

그들은 겉옷 토브를 결혼식, 장례식 등 모든 예식에 착용한다. 기도할 때 학생들은 학교에서, 직장인들은 직장에서도 입는다. 말하자면 토브는 잠잘 때만 빼놓고 항상 입는 통상복이다. 토브는 이슬람교도의 정체성이자 자부심을 나타내는 옷이다. 머리에는 타키야(taqiyah)라는 속 모자를 쓰고 그 위에 슈막(shemach)이라는 긴 스카프를 걸친다. 걸프만 국가들의 슈막은 붉은색 체크 무늬로 돼 있다. 중동의 메소포타미아 문명권에서 고기를 잡는 어망과 농작물 모양에서 유래되었으며 아라비아반도의 번영을 의미한다고 한다.

타키야 위에 슈막만 걸쳐 쓰면 머리를 흔들거나 바람이 불 때 슈막이 떨어지기 쉽다. 그래서 슈막을 고정하려고 이깔(iqal)이라는 검정 머리띠를 두른다. 이깔도 바람에 날아가는 것을 막기 위해 염소 털로 짠다.

이슬람은 크게 수니파와 시아파, 두 개의 종파가 있다. 이슬람을 창시한 무함마드가 후계자를 정하지 못하고 죽자, 후계자 문제를 놓고 견해가 크게 엇갈려 두 종파로 갈렸다. 현재 수니파가 전체 이슬람교도의 약 85%를 차지하고 있으며 사우디아라비아가 종주국이다.

시아파는 약 15%로 신정국가인 이란이 종주국이나 다름없다. 기득권을 잡은 절대다수의 수니파는 세속화했지만 시아파는 종교적으로 무척 엄격하다. 두 종파는 충돌하는 경우가 많다. 수니파가 머리에 슈막을 쓰는 반면에 시아파는 터번을 쓰는 것이 특징이다. 수니파에서는 시아파의 터번을 터번쟁이들이라며 조롱한다.

터번(turban)은 시아파 남성들이 주로 흰색의 천을 둘둘 말아 머리에 쓴다. 시아파에서는 터번을 신성하게 여겨 종교행사는 물론이고 관혼상제를 비롯한 예식을 치를 때는 반드시 쓴다. 검은 터번은 이슬람 창시자 무함마드 가문의 후손이라는 징표라고 한다. 이란의 종교 지도자였던 호메이니(R. Khomeini)가 검은 터번을 썼다.

터번은 모양과 색깔, 크기가 다양하다. 머리를 보호하고 사막형 기후와 바람을 막기 위해 썼지만, 신분에 따라 형태가 다르고 지위가 높을수록 커진다고 한다.

19세기경부터 터번을 쓰지 않아도 될 만큼 많이 완화됐다. 그 대신 특별한 경우가 아니면 챙이 없는 둥그런 흰 모자를 쓴다. 후이족을 비롯한 중국의 이슬람교도들은 둥그런 모자를 회회모(回回帽) 또는 예배모라 부른다. 그들이 하루 다섯 번씩 기도할 때마다 이 모자를 반드시 써야 해서 아예 평상시에도 쓰고 있다.

터번은 시아파 이슬람교도만 쓰는 것은 아니다. 이슬람 이전부터 중동 지방과 인도의 힌두교도들도 착용했다. 인도의 시크교도 남성들은 마치 모자처럼 잘 만들어진 터번을 쓰는 것으로 유명하다.

시크교(Sikhism)는 15세기 말 인도의 펀자브에서 탄생한 종교로 이슬람교와 힌두교를 혼합한 형태의 종교다. 이들은 이슬람처럼 유일신을 숭배한다. 그 때문에 이슬람의 한 분파로 알려졌으나 이슬람과는 자주 충돌했다. 이들의 또 한 가지 특징은 남자는 이름 뒤에 반드시 사자를 뜻하는 싱(Singh)을 붙이고 여자는 암사자를 뜻하는 카우르(Kaur)를 붙인다. 이름이 싱으로 끝나는 인도 남성은 거의 시크교도로 보면 틀림없다.

이슬람 여성들은 마음대로 옷을 입을 자유가 없다. 남성의 통제를 받아 전통 의상조차 신체 노출을 최대한 억제하는 데 맞춰져 있는데 국가에 따라 차이가 있다. 이슬람 여성들이 외출할 때는 반드시 아바야(abaya)라는 목부터 발끝까지 가리는 검은색의 긴 통옷을 입는다. 아바야는 종교적 신념과 겸손을 나타낸다고 한다.

머리를 가리는 의상은 여러 형태가 있다. 가장 잘 알려진 것은 히잡(hijab)이다. 히잡은 머리와 목을 가리는 스카프로 이슬람 여성들에게는 그나마 가장 간편한 머리쓰개다. 이슬람 여성 스포츠선수도 경기할 때 히잡을 쓴다.

또 니캅(niqab)이 있다. 히잡에 얼굴 가리개를 덧붙여 겨우 두 눈만 드러내는 옷이다.

보수적인 전통 의상으로 차도르(chador)가 있다. 얼굴과 몸 전체를 가리는 검은색 통옷이다. 눈부분만 틔어 있어 간신히 앞을 볼 수 있다.

차도르보다 더 폐쇄적인 전통 의상이 부르카(burqa)다. 마치 큰 천을 머리부터 아래까지 뒤집어쓴 형태의 부르카는 전혀 신체 노출이 없다. 눈 부위도 베일로 가렸다. 아프가니스탄, 파키스탄 이슬람교도 여성들이 주로 착용한다. 아프가니스탄을 장악했던 탈레반이 여성들에게 강제 착용 명령을 내렸다.

2000년대 초, 프랑스와 유럽 여러 나라들에서는 공공장소에서 부르카 착용을 금지했다. 이슬람 무장 단체들의 테러가 심각하던 시기여서 온

히잡을 쓰고 있는 여성

이슬람 사회에서 여성의 머리를 가리는
의상은 여러 형태가 있다. 가장 잘 알려
진 것은 히잡(hijab)이다. 히잡은 머리와
목을 가리는 스카프로 이슬람 여성들에
게는 그나마 가장 간편한 머리쓰개다.

이슬람 전통 복장을 한 남성

이슬람교도는 일반적으로 토브(thobe)
라는 위아래 구분이 없는 얼핏 치마 비
슷한 비교적 얇은 통옷을 입는다. 흰색
이고 발목까지 내려오는 넓고 긴 옷이다.
흰색이어서 햇볕의 흡수가 적고 상 하의
가 하나이며 긴 소매로 온몸을 감쌀 뿐
아니라 바람이 잘 통해 시원하다.

몸을 뒤집어쓴 부르카를 착용하면 옷 안에 폭탄이나 무기를 숨기기 쉽기 때문이었다.

부르키니(burqini)도 있다. 부르카와 비키니의 합성어로 이슬람교도 여성들이 수영할 때 착용하는 의상이다.

이슬람에서는 여성들을 억압하는 전통 의상에 대한 비난이 높아지자 여성들이 스스로 자기의 정체성과 자부심을 유지하려고 그러한 전통 의상을 고집한다고 항변한다. 그러나 어쩔 수 없는 개방 풍조로 이슬람의 젊은 여성들의 반발도 심해진다.

이란에서는 히잡을 쓰지 않고 외출했다가 발각되면 징역 10년으로 강력히 처벌하겠다고 경고했다. 하지만 프랑스를 비롯한 유럽의 여러 국가에서 학교에서는 위화감을 주는 히잡을 쓰지 못하게 하고 있다.

그런가 하면 피하기 어려운 개방 풍조에 따라 이슬람 여성들의 전통 의상 착용을 어느 정도 완화하는 국가들도 늘어나고 있다.